中国地质调查成果 CGS 2022-022

海南琼中黎族苗族自治县特色农业区生态地质图集

HAINAN QIONGZHONG LIZU MIAOZU ZIZHIXIAN TESE NONGYE QU SHENGTAI DIZHI TUJI

唐世新 龚晶晶 付燕刚 等 编著

中国地质大学出版社

ZHONGGUO DIZHI DAXUE CHUBANSHE

图书在版编目（CIP）数据

海南琼中黎族苗族自治县特色农业区生态地质图集/唐世新等编著.—武汉：中国地质大学出版社，2022.7
 ISBN 978-7-5625-5312-0

Ⅰ.①海…
Ⅱ.①唐…
Ⅲ.①农业区-区域生态环境-地质环境-琼中黎族苗族自治县-图集
Ⅳ.①F327.664-64

中国版本图书馆CIP数据核字（2022）第105886号
审图号：琼S(2022)068号

海南琼中黎族苗族自治县特色农业区生态地质图集		唐世新 龚晶晶 付燕刚 等编著
责任编辑：胡珞兰	选题策划：毕克成　段勇	责任校对：徐蕾蕾
出版发行：中国地质大学出版社（武汉市洪山区鲁磨路388号）		邮政编码：430074
电　　话：（027）67883511	传　　真：67883580	Email:cbb @ cug.edu.cn
经　　销：全国新华书店		http://cugp.cug.edu.cn
开　　本：880毫米×1230毫米 1/8		字数：390千字　印张：15.25
版　　次：2022年7月第1版		印次：2022年7月第1次印刷
制作印刷：中煤地西安地图制印有限公司		印数：1—500册
ISBN 978-7-5625-5312-0		定价：298.00元

如有印装质量问题请与印刷厂联系调换

《海南琼中黎族苗族自治县特色农业区生态地质图集》
编委会

编制单位：中国地质科学院地球物理地球化学勘查研究所

编纂指导：马生明

主　　编：唐世新

副 主 编：龚晶晶　付燕刚

编纂人员：（以姓氏笔画为序）

马生明　王振亮　付燕刚　汤丽玲　苏　磊　陈　旸　陈　婷
杨剑洲　张东强　胡树起　高健翁　唐世新　龚晶晶　蔡永文

地图设计：李军利　植忠红　张　军

地图制版：（以姓氏笔画为序）

张理学　万　波　江　波　张　魏　郑欣媛　高宝利

前 言

处于海南生态核心保护区的琼中黎族苗族自治县（以下简称为琼中县），地处海南岛中部、五指山北麓，周边与琼海、万宁、白沙、儋州、陵水、保亭、五指山、屯昌、澄迈9个市县毗邻，是岛上陆路南北、东西走向的"田"字形交通枢纽。琼中县是海南岛的"水塔"，是"三江之源"，万泉河、南渡江、昌化江都发源于此，同时也是海南历代黎族苗族聚居地；琼中县生态气候条件优越，旅游资源丰富，有丰富的矿产资源和优美的自然风光，盛享"黎母胜地、山水琼中"的美誉。2020年之前，琼中县一直戴着国家级贫困县的"帽子"，是自然资源部的定点扶贫县之一。从2019年开始至今，中国地质调查局按照自然资源部总体工作部署，发挥地质专业技术优势，在琼中县开展了找水打井与安全饮水示范、地质灾害监测与防灾体系建设、矿泉水和温泉水勘探与开发利用、特色农业区生态地质调查以及地质遗迹调查等一系列工作，强力支撑打赢脱贫攻坚战，让琼中县这个曾经的山区贫困县迸发出发展的生机与活力。

中国地质调查局中国地质科学院地球物理地球化学勘查研究所（以下简称为物化探所）在琼中县开展了特色农业区生态地质调查工作，为脱贫攻坚及乡村振兴注入了新动力。2019—2020年，物化探所"海南岛热带特色农业区生态地质调查"项目组完成了琼中县区域生态地质背景调查以及760km^2的土地农业适宜性调查和部分特色农产品产地土壤-农作物体系物质迁移与生态效应调查工作，取得的系列成果为琼中县打造含硒、含碘特色农产品品牌提供了有力支撑。

地质调查发现，琼中县域13个主要地质建造（成壤母岩）在风化成壤过程中，总体上呈现常量组分二氧化硅含量降低、三氧化二铝含量增高的趋势，从而控制着农作物营养元素整体含量水平及其在土壤垂向剖面上的分布状况。值得关注的是，琼中县土壤中的有益元素硒、碘在近地表的土壤腐殖层、淋积层中的含量较成壤母岩明显增高，铅、锌、铜、铬、镍等重金属元素含量明显降低，具备开发绿色农产品的地质基础。

本次调查在琼中县北部760km^2（约114万亩）范围内开展了土地农用适宜性调查，圈定富硒土壤71.5万亩（占调查面积的62.72%）、足硒土壤37.4万亩（占调查面积的32.81%）。同时圈定富碘土壤66.1万亩，且富硒与富碘土壤分布范围基本一致。经分析化验发现，琼中县出产的部分绿橙、百香果、花生、玉米、槟榔、茶叶（老叶）和水稻7种农产品中，硒含量达到富硒标准且含碘，证实土壤中硒、碘等特色组分已经产生了生态效应。

该项目组指出，碘的含量有自海洋至内陆逐渐减少的趋势，主要通过大气传输进入土壤圈。而琼中县地处海南岛腹地，土壤含碘量依旧如此丰富，这十分难得。琼中北部地区土壤清洁，具有既富硒又富碘的特性将成为培育特色农产品的有力抓手。

本图集通过序图、区域概况、地球化学、综合评价、成果应用及地质体物质组成垂向演化6个图组来展示琼中县生态地质背景。其中，前4个图组数据来源于海南省地质调查院"海南岛多目标区域地球化学调查"项目数据，成果应用及地质体物质组成垂向演化图组数据来源于物化探所"海南省热带特色农业区生态地质调查"项目数据。

《海南琼中黎族苗族自治县特色农业区生态地质图集》由自然资源部中国地质调查局地球物理地球化学勘查研究所完成，主要完成人员为唐世新、龚晶晶、付燕刚、马生明、高健翁、蔡永文、杨剑洲、王振亮、胡树起、苏磊、汤丽玲、陈旸（海南省地质综合勘察院）、陈婷（海南省地质综合勘察院）、张东强（海南省地质综合勘察院）。

因资料齐全性、编制水平等问题，本次编图难免会有一些不足之处，敬请专家同行批评指正。

编著者
2022年3月

目　录

1 序　图
海南省地图 ·· 2
海南岛地质图 ··· 4
海南岛特色农产品分布图 ·· 6

2 区域概况
琼中黎族苗族自治县遥感影像图 ·· 10
琼中黎族苗族自治县行政区划图 ·· 12
琼中黎族苗族自治县地质图 ·· 14
琼中黎族苗族自治县土地利用现状图 ·· 16
琼中黎族苗族自治县土壤类型分布图 ·· 18
琼中黎族苗族自治县地热矿产与旅游资源分布图 ································· 20

3 地球化学
琼中黎族苗族自治县土壤氮元素地球化学图 ······································· 24
琼中黎族苗族自治县土壤磷元素地球化学图 ······································· 25
琼中黎族苗族自治县土壤氧化钾地球化学图 ······································· 26
琼中黎族苗族自治县土壤有机质地球化学图 ······································· 27
琼中黎族苗族自治县土壤硒元素地球化学图 ······································· 28
琼中黎族苗族自治县土壤锗元素地球化学图 ······································· 29
琼中黎族苗族自治县土壤碘元素地球化学图 ······································· 30
琼中黎族苗族自治县土壤二氧化硅地球化学图 ···································· 31
琼中黎族苗族自治县土壤三氧化二铝地球化学图 ································· 32
琼中黎族苗族自治县土壤氧化镁地球化学图 ······································· 33
琼中黎族苗族自治县土壤氧化钙地球化学图 ······································· 34
琼中黎族苗族自治县土壤三氧化二铁地球化学图 ································· 35
琼中黎族苗族自治县土壤钴元素地球化学图 ······································· 36
琼中黎族苗族自治县土壤镍元素地球化学图 ······································· 37

4 综合评价
琼中黎族苗族自治县土壤二氧化硅与三氧化二铝比值地球化学图 ············· 40
琼中黎族苗族自治县土壤化学蚀变指数（CIA）地球化学图 ···················· 41
琼中黎族苗族自治县土壤全氮丰缺图 ·· 42
琼中黎族苗族自治县土壤全磷丰缺图 ·· 43
琼中黎族苗族自治县土壤全钾丰缺图 ·· 44
琼中黎族苗族自治县土壤有机质丰缺图 ··· 45
琼中黎族苗族自治县土壤养分地球化学综合等级图 ······························· 46
琼中黎族苗族自治县土壤环境地球化学综合等级图 ······························· 47
琼中黎族苗族自治县土壤质量地球化学综合等级图 ······························· 48
琼中黎族苗族自治县富硒土壤分布图 ·· 49

5 成果应用
琼中黎族苗族自治县特色农业区土壤成因类型图 ································· 52
琼中黎族苗族自治县特色农业区土壤氮丰缺图 ···································· 53
琼中黎族苗族自治县特色农业区土壤磷丰缺图 ···································· 54
琼中黎族苗族自治县特色农业区土壤钾丰缺图 ···································· 55

琼中黎族苗族自治县特色农业区土壤氧化钙丰缺图 ········· 56
琼中黎族苗族自治县特色农业区土壤氧化镁丰缺图 ········· 57
琼中黎族苗族自治县特色农业区土壤氧化钠丰缺图 ········· 58
琼中黎族苗族自治县特色农业区土壤二氧化硅丰缺图 ········· 59
琼中黎族苗族自治县特色农业区土壤铁丰缺图 ········· 60
琼中黎族苗族自治县特色农业区土壤锰丰缺图 ········· 61
琼中黎族苗族自治县特色农业区土壤铜丰缺图 ········· 62
琼中黎族苗族自治县特色农业区土壤锌丰缺图 ········· 63
琼中黎族苗族自治县特色农业区土壤钼丰缺图 ········· 64
琼中黎族苗族自治县特色农业区土壤硼丰缺图 ········· 65
琼中黎族苗族自治县特色农业区土壤氯丰缺图 ········· 66
琼中黎族苗族自治县特色农业区土壤硫丰缺图 ········· 67
琼中黎族苗族自治县特色农业区土壤 pH 分级图 ········· 68
琼中黎族苗族自治县特色农业区土壤有机质丰缺图 ········· 69
琼中黎族苗族自治县特色农业区土壤氟丰缺图 ········· 70
琼中黎族苗族自治县特色农业区土壤锗丰缺图 ········· 71
琼中黎族苗族自治县特色农业区土壤硒丰缺图 ········· 72
琼中黎族苗族自治县特色农业区土壤碘丰缺图 ········· 73
琼中黎族苗族自治县特色农业区土壤砷分级图 ········· 74
琼中黎族苗族自治县特色农业区土壤铬分级图 ········· 75
琼中黎族苗族自治县特色农业区土壤镉分级图 ········· 76
琼中黎族苗族自治县特色农业区土壤汞分级图 ········· 77
琼中黎族苗族自治县特色农业区土壤镍分级图 ········· 78
琼中黎族苗族自治县特色农业区土壤铅分级图 ········· 79
琼中黎族苗族自治县特色农业区土壤养分地球化学综合等级图 ········· 80
琼中黎族苗族自治县特色农业区土壤环境地球化学综合等级图 ········· 81

6 地质体物质组成垂向演化

琼中黎族苗族自治县中元古界戈枕村组片麻岩建造 ········· 84
琼中黎族苗族自治县下志留统陀烈组变质细砂岩、板岩建造 ········· 86
琼中黎族苗族自治县下白垩统鹿母湾组陆源碎屑建造 ········· 88
琼中黎族苗族自治县中二叠世二长花岗岩建造 ········· 90
琼中黎族苗族自治县中二叠世正长花岗岩建造 ········· 92
琼中黎族苗族自治县中三叠世二长花岗岩建造 ········· 94
琼中黎族苗族自治县中三叠世正长花岗岩建造 ········· 96
琼中黎族苗族自治县晚侏罗世闪长岩建造 ········· 98
琼中黎族苗族自治县晚侏罗世正长花岗岩建造 ········· 100
琼中黎族苗族自治县早白垩世花岗闪长岩建造 ········· 102
琼中黎族苗族自治县早白垩世二长花岗岩建造 ········· 104
琼中黎族苗族自治县晚白垩世花岗斑岩建造 ········· 106
琼中黎族苗族自治县晚白垩世正长花岗岩建造 ········· 108

编图说明 ········· 110

地理底图图例

⊙	县级行政中心	—·—·—	地级界
○	乡、镇级行政中心	—·—·—	县界
∘	村庄	············	乡镇界
五指山	山脉		
▲黎母岭 1411	山峰	〰	河流、湖泊、水库

海南

琼中黎族苗族自治县特色农业区生态地质图集

HAINAN QIONGZHONG LIZU MIAOZU ZIZHIXIAN

TESE NONGYEQU SHENGTAI DIZHI TUJI

序 图

1
- 海南省地图
- 海南省地质图
- 海南省特色农产品分布图

海南省地图

　　海南岛为中国一个省级行政区——海南省的主岛，是海南省的陆地主体，又称海南本岛、琼岛。海南省简称琼，位于中国最南端，海南经济特区是中国最大的省级经济特区和唯一的省级经济特区。海南岛地处北纬18°10′—20°10′，东经108°37′—111°03′，岛屿轮廓形似一个椭圆形大雪梨，长轴呈东北至西南向，长约290km，西北至东南宽约180km，面积3.39万km²，是仅次于台湾岛的中国第二大岛，北以琼州海峡与广东省划界，西隔北部湾与越南相对，东面和南面在南海中与菲律宾、文莱、印度尼西亚和马来西亚为邻。海南岛东部及四周为平原，中部、中西部为五指山山地，热带气候。海南岛现有18个市、县，其中3个地级市，5个县级市，4个县，6个自治县。其中，地级市包括海口市、三亚市、儋州市，县级市包括五指山市、文昌市、琼海市、万宁市、东方市，县包括定安县、屯昌县、澄迈县、临高县，自治县包括白沙黎族自治县、昌江黎族自治县、乐东黎族自治县、陵水黎族自治县、保亭黎族苗族自治县、琼中黎族苗族自治县。

序 图

海南岛地质图

　　海南岛地层发育较齐全，自中元古界长城系至第四系，除缺失蓟县系、南华系、泥盆系及侏罗系外，其他地层均有分布。全岛构造发育，主要为东西向构造、南北向构造、北东向构造等。其中决定全岛地貌格局的主要有4条东西向深大断裂，分别是：王五－文教东西向构造带，控制新生代地震、火山喷发和琼北凹陷；昌江－琼海东西向断裂带，影响着西北部地貌、水系的分布与走向，从而影响生态单元的分布；尖峰－吊罗东西向构造带，影响着区内山地丘陵生态单元的分布；九所－陵水东西向构造带，沿该断裂带地震时有发生，热泉遍布，海蚀地貌发育。

　　海南岛岩浆活动频繁，岩浆岩广泛分布，占陆域面积的50.2%。侵入岩约占全岛面积的36.6%。岩体时代除震旦纪至志留纪外，长城纪、晚泥盆世至白垩纪都有侵入岩分布，尤以三叠纪的最发育，分布最广泛。侵入岩从镁铁质岩到中性岩、中酸性岩—酸性岩都有，60%以上岩性为二长花岗岩。火山岩的分布面积约占全岛面积的13.6%，主要分布于琼北地区。

序 图

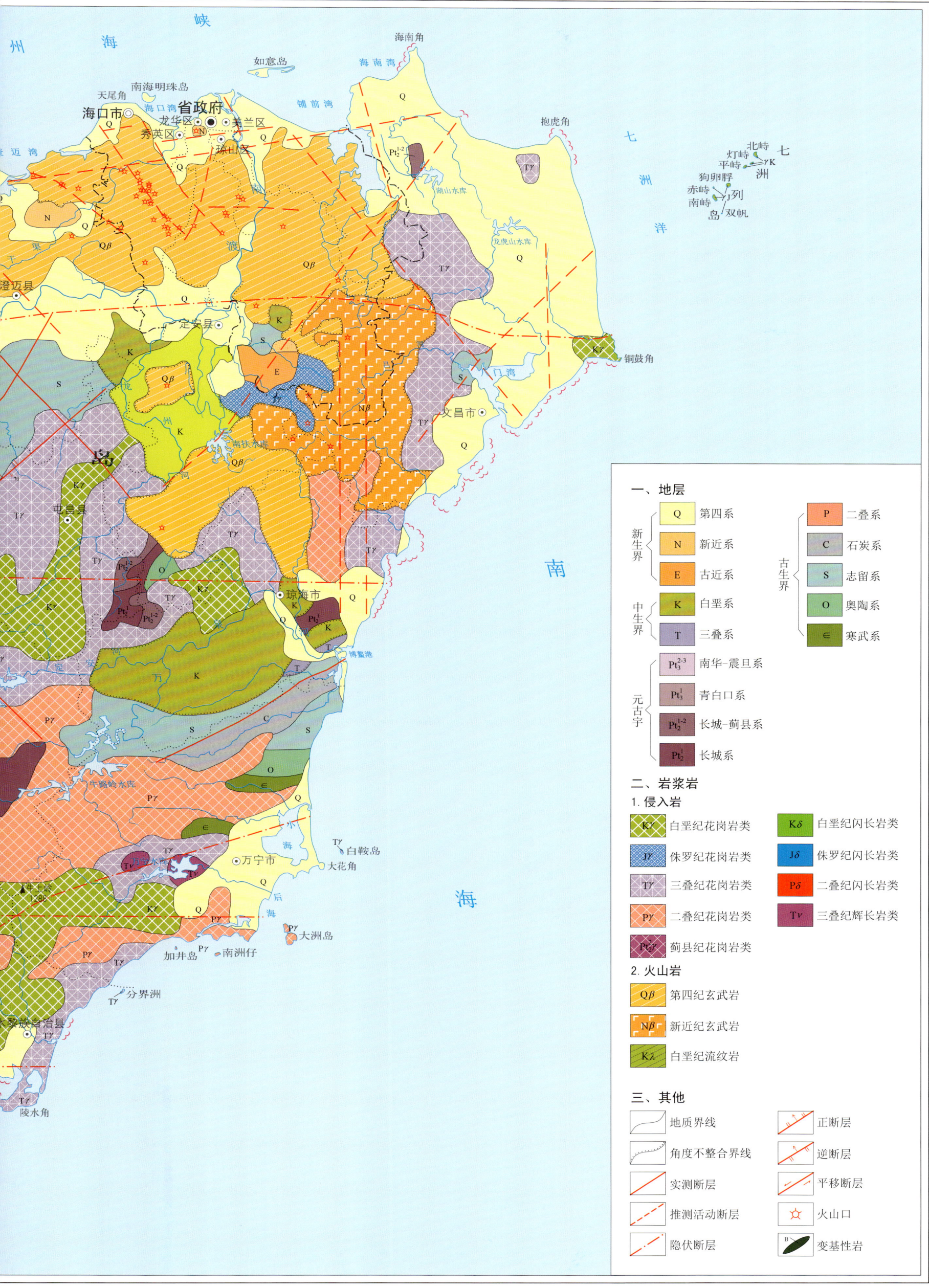

海南岛特色农产品分布图

　　海南是全球生物多样性富集的地区之一，是全国唯一的热带岛屿省份，热带农产品季节差优势突出，是我国冬季瓜菜的主产区，同时也是海南繁育种基地，每年都有大量的农业科技新品种在海南培育。

　　海南热带作物物种丰富，盛产椰子、芒果、菠萝、槟榔、香蕉等特色农产品，同时亦有文昌鸡、嘉积鸭、东山羊、和乐蟹等知名畜禽农产品。海南岛栽培和野生的果树品种繁多，为世界上其他地区所罕见。其中属本岛原产的果树品种有龙眼、荔枝、芭蕉、桃金娘、锥栗、橄榄、杨梅、酸豆、油甘子、野无花果；从南洋群岛和外地引进的品种有榴莲、人心果、腰果、油梨、番石榴、甜蒲桃、波罗蜜、芒果、山竹、柑橘、红毛丹等。

　　然而，在海南名优特农产品种植格局定位、区域品牌打造等方面还存在很多问题与不足，缺少规模化的种植、稳定的产量、优秀的品质及长期的供给，需要从产地环境方面入手，摸清名优特农产品适宜的产地地质环境，科学指导空间布局。

序 图

海南

琼中黎族苗族自治县特色农业区生态地质图集

HAINAN QIONGZHONG LIZU MIAOZU ZIZHIXIAN

区域概况

ESE NONGYEQU SHENGTAI DIZHI TUJI

- 琼中黎族苗族自治县遥感影像图
- 琼中黎族苗族自治县行政区划图
- 琼中黎族苗族自治县地质图
- 琼中黎族苗族自治县土地利用现状图
- 琼中黎族苗族自治县土壤类型分布图
- 琼中黎族苗族自治县地热矿产与旅游资源分布图

琼中黎族苗族自治县遥感影像图

区域概况

1：250 000

琼中县地处海南岛中部，五指山北麓。北纬 18°14′—19°25′，东经 109°31′—110°09′。全县东西长 79.22km，南北宽 76.69km，面积 2 704.66km²。县政府驻营根镇，北距海口市 137km，南至三亚市 165km，东抵万城镇 90km，西离那大镇 84km。海榆中线横贯全境，公路网呈辐射状向四周展开，是海南岛公路南北、东西走向的交通枢纽。

琼中县地形西南高、东北低，地势自西南向东北倾斜。地貌呈穹窿形，由高山、低山、丘陵、台地河道、阶地等构成层圈关系地貌。

境内山峦重叠，海拔 1000m 以上的山峰有 52 座。西南部与通什交界处的五指山峰是全岛的最高峰。西部的鹦哥岭海拔 1811m，南部的吊罗山海拔 1184m，北部的黎母岭海拔 1412m。境内最低点为东北部的白马岭采伐场旧址，海拔为 25m。

境内有大小河溪共 200 余条。海南岛三大河流南渡江、昌化江和万泉河发源于该县境内，其主要河流有腰子河、大边河、乘坡河和什运河，分别发源于鹦哥岭、黎母岭、五指山和吊罗山。

琼中县位于热带海洋季风区北缘，雨水充沛，气候温和，四周群山环抱，有独特的山区气候特点，年平均气温为 22℃。

琼中黎族苗族自治县行政区划图

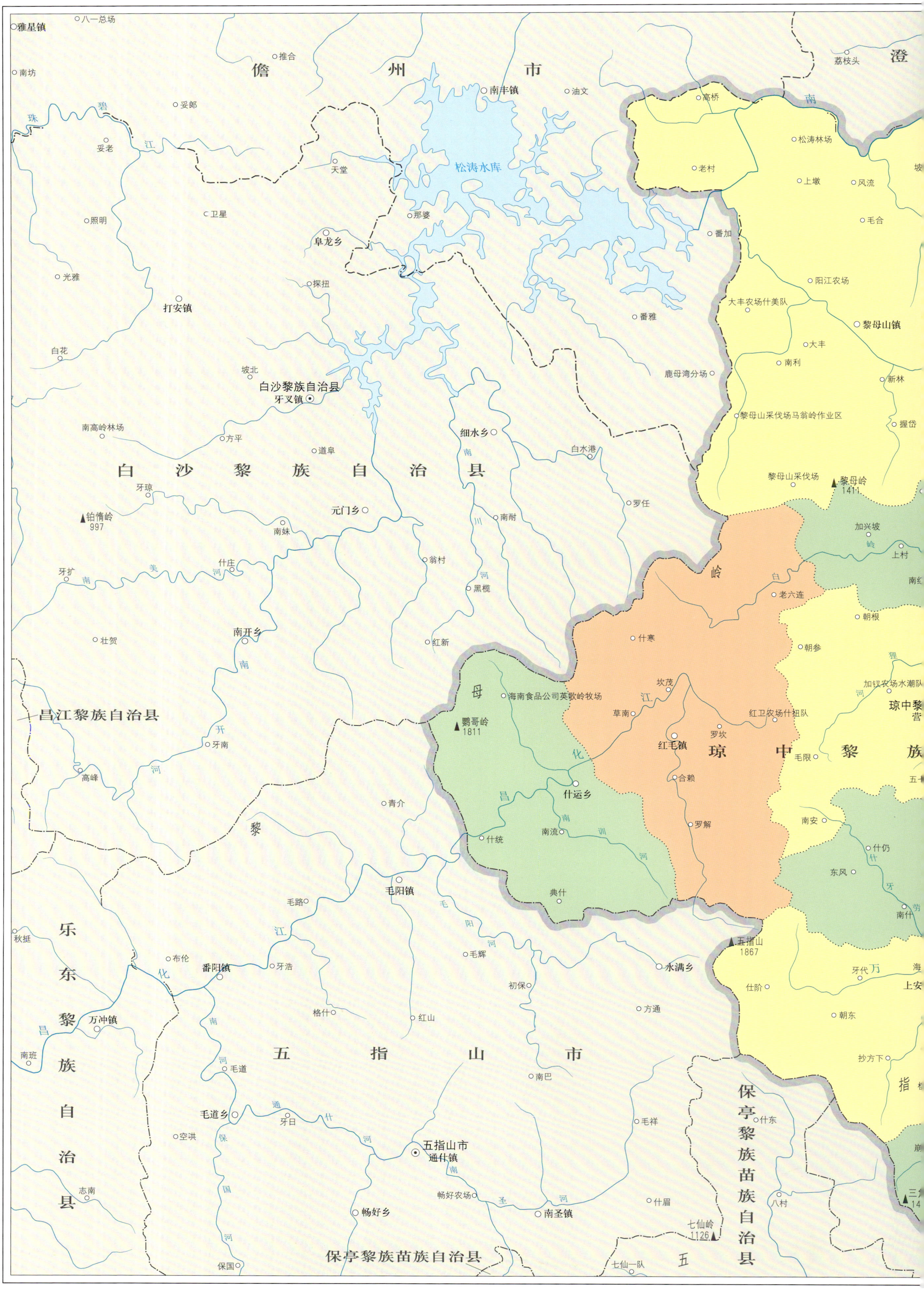

区域概况

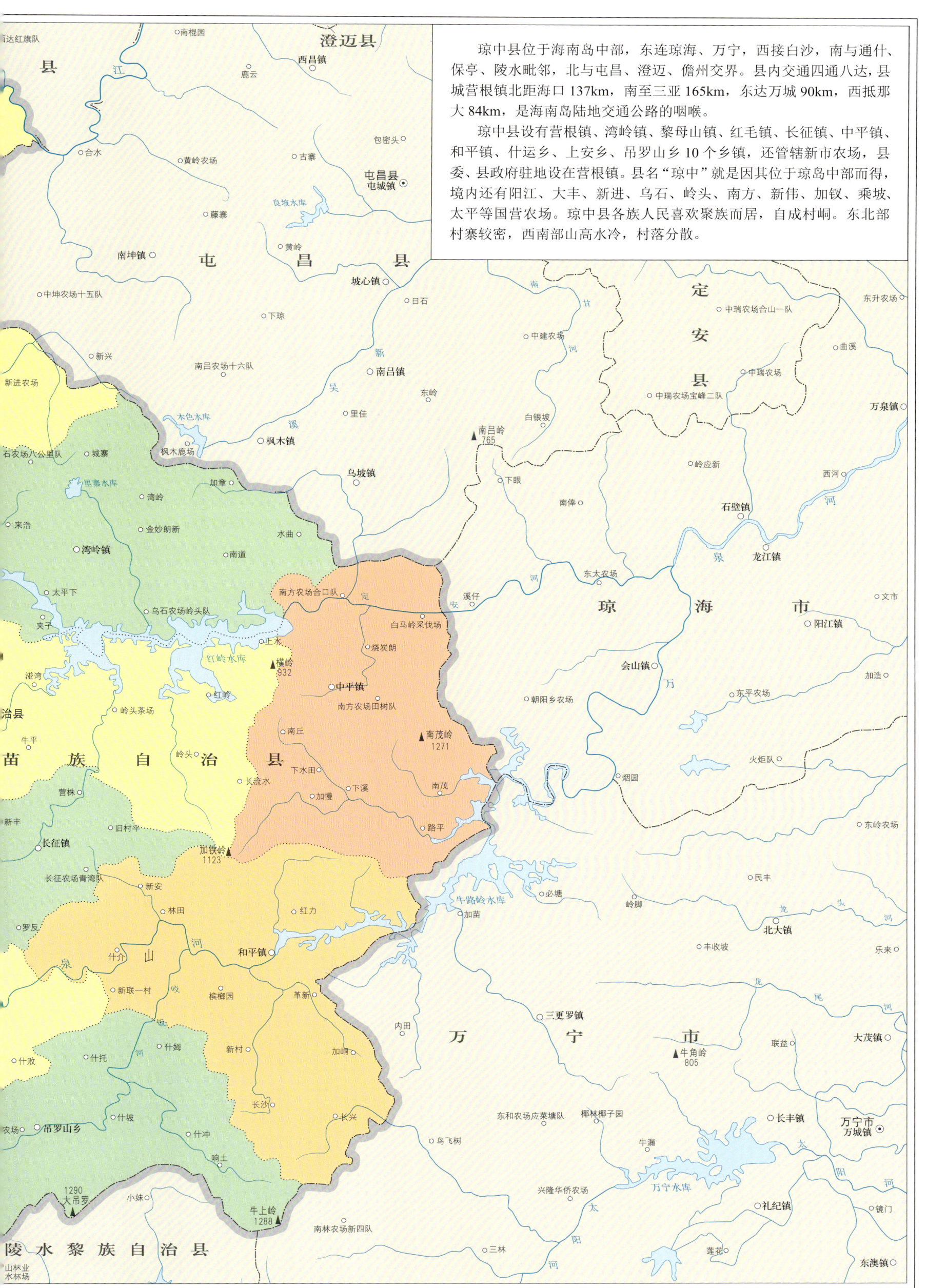

1:250 000

琼中县位于海南岛中部，东连琼海、万宁，西接白沙，南与通什、保亭、陵水毗邻，北与屯昌、澄迈、儋州交界。县内交通四通八达，县城营根镇北距海口137km，南至三亚165km，东达万城90km，西抵那大84km，是海南岛陆地交通公路的咽喉。

琼中县设有营根镇、湾岭镇、黎母山镇、红毛镇、长征镇、中平镇、和平镇、什运乡、上安乡、吊罗山乡10个乡镇，还管辖新市农场，县委、县政府驻地设在营根镇。县名"琼中"就是因其位于琼岛中部而得，境内还有阳江、大丰、新进、乌石、岭头、南方、新伟、加钗、乘坡、太平等国营农场。琼中县各族人民喜欢聚族而居，自成村峒。东北部村寨较密，西南部山高水冷，村落分散。

琼中黎族苗族自治县地质图

琼中县大地构造位置处于华南褶皱系（一级构造单元）五指山褶皱带（二级构造单元）的北部，区域上受东西向昌江-琼海深大断裂带及次级北西向和北东向断裂构造的控制。区域内出露地层主要有白垩系鹿母湾组、志留系陀烈组。区内岩浆岩广泛出露，主要为二叠纪、三叠纪、侏罗纪和白垩纪侵入岩，分布于境内中部、北部和南部的山地、丘陵区。岩石类型主要为花岗斑岩、黑云母角闪石二长花岗岩、黑云母角闪石花岗闪长岩、黑云母正长花岗岩、闪长岩、花岗岩、（角闪石）黑云母二长花岗岩、片麻状（二长）花岗岩。

琼中县主要由13个地质建造单元组成，各地质建造类型情况见统计表。

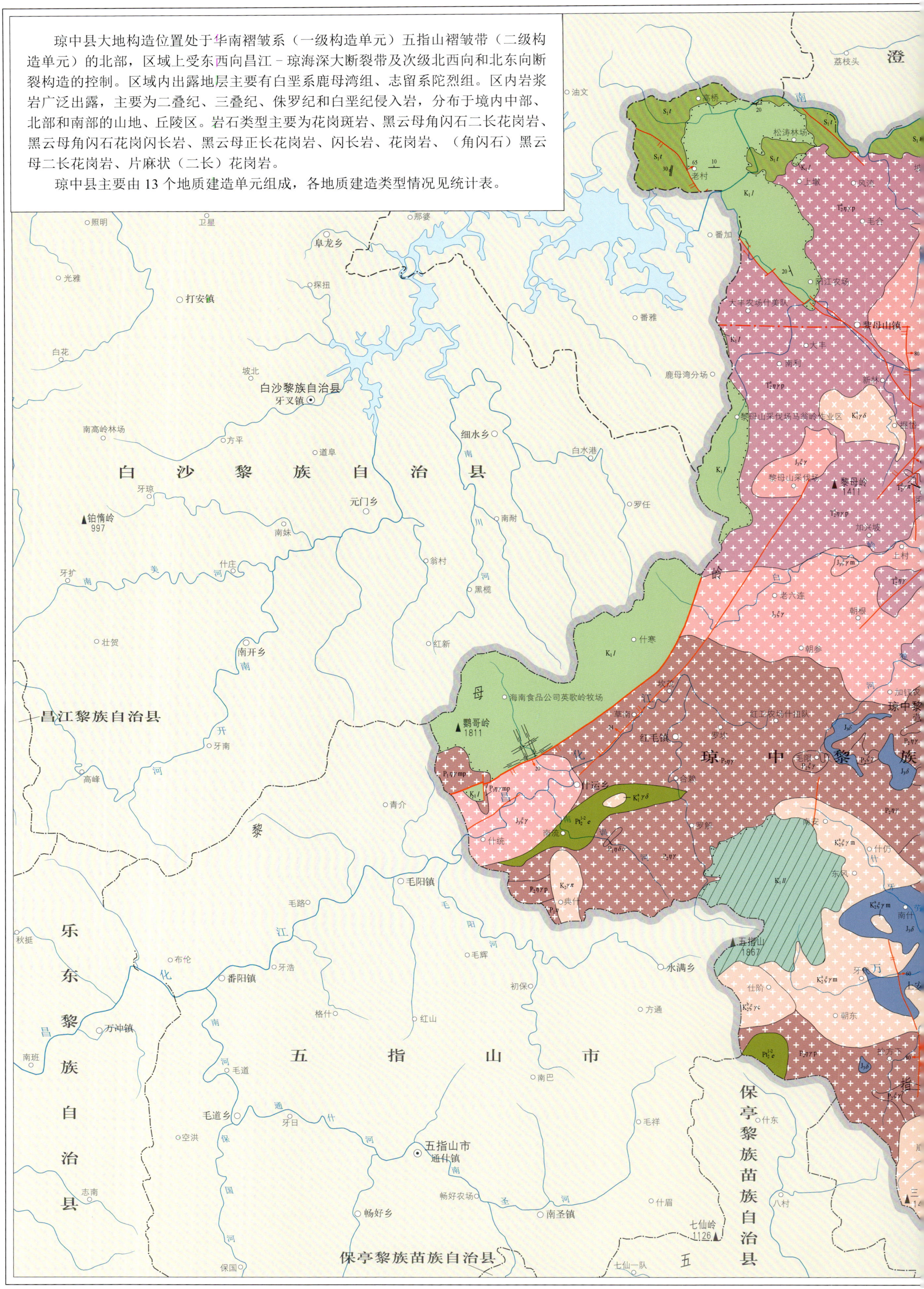

区域概况

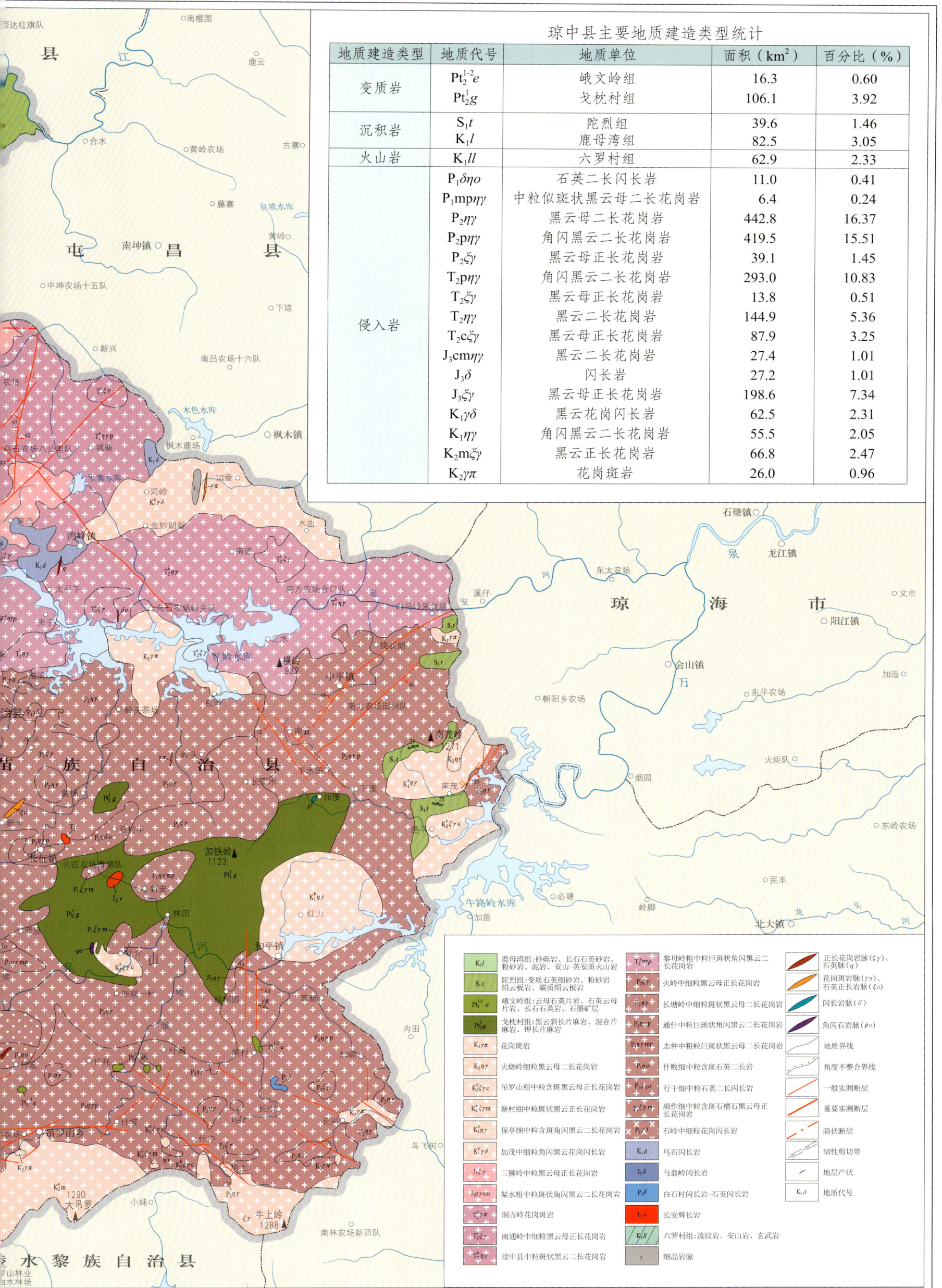

1:250 000

琼中县主要地质建造类型统计

地质建造类型	地质代号	地质单位	面积（km²）	百分比（%）
变质岩	$Pt_2^{1-2}e$	峨文岭组	16.3	0.60
	Pt_2^1g	戈枕村组	106.1	3.92
沉积岩	S_1t	陀烈组	39.6	1.46
	K_1l	鹿母湾组	82.5	3.05
火山岩	K_1ll	六罗村组	62.9	2.33
侵入岩	$P_1\delta\eta o$	石英二长闪长岩	11.0	0.41
	$P_1mp\eta\gamma$	中粒似斑状黑云母二长花岗岩	6.4	0.24
	$P_2\eta\gamma$	黑云母二长花岗岩	442.8	16.37
	$P_2p\eta\gamma$	角闪黑云二长花岗岩	419.5	15.51
	$P_2\xi\gamma$	黑云母正长花岗岩	39.1	1.45
	$T_2p\eta\gamma$	角闪黑云二长花岗岩	293.0	10.83
	$T_2\xi\gamma$	黑云母正长花岗岩	13.8	0.51
	$T_2\eta\gamma$	黑云二长花岗岩	144.9	5.36
	$T_2c\xi\gamma$	黑云母正长花岗岩	87.9	3.25
	$J_3cm\eta\gamma$	黑云二长花岗岩	27.4	1.01
	$J_3\delta$	闪长岩	27.2	1.01
	$J_3\xi\gamma$	黑云母正长花岗岩	198.6	7.34
	$K_1\gamma\delta$	黑云花岗闪长岩	62.5	2.31
	$K_1\eta\gamma$	角闪黑云二长花岗岩	55.5	2.05
	$K_2m\xi\gamma$	黑云正长花岗岩	66.8	2.47
	$K_2\gamma\pi$	花岗斑岩	26.0	0.96

15

琼中黎族苗族自治县土地利用现状图

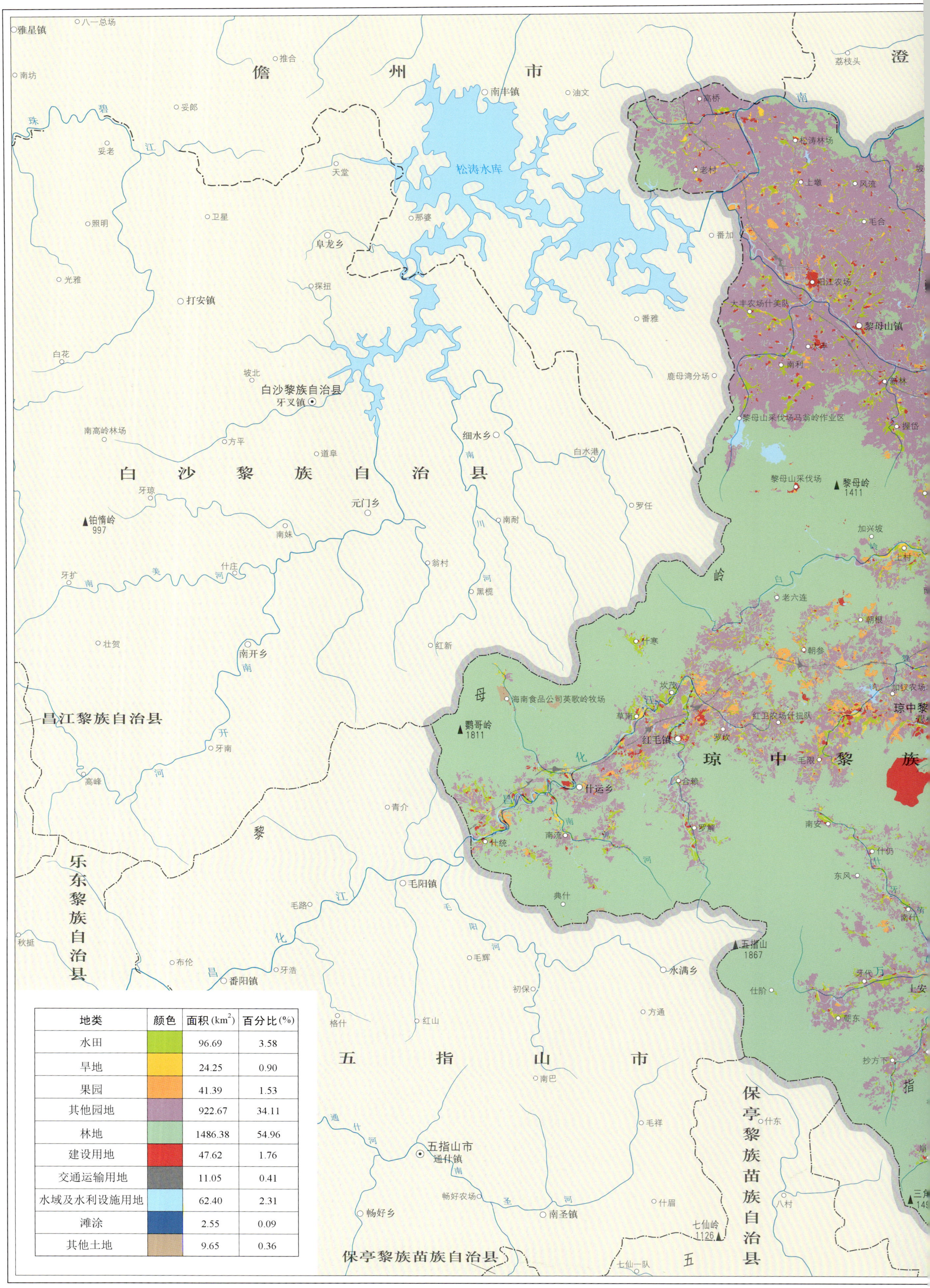

地类	颜色	面积(km²)	百分比(%)
水田		96.69	3.58
旱地		24.25	0.90
果园		41.39	1.53
其他园地		922.67	34.11
林地		1486.38	54.96
建设用地		47.62	1.76
交通运输用地		11.05	0.41
水域及水利设施用地		62.40	2.31
滩涂		2.55	0.09
其他土地		9.65	0.36

区域概况

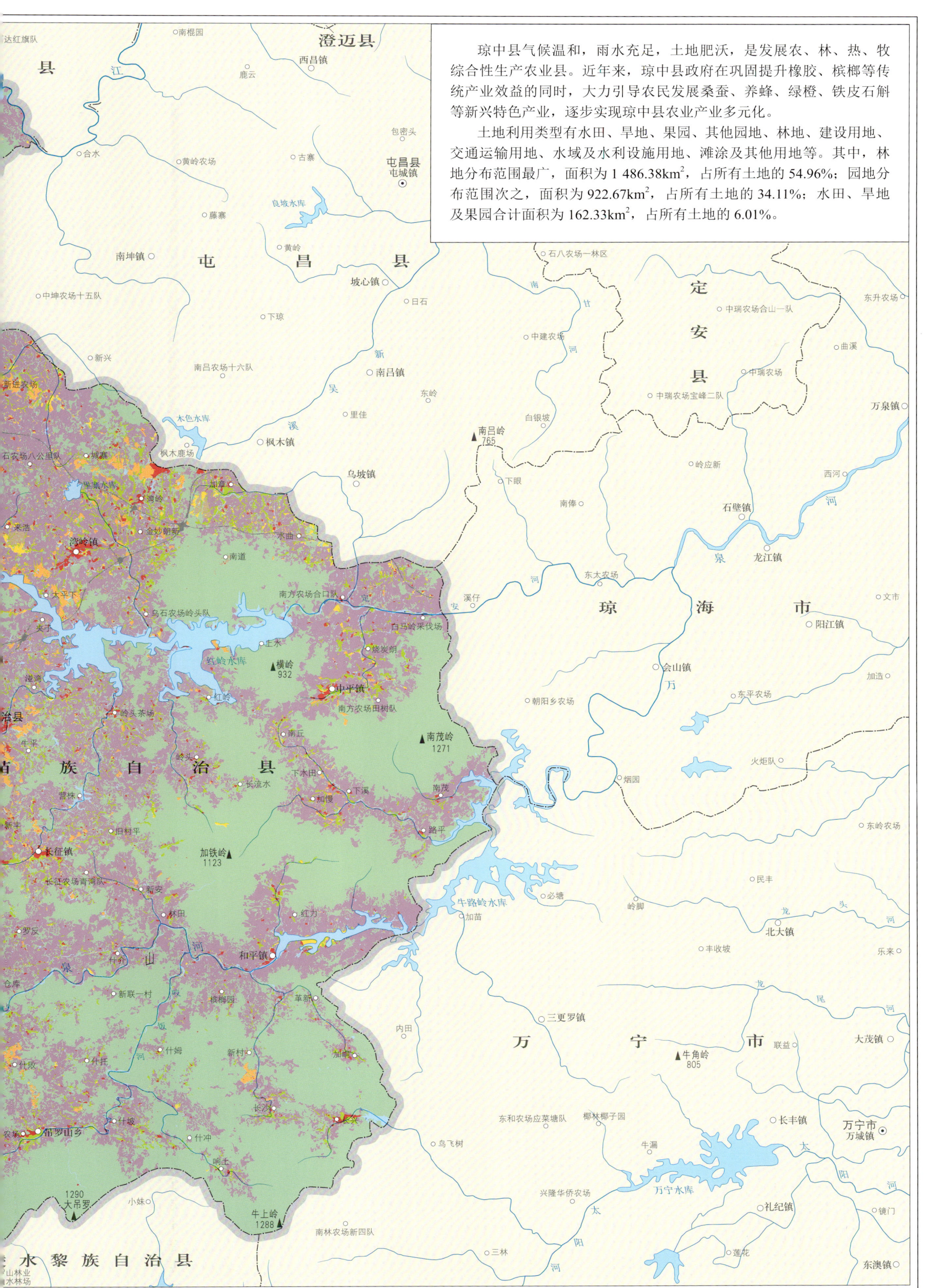

1:250 000

琼中县气候温和，雨水充足，土地肥沃，是发展农、林、热、牧综合性生产农业县。近年来，琼中县政府在巩固提升橡胶、槟榔等传统产业效益的同时，大力引导农民发展桑蚕、养蜂、绿橙、铁皮石斛等新兴特色产业，逐步实现琼中县农业产业多元化。

土地利用类型有水田、旱地、果园、其他园地、林地、建设用地、交通运输用地、水域及水利设施用地、滩涂及其他用地等。其中，林地分布范围最广，面积为 1 486.38 km²，占所有土地的 54.96%；园地分布范围次之，面积为 922.67 km²，占所有土地的 34.11%；水田、旱地及果园合计面积为 162.33 km²，占所有土地的 6.01%。

海南 琼中黎族苗族自治县特色农业区生态地质图集

琼中黎族苗族自治县土壤类型分布图

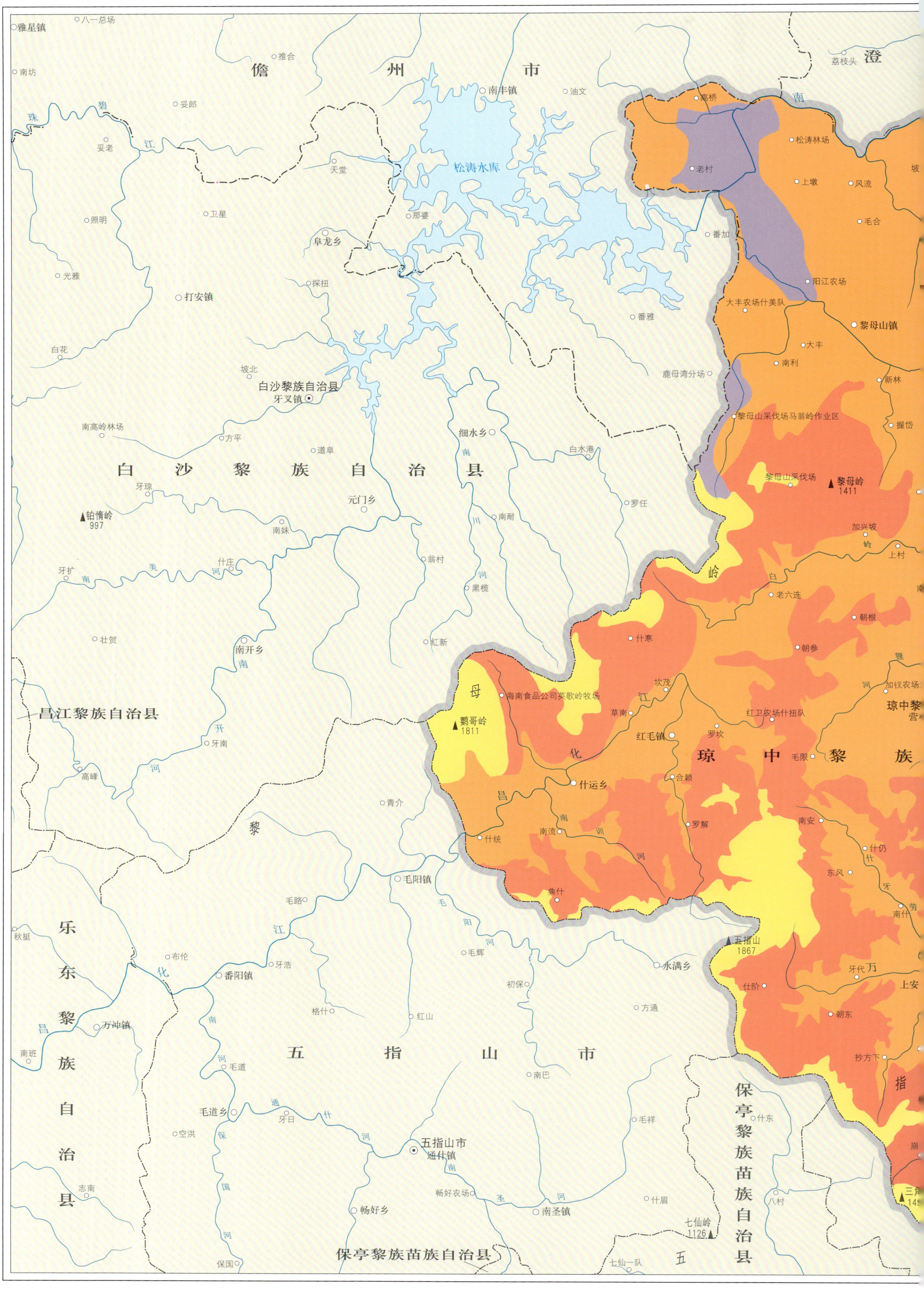

区域概况

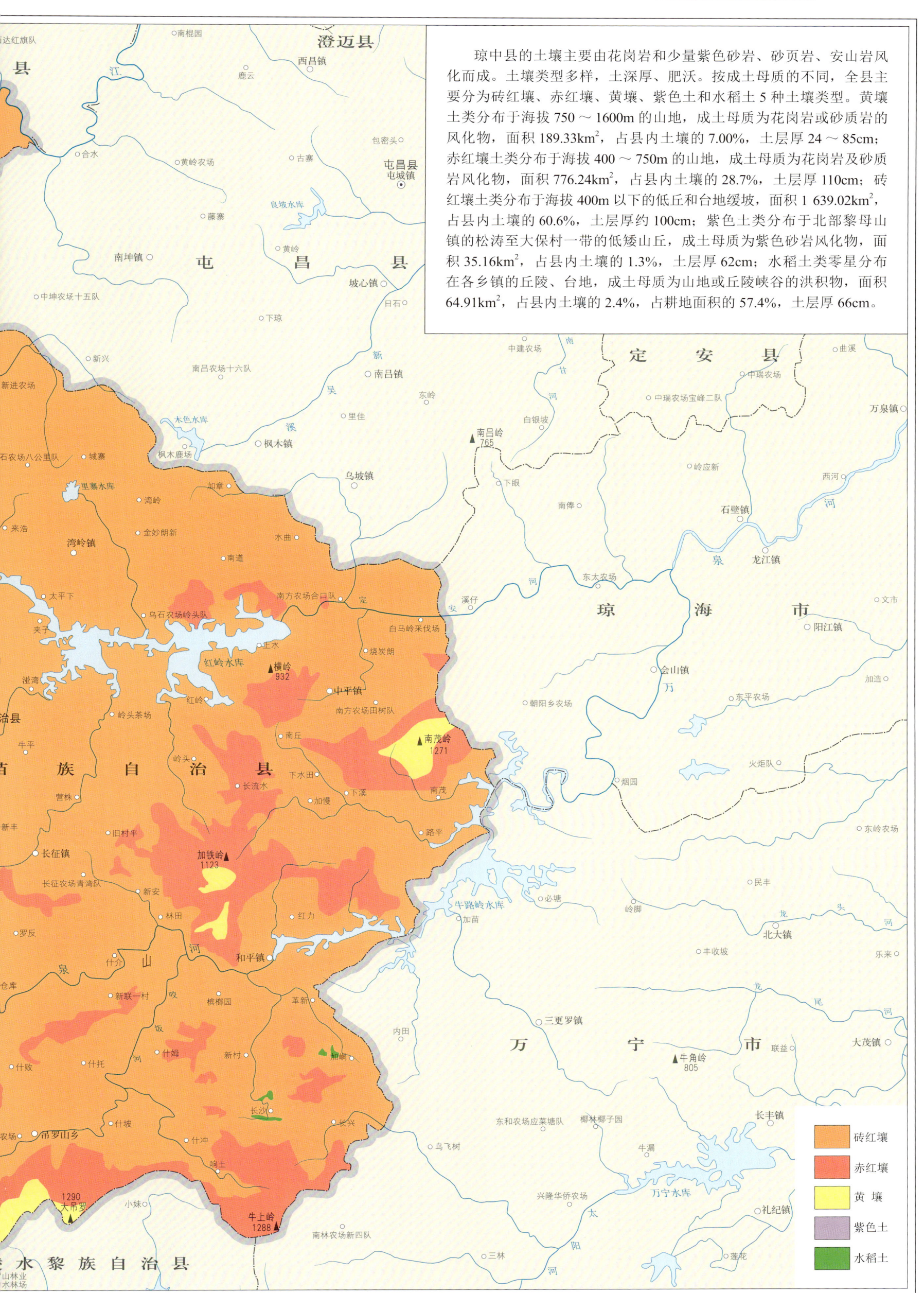

琼中县的土壤主要由花岗岩和少量紫色砂岩、砂页岩、安山岩风化而成。土壤类型多样，土深厚、肥沃。按成土母质的不同，全县主要分为砖红壤、赤红壤、黄壤、紫色土和水稻土5种土壤类型。黄壤土类分布于海拔750～1600m的山地，成土母质为花岗岩或砂质岩的风化物，面积189.33km², 占县内土壤的7.00%，土层厚24～85cm；赤红壤土类分布于海拔400～750m的山地，成土母质为花岗岩及砂质岩风化物，面积776.24km²，占县内土壤的28.7%，土层厚110cm；砖红壤土类分布于海拔400m以下的低丘和台地缓坡，面积1 639.02km²，占县内土壤的60.6%，土层厚约100cm；紫色土类分布于北部黎母山镇的松涛至大保村一带的低矮山丘，成土母质为紫色砂岩风化物，面积35.16km²，占县内土壤的1.3%，土层厚62cm；水稻土类零星分布在各乡镇的丘陵、台地，成土母质为山地或丘陵峡谷的洪积物，面积64.91km²，占县内土壤的2.4%，占耕地面积的57.4%，土层厚66cm。

图例：砖红壤、赤红壤、黄壤、紫色土、水稻土

琼中黎族苗族自治县地热矿产与旅游资源分布图

区域概况

琼中县生态气候条件优越，旅游资源丰富，有丰富的矿产资源和优美的自然风光，盛享"黎母胜地、山水琼中"的美誉。县内主要旅游资源有黎母山森林公园、百花岭旅游区、五指山以及红色旅游资源琼崖纵队司令部旧址与白沙起义纪念碑。

其中，黎母山森林公园位于琼中县境内西北部，山岭高大、山势险峻、林海茫茫、山高水长，既是海南的名山，又是黎族人民的始祖山，它拥有丰富的热带天然林，风光旖旎，是一个热带植物王国，也是野生动物的乐园。公园内主要有黎母婆石景区、吊灯岭景区、翠园景区、天河景区、鹦哥傲景区、天河瀑布景区六大景区。

百花岭位于琼中黎族苗族自治县营根镇西南方6km处，是五指山腹地令人神往的风景区。景区内有观瀑亭和观音庙，还建成了果园、花圃、原始森林保护区、环山公路、接待站、宾馆、登山道等，仿佛一座具有民族特色的"山庄公园"，是观瀑揽胜、寻幽消夏的绝妙去处。

五指山的最佳观赏点和攀登点在琼中上安乡仕阶村。这里有大量的清代摩崖石刻，被史学专家和书法爱好者广为推崇。

海南
琼中黎族苗族自治县特色农业区生态地质图集

HAINAN QIONGZHONG LIZU MIAOZU ZIZHIXIA

地球化学

ESE NONGYEQU SHENGTAI DIZHI TUJI

3

- 琼中黎族苗族自治县土壤氮元素地球化学图
- 琼中黎族苗族自治县土壤磷元素地球化学图
- 琼中黎族苗族自治县土壤氧化钾地球化学图
- 琼中黎族苗族自治县土壤有机质地球化学图
- 琼中黎族苗族自治县土壤硒元素地球化学图
- 琼中黎族苗族自治县土壤锗元素地球化学图
- 琼中黎族苗族自治县土壤碘元素地球化学图
- 琼中黎族苗族自治县土壤二氧化硅地球化学图
- 琼中黎族苗族自治县土壤三氧化二铝地球化学图
- 琼中黎族苗族自治县土壤氧化镁地球化学图
- 琼中黎族苗族自治县土壤氧化钙地球化学图
- 琼中黎族苗族自治县土壤三氧化二铁地球化学图
- 琼中黎族苗族自治县土壤钴元素地球化学图
- 琼中黎族苗族自治县土壤镍元素地球化学图

琼中黎族苗族自治县土壤氮元素地球化学图

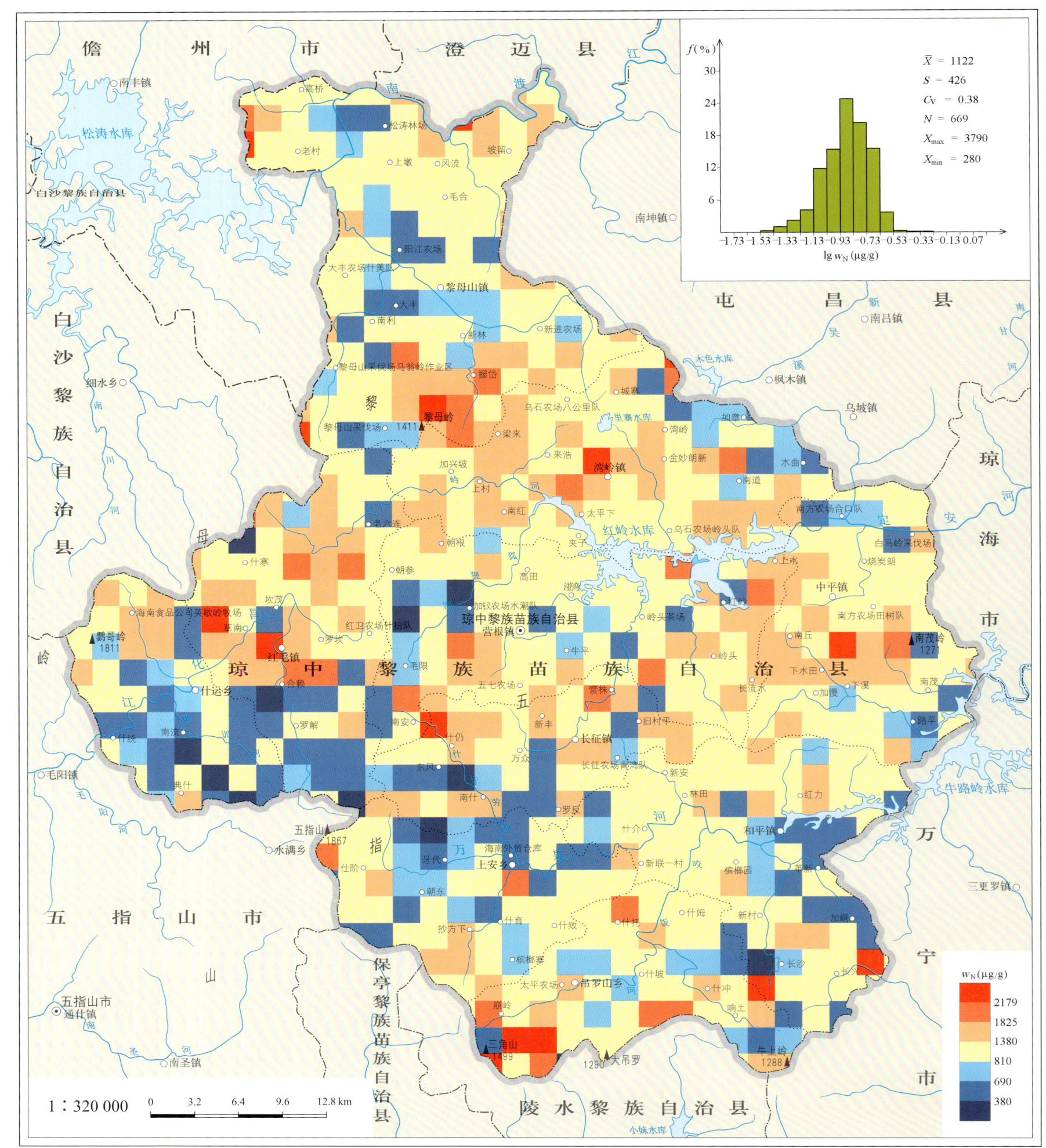

数据来源：海南岛多目标区域地球化学调查。

氮是元素周期表中第二周期第五族的元素。自然界中氮有两个稳定同位素，其中 ^{14}N 的相对含量为99.63%，^{15}N 相对比较稀有。氮元素在大气圈中含量比较丰富，约为75.51%（质量），在地壳中只有0.002%。由于氮在水中的溶解度较低，因此无论是地表水还是地下水均能溶解岩石中的氮，并把它从岩石中带出，此外，地表生物成因的氮和火山气体带来的氮，也可以通过水溶液被带到风化的岩石中，这使得风化花岗岩中常常出现氮的含量比新鲜花岗岩更高的现象。

氮同时也是植物大量必需的营养元素之一，是限制植物生长和形成产量的首要因素，对改善作物品质也有明显作用。氮是植物体内许多重要有机化合物的组分，也是遗传物质的基础，在所有生物体内，蛋白质最为重要，它常处于代谢活动的中心地位。如果没有氮素，就没有蛋白质，也就没有生命了。氮素是一切有机体不可缺少的元素，所以被称为生命元素。当植物缺氮时，体内叶绿素含量下降，叶片黄化，光合作用强度减弱，光合作物减少，从而产量明显降低。在绿色植物生长和发育过程中，没有氮素参与是不可想象的。总之，氮对植物生命活动以及作物产量和品质有极其重要的作用。

琼中县1：25万多目标区域地球化学调查表层土壤中氮最小值为280μg/g，最大值为3790μg/g，平均值为1122μg/g，含量低值区集中分布在琼中县西南部什运乡—上安乡一带。

琼中黎族苗族自治县土壤磷元素地球化学图

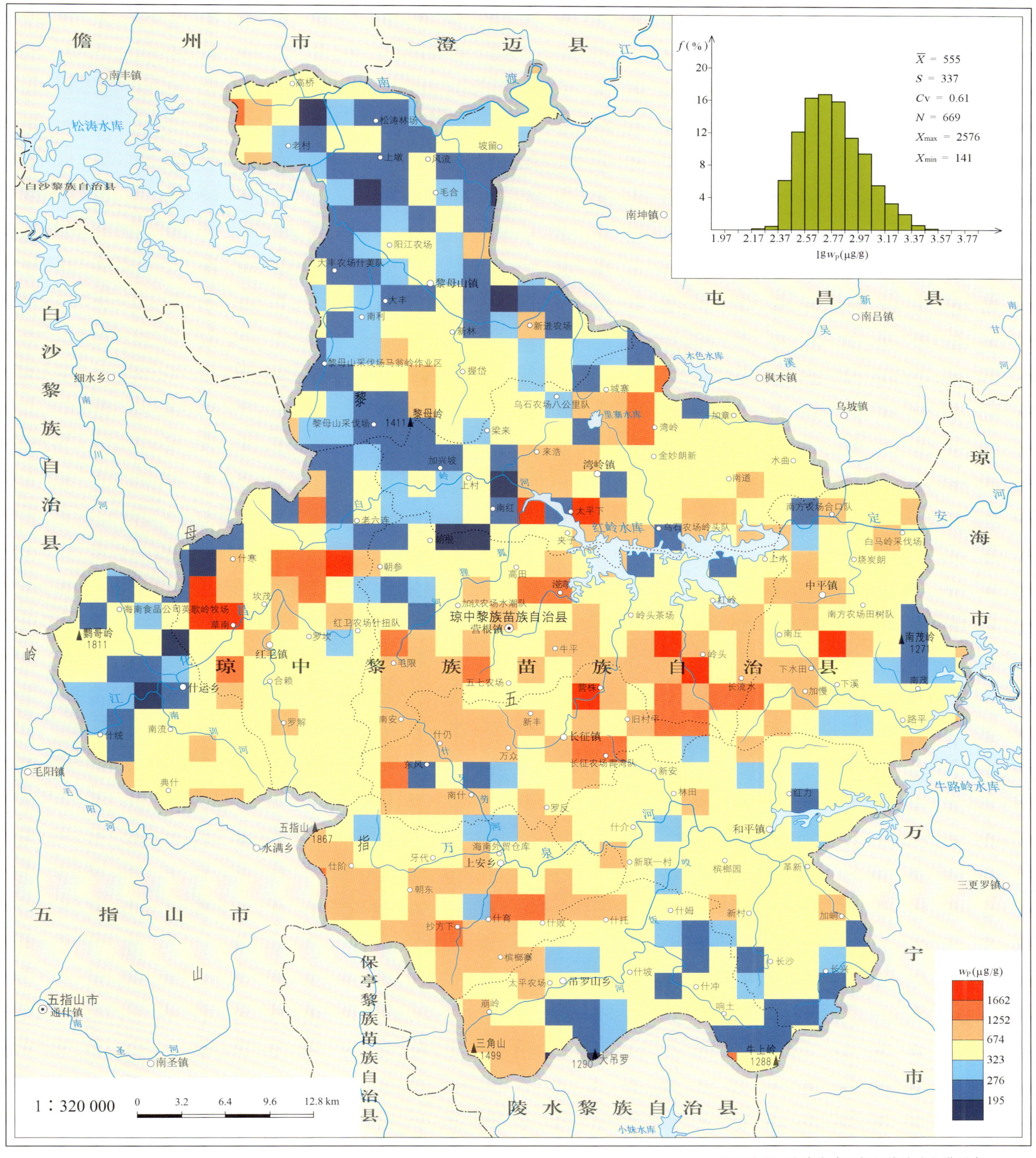

数据来源：海南岛多目标区域地球化学调查。

磷是元素周期表中第三周期第五族的元素，由于容易氧化，不产生游离状态的磷，除了在铁陨石中的陨磷铁镍石和陨硅铁镍石外，磷酸盐就是唯一的磷化物。磷在地壳中的丰度为 0.105%，是亲铁元素，并有明显的亲氧性，未表现出强烈的亲硫性。磷在火成岩中含量并不高，但却有形成独立矿物的能力，磷灰石是岩石中常见的副矿物，有学者认为火成岩中的磷有 95% 以上都含于磷灰石中。磷含量随着岩石酸性程度的升高而降低，磷的含量在玄武岩中最高，中性岩中磷的含量相对均匀，酸性岩中磷的含量较低且分布不均匀。风化作用时，磷多半从矿物中析出，有一部分磷在风化溶液中形成钙磷酸盐再沉淀，而大多数磷则被河水带到了海洋中，在海水中不断受到有机体营力与无机作用后，再从海水中不断析出，在海底，磷酸盐的沉淀是比较常见的，在浅海区域内经常发现磷酸盐结核。

磷也是植物生长发育不可缺少的营养元素之一，它既是植物体内许多重要有机化合物的组分，同时又以多种方式参与植物内各种代谢过程。磷对作物高产及保持品种的优良特性有明显作用。在植物体内，磷富集在新陈代谢快的生长部分和种子中，所以植物中磷的含量也会随着生长周期而发生变化。

琼中县 1:25 万多目标区域地球化学调查表层土壤中磷最小值为 141μg/g，最大值为 2576μg/g，平均值为 555μg/g，含量低值区集中分布在琼中县东北部黎母山镇—什运乡一带。

琼中黎族苗族自治县土壤氧化钾地球化学图

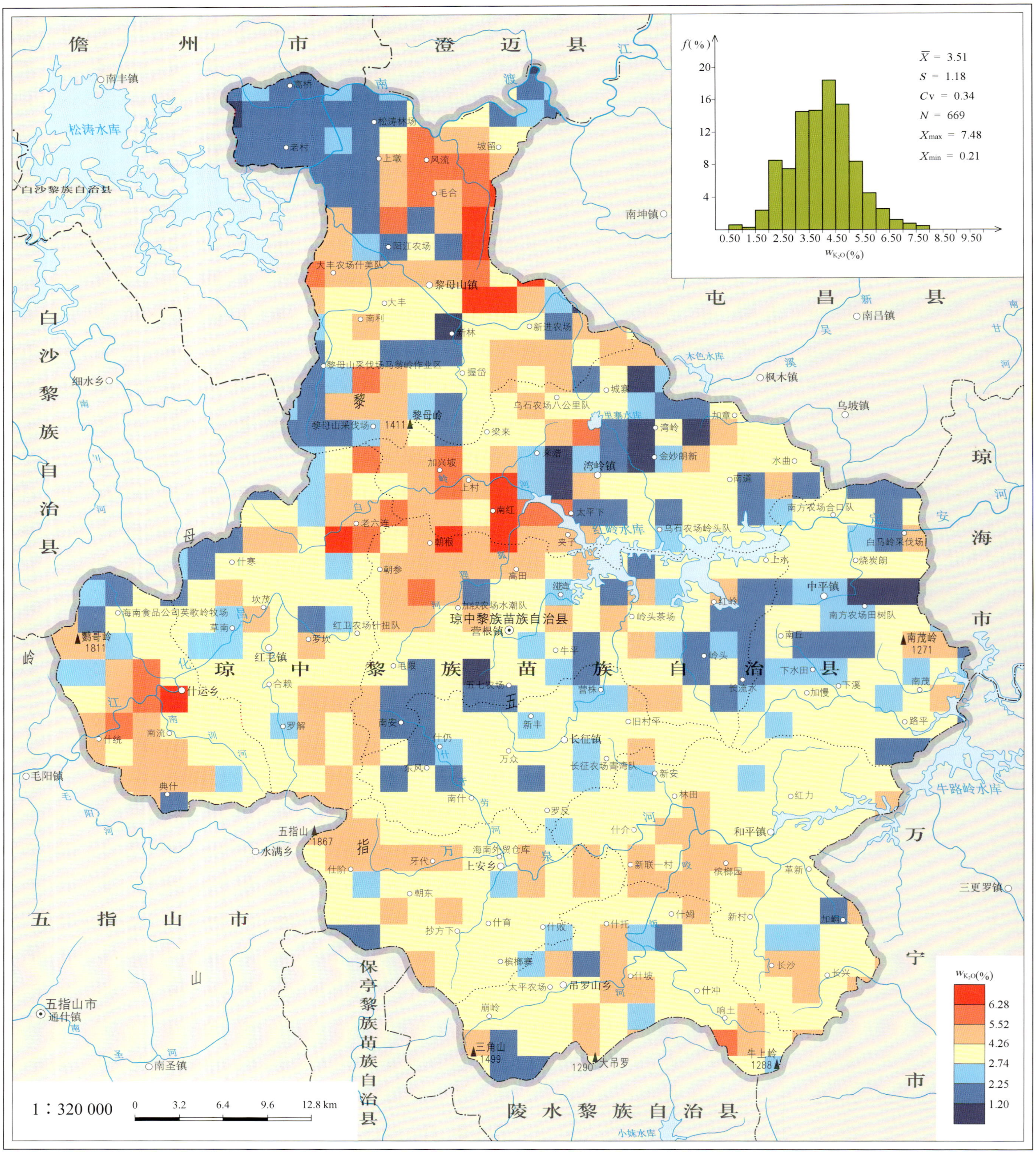

数据来源：海南岛多目标区域地球化学调查。

　　钾是元素周期表中第四周期第一族的元素，是地壳中含量较高的造岩元素之一。钾是典型的亲岩元素，在自然界中的状态只有1价阳离子。钾与氧及卤素一样有较强的亲和力，能形成具有较强离子键的氧化物和卤化物，在自然界中含钾矿物可达120余种。钾在地球中的分布主要集中于地壳上部，尤其是在大陆部分。钾在岩石中的含量随二氧化硅含量的增加而升高，其在超基性岩和基性岩中的含量较少，在花岗岩、碱性岩、花岗伟晶岩中则较富。含钾的硅酸盐矿物易于被风化分解，岩石风化后，钾析出并被流水带走。但由于钾的离子半径较大，极化率高，因此易于被土壤所吸附。钾在土壤中富集的能力大于钠，而在海水中则钠大于钾，这使得钾能大量停留在大陆上，仅有极少量的钾被带入海洋。不同类型土壤中钾的含量是不同的，有研究表明，钾在冻土、灰化土中的含量较高，在红土中则较低。在土壤的垂直剖面中钾的含量有不同的变化，在黑土、红土中钾具有自下而上增加的趋势，而冻土则相反，森林土的变化不明显。

　　钾不仅是植物生长发育所必需的营养元素，而且是肥料三要素之一。许多植物需钾量都很大，它在植物体内的含量仅次于氮。农业生产实践证明，施用钾肥对提高作物产量和改进品质均有明显的作用。

　　琼中县1:25万多目标区域地球化学调查表层土壤中氧化钾最小值为0.21%，最大值为7.48%，平均值为3.51%，氧化钾含量相对较高。

琼中黎族苗族自治县土壤有机质地球化学图

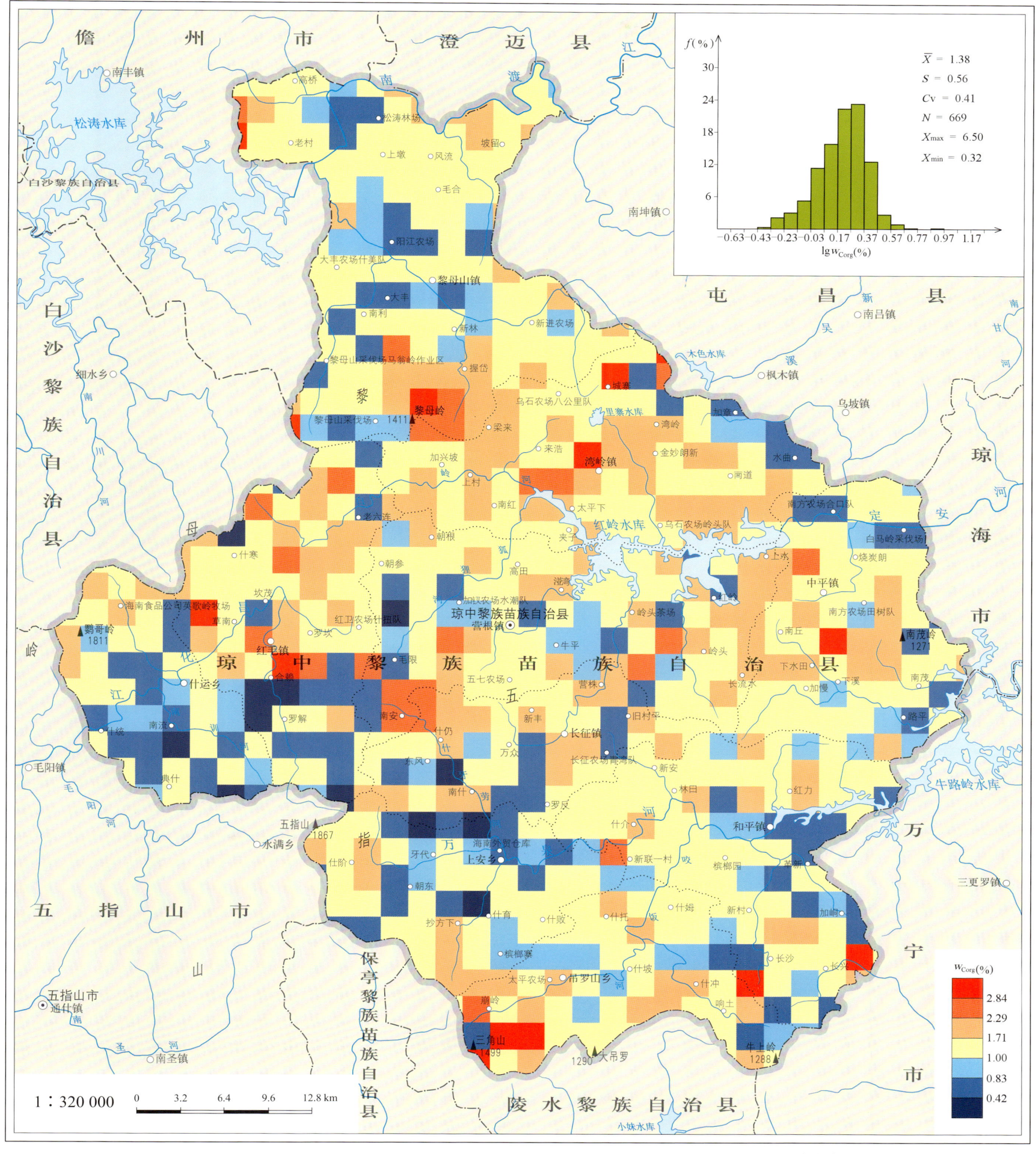

数据来源：海南岛多目标区域地球化学调查。

土壤有机质含量为单位体积土壤中含有的各种动植物残体与微生物及其分解合成的有机物质的数量。一般以有机质占干土重的百分数表示。土壤有机质是土壤固相部分的重要组成成分，尽管土壤有机质的含量只占土壤总量的很小一部分，但是它对土壤形成、土壤肥力、环境保护及农林业可持续发展等方面都有着极其重要的意义。

土壤有机质的含量在不同土壤中差异很大，含量高的可达20%或30%以上（如泥炭土、某些肥沃的森林土壤等），含量低的不足1%或0.5%（如荒漠土和风沙土等）。在土壤学中，一般把耕作层中含有机质在20%以上的土壤称为有机质土壤，含有机质在20%以下的土壤称为矿质土壤。一般情况下，耕作层土壤有机质含量通常在5%以上。有机质的含碳量平均为58%，所以土壤有机质的含量大致是有机碳含量的1.724倍。土壤有机质的组成取决于进入土壤的有机物质的组成，进入土壤的有机物质的组成相当复杂。各种动植物残体的化学成分和含量因动植物种类、器官、年龄等不同而有很大的差异。生物是土壤有机物质的来源、土壤形成过程中最活跃的因素，土壤肥力的高低主要取决于有机质含量的多少。没有生物循环，就不会有土壤形成。

琼中县1∶25万多目标区域地球化学调查表层土壤中有机质最小值为0.32%，最大值为6.50%，平均值为1.38%，有机质含量相对较低。

琼中黎族苗族自治县土壤硒元素地球化学图

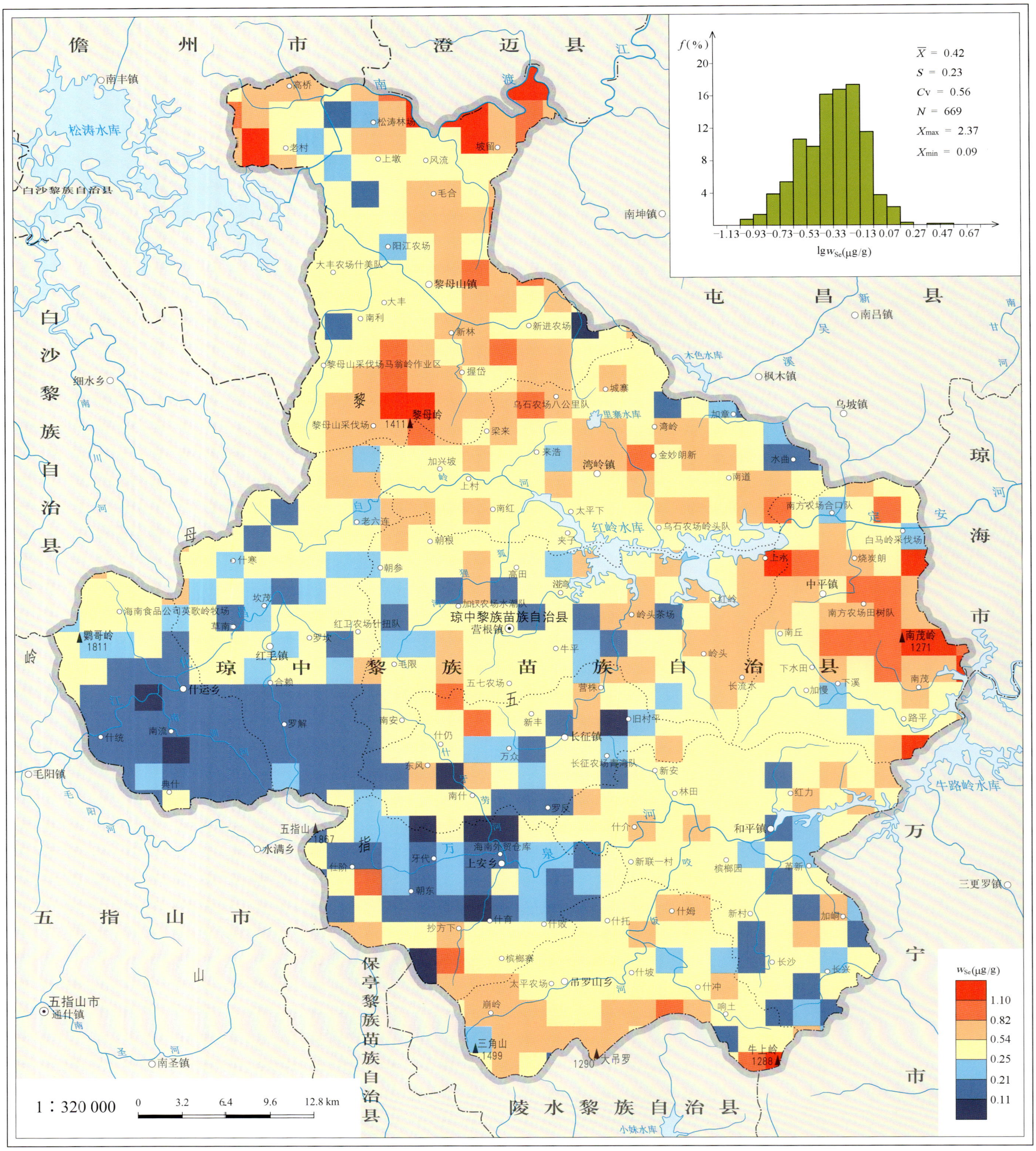

数据来源：海南岛多目标区域地球化学调查。

硒是元素周期表中第四周期第六族的元素，位于硫-硒-碲系列，与硫的性质颇为相似。硒在自然界一般以分散状态存在，虽然可以形成一些独立矿物，但极少形成具有工业意义的独立矿床，属于分散元素之列。硒在自然条件下有6个稳定的同位素，呈现出非金属性。由于与硫的性质相近，硒可以与其形成广泛的类质同象关系，在地壳中呈分散状态，绝大部分都分散到硫化物矿物的晶格中去，只有在硫的浓度明显降低的情况下，才较稀少地形成自己的独立矿物。硒最容易进入硫化物的结晶格架，在硫化床中本身几乎不见有硒化物。最富含硒的是镍、钴、钼、铜的某些硫化物，以及铅、铋的某些硫盐，含硒少的是磁黄铁矿和闪锌矿，并且在地壳的不同地点含量也各异。正因为硒在自然界中相当广泛地存在于硫化物类的矿物中，所以形成独立矿物的有利条件是很稀少的，这也就造成了硒矿物学研究成果不多。硒、硫在内生作用中的地球化学行为也颇为相似，并经常共生，而在表生作用下由于氧化电位各不相同，表现出它们的地球化学途径的明显分离。在缺氧的环境中，硒与硫共生；在氧化条件下，硫化物中的硫很容易氧化形成亚硫酸盐及硫酸盐，被土壤中的水（溶液）长距离搬运，硒化物氧化为元素硒混入氧化物中，故使得硒、硫二元素分离。

琼中县1∶25万多目标区域地球化学调查表层土壤中硒最小值为0.09μg/g，最大值为2.37μg/g，平均值为0.42μg/g。

琼中黎族苗族自治县土壤锗元素地球化学图

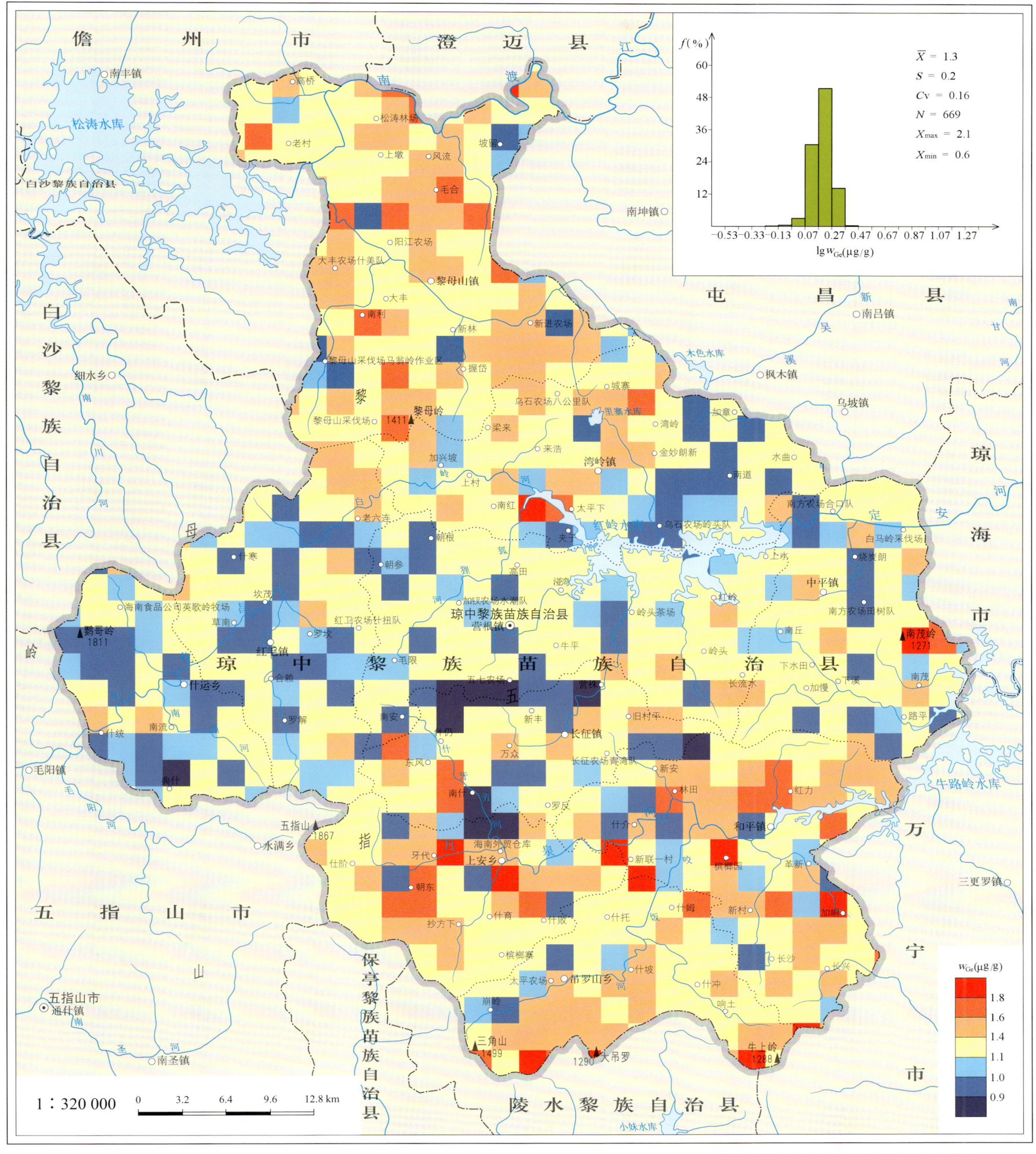

数据来源：海南岛多目标区域地球化学调查。

锗是元素周期表中第四周期第四族的元素，于1886年被正式发现，在地壳中属于典型的分散元素，在自然界中有5种稳定同位素。锗为典型的铜型离子，有4个价电子，容易失去价电子而形成稳定的 Ge^{4+}，在还原条件下，锗易形成+2离子，Ge^{2+} 是强还原剂，在自然条件下不易存在。锗的亲硫性使其富集在某些硫化物矿物晶格中，还以硫锗酸根类质同象进入含硫盐类矿物。锗除了以分散状态进入许多矿物成分中外，在极少条件下还可形成含量超过1%的锗独立矿物。根据目前获得的锗在岩浆成因的岩石和矿物中的分布数据，可以看出锗是一种分布很广的元素，几乎所有的岩浆岩以及岩浆矿物中都存在锗，并且在酸性岩和基性岩中含量并无太大差异。所有原生含锗矿物在地表条件下都是不稳定的，以各种速度发生氧化分解，大多数情况下锗呈+4价态被淋滤溶解而进入水溶液中被大量带出，次生富集带形成的硫化物中锗的含量也很低。锗在表生带中的地球化学行为另一典型特征是，它具有堆积于某些可燃性有机岩特别是煤中的显著倾向，在煤中锗的含量在大多数情况下为 $n\mu g/g$，个别情况下可达到 $50\sim100\mu g/g$。

琼中县1:25万多目标区域地球化学调查表层土壤中锗最小值为 $0.6\mu g/g$，最大值为 $2.1\mu g/g$，平均值为 $1.3\mu g/g$。

琼中黎族苗族自治县土壤碘元素地球化学图

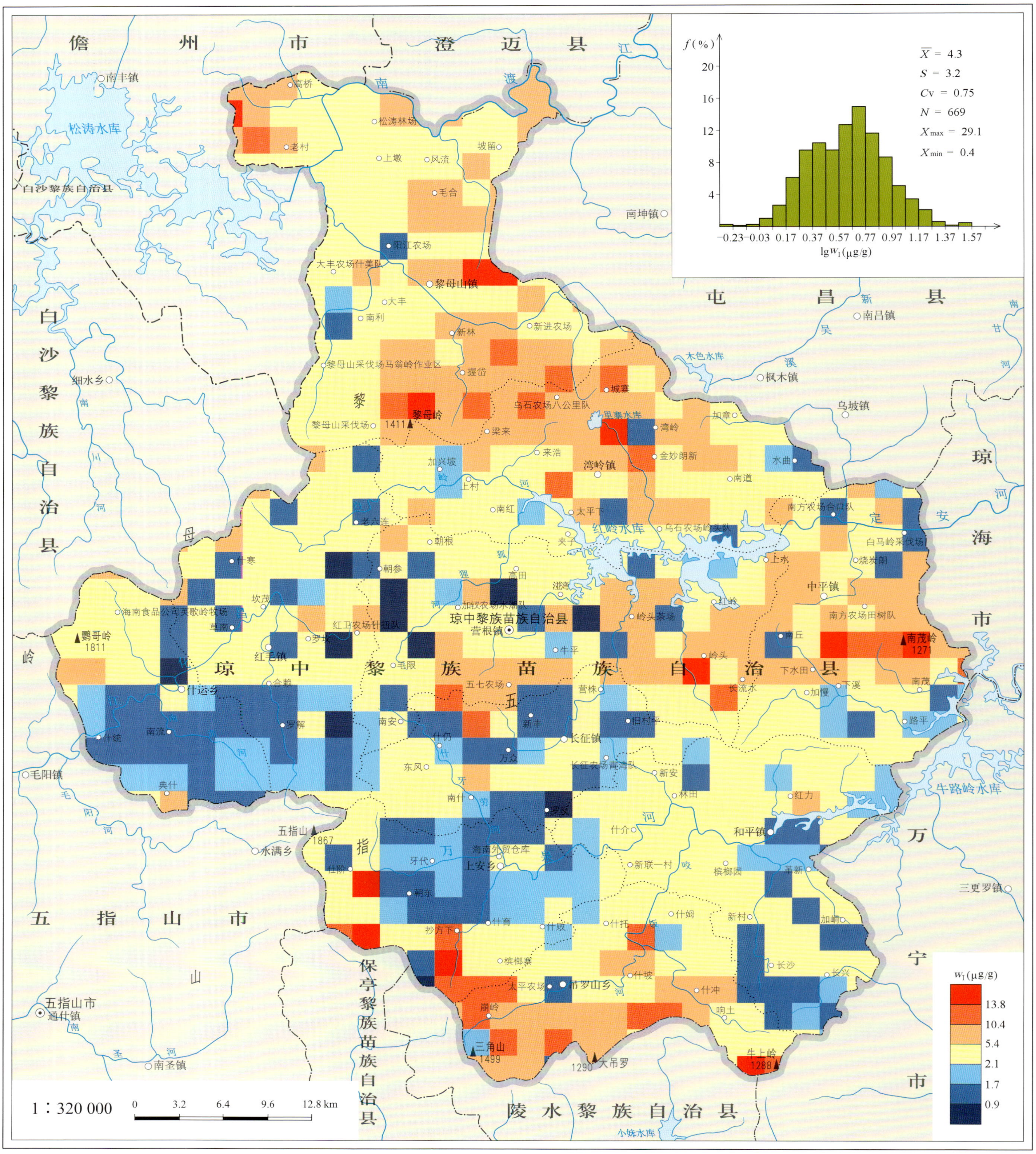

数据来源：海南岛多目标区域地球化学调查。

  碘是元素周期表中第五周期第七族的元素，与氟、氯、溴共同组成卤素族元素。碘有24种同位素，仅有 ^{127}I 为稳定同位素。碘是一种带有金属光泽的灰黑色－紫黑色的结晶物质，其沸点低，易于由固体状态直接变为蒸汽。在卤素族元素中碘是性质较活泼的，其原子半径最大，电子亲合力及得到电子的能力较其他卤素小，失去电子的能力较强，可以出现 +1、+3、+5、+7 等价态。碘能直接与氢化合形成气态的碘化氢，在常温下氧化很快。碘挥发性强，在自然界易升华。碘又是一种易被吸附的元素，在自然界易被矿物吸附剂、有机吸附剂及淀粉等吸附。碘一般不形成矿物堆积，以分散状态为主，它在自然界的存在形式较复杂，主要有以下5种形式：呈游离状态存在于大气圈及海水中；被有机吸附剂及矿物吸附剂吸附，广泛存在于海、湖相淤泥及土壤等介质中；以碘化物、碘酸盐及碘的有机化合物等形式存在于海水、海藻及淤泥等介质中；以独立矿物形式存在；以类质同象形式进入一些矿物中。碘在地壳中含量不高，主要处于一种分散状态，但由于碘的性质活泼，易被吸附，易由一种形态转变为另一种形态，因此在自然界中容易迁移，在地壳岩石圈、水圈、大气圈及生物圈中均有广泛分布。

  琼中县1∶25万多目标区域地球化学调查表层土壤中碘最小值为0.4μg/g，最大值为29.1μg/g，平均值为4.3μg/g，含量低值区集中分布在琼中县西南部什运乡－上安乡一带。

琼中黎族苗族自治县土壤二氧化硅地球化学图

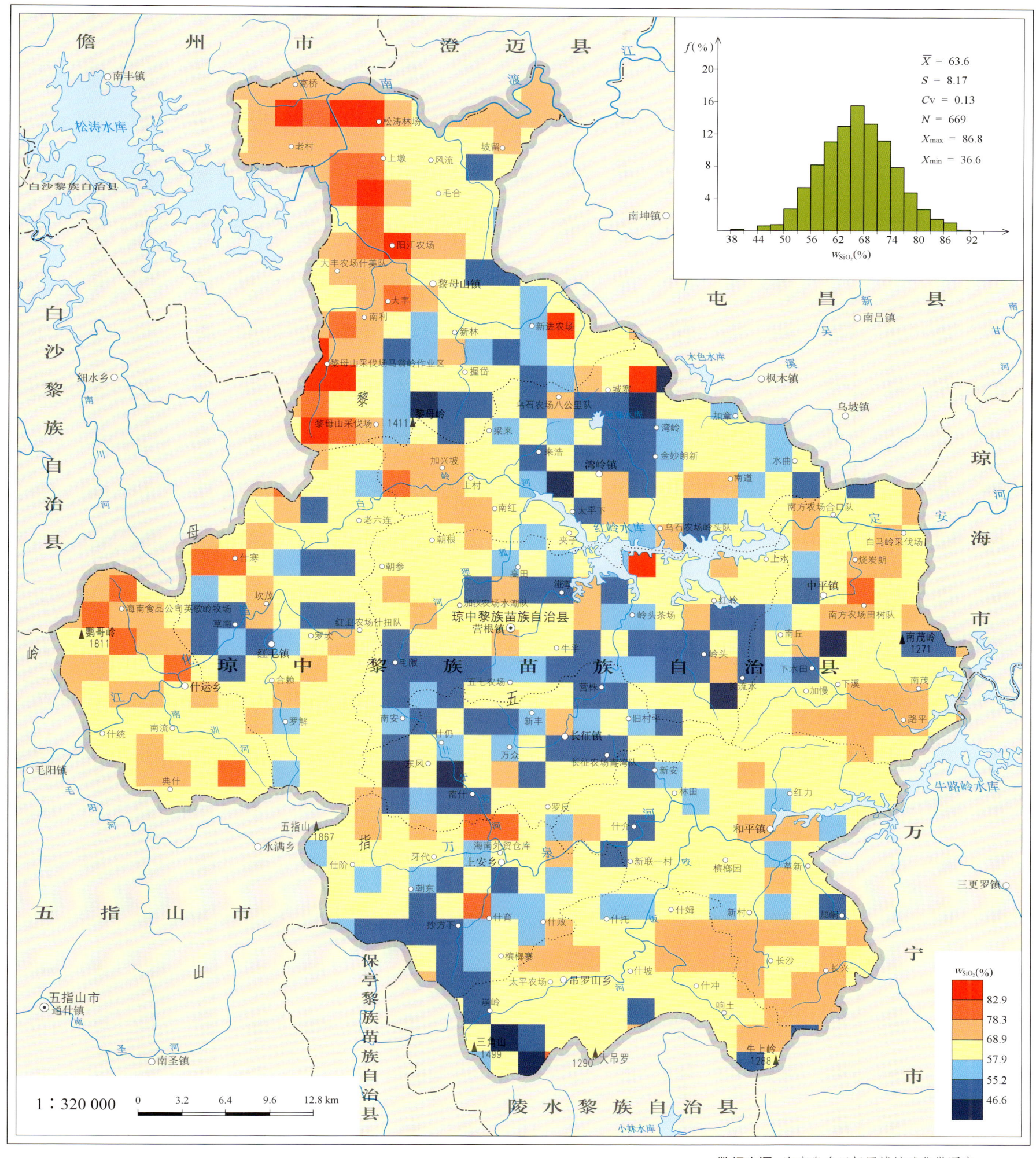

数据来源：海南岛多目标区域地球化学调查。

硅是元素周期表中第三周期第四族的元素，有3种稳定同位素，相对丰度分别为 ^{28}Si：92.18%，^{29}Si：4.71%，^{30}Si：3.12% 和一种放射性同位素 ^{32}Si。硅在地壳中分布很广，元素丰度仅次于氧，同时也是岩石圈上部最主要的带阳电荷的元素。从地壳向地核过渡，硅的含量逐渐下降，这是因为硅的密度小，不能大量集中到地球深处。硅是典型的亲氧元素，在地壳中由于氧化作用，金属硅实际上在任何地质作用中都是不存在的。它主要与氧结合形成硅氧四面体，并由硅氧四面体以各种形式结合生成不同的硅酸盐矿物，所以地壳中的硅主要是以硅酸盐矿物的形式分布在各种类型的岩石中，以游离硅氧（二氧化硅）形式分布占次要地位。这也就是说硅的地球化学，实质上就是硅酸盐和硅氧的地球化学。在火成岩中，二氧化硅的含量在35%～85%之间。根据二氧化硅和硅酸盐矿物在风化作用中的行为，在表生作用下可将它们分为3种不同类型：适于溶解的硅酸盐（如橄榄石、辉石和角闪石等）在土壤剖面中将首先被分解；不易分解而易转变为黏土矿物的硅酸盐（如长石和云母）矿物；轻度溶解的矿物（如石英）仍可保留在土壤剖面中。

琼中县1∶25万多目标区域地球化学调查表层土壤中二氧化硅最小值为36.6%，最大值为86.8%，平均值为63.6%。

琼中黎族苗族自治县土壤三氧化二铝地球化学图

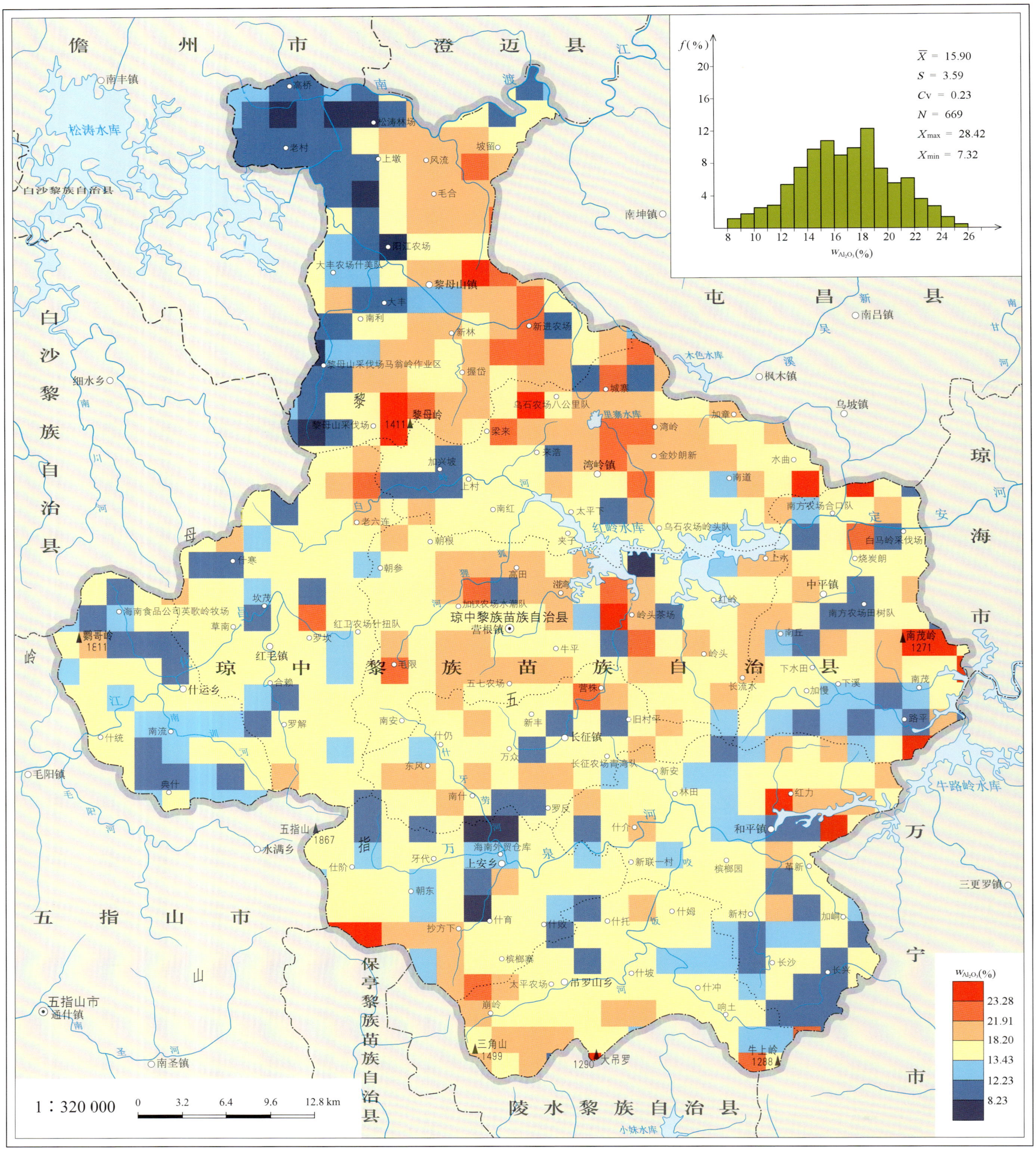

数据来源：海南岛多目标区域地球化学调查。

铝是元素周期表中第三周期第三族的元素，与硅一样以形成氧化物为主，铝硅酸盐矿物是地壳中最重要的含铝矿物。自然界中铝只有+3价态，它和氧离子半径的比值正好是配位数四与六之间的比值，所以铝可分别参与到这两种配位的矿物晶格中。矿物中的铝可以有两种不同的存在形式：一种是铝代替部分硅氧四面体中的硅，形成铝氧四面体；另一种是铝与硅氧四面体一起组成铝硅酸盐矿物。铝除能广泛形成氧化物外，亦可与卤族元素形成化合物，但铝形成碳酸盐、硫酸盐、磷酸盐和砷酸盐的现象却极为少见。在岩浆结晶的地球化学作用中，铝与硅有同样的重要意义，因为铝与硅一起构成了火成岩中最重要的造岩矿物——长石、角闪石、辉石等。这些铝硅酸盐矿物分布广泛，在地表风化作用下都可以转变为黏土矿物，所以铝硅酸盐矿物是表生带中最常见的含铝矿物。在表生带的风化作用中，各种原生铝硅酸盐矿物除形成大量的黏土矿物外，在特定条件下也可以形成三水铝石、水铝石族的矿物。在热带、亚热带湿润炎热的气候条件下，经风化作用形成的黏土矿物还会进一步发生红土化作用，这种作用使得黏土矿物再分解，其中的铝和硅分离，硅氧被地下水带走，铝在弱酸性到弱碱性的溶液中产生氢氧化铝沉淀，形成红土或红土型铝土矿床。

琼中县 1：25 万多目标区域地球化学调查表层土壤中三氧化二铝最小值为 7.32%，最大值为 28.42%，平均值为 15.90%。

琼中黎族苗族自治县土壤氧化镁地球化学图

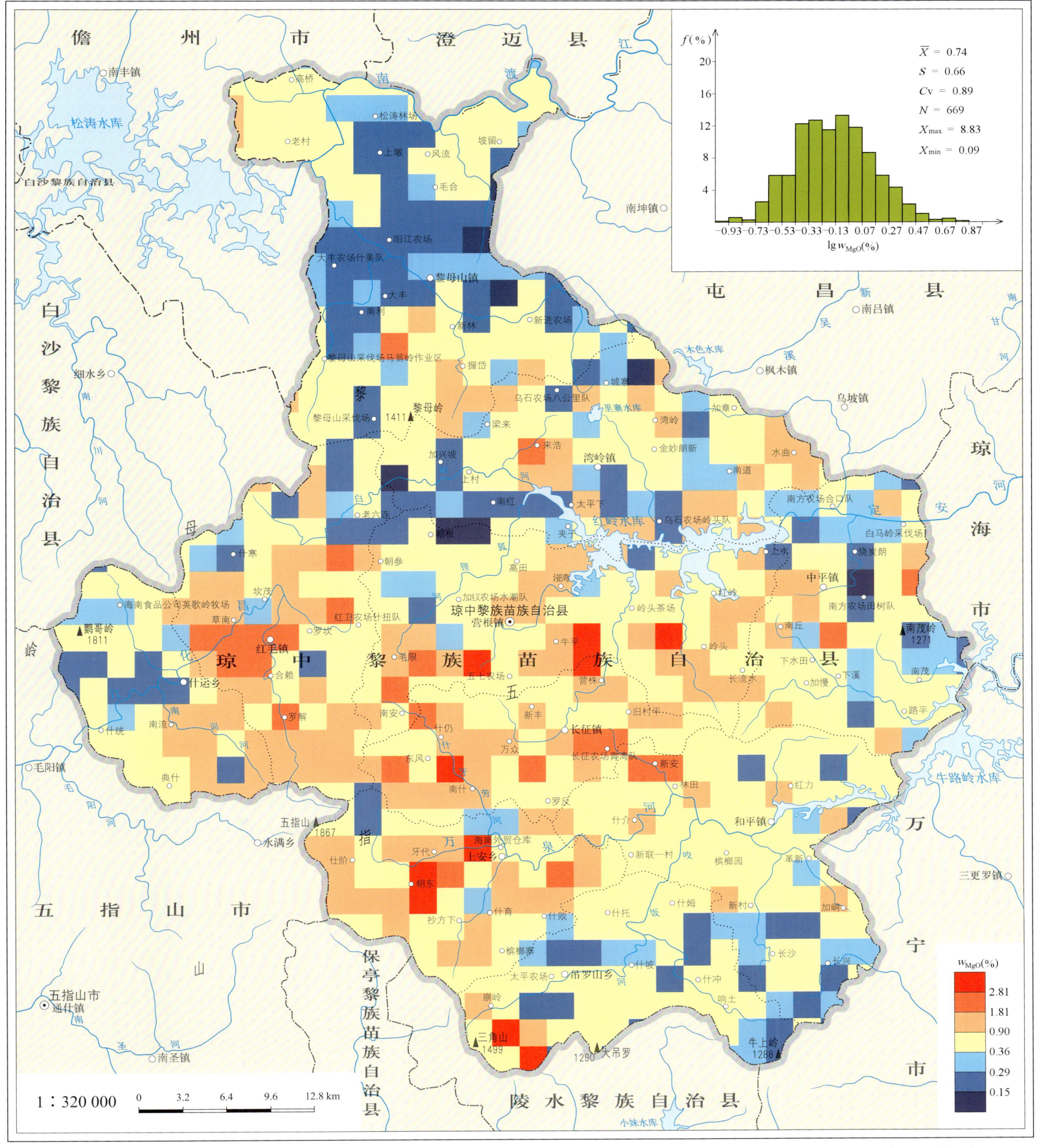

数据来源：海南岛多目标区域地球化学调查。

镁是元素周期表中第二周期第二族的元素，与钙、锶、钡一起被称为碱土金属族。镁元素外电子层由两个电子组成，极易失去这两个电子而形成具有高对称性和稳定性的+2阳离子。镁是弱碱性元素，在强碱性条件下能形成$[MgO_4]^{6-}$，在晶体中可构成四面体的结构单位。镁既能形成简单化合物，又可以形成在自然条件下稳定的复杂无机化合物，但是镁不能含在长石和似长石类的架状构造矿物中，镁几乎全都被固定在岩浆早期结晶的暗色矿物内，其中最重要的镁硅酸盐矿物有镁橄榄石、镁铝榴石、堇青石、透辉石、易变辉石、普通辉石、顽火辉石、镁铁闪石、阳起石、普通角闪石、直闪石、纤蛇纹石、海泡石、滑石、金云母、黑云母、绿泥石族和镁黏土矿物。在非硅酸盐的镁矿物中，以白云石和菱镁矿最重要。镁的氧化物除尖晶族以外是很稀少的，而镁的盐类矿物是许多蒸发沉积物中的常见组分。在地壳中，镁是含量丰富的常见元素之一，丰度为2.33%。由于物质重力分异作用，密度大的铁镁矿物被集中到地壳深处，硅铝矿物则上升至地壳的上部，而组成地壳上层的火成岩以长石和石英为主，镁铁矿物处于次要地位，因此大大降低了镁在地壳中所占的比例。

琼中县1∶25万多目标区域地球化学调查表层土壤中氧化镁最小值为0.09%，最大值为8.83%，平均值为0.74%。

琼中黎族苗族自治县土壤氧化钙地球化学图

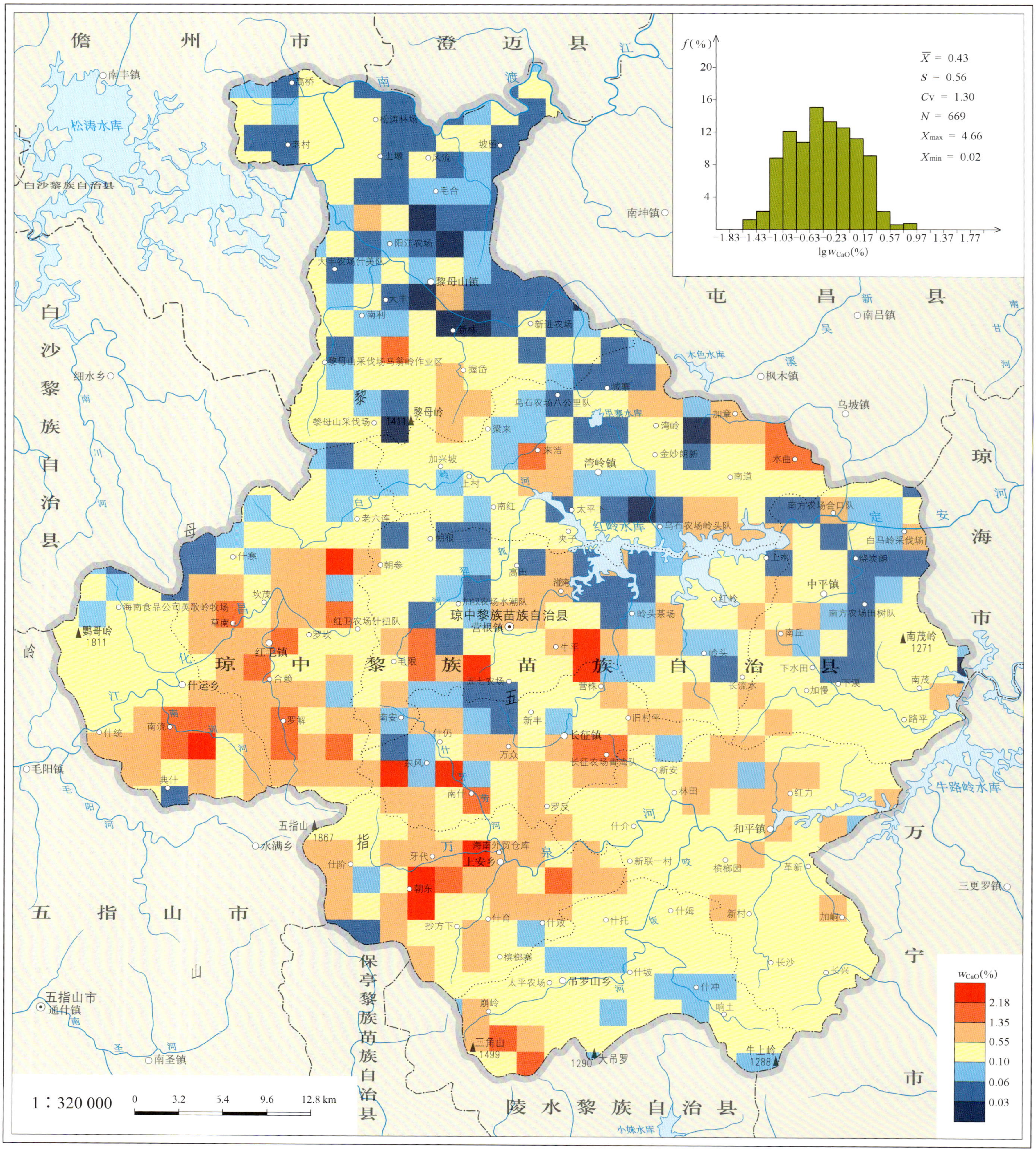

数据来源：海南岛多目标区域地球化学调查。

钙是元素周期表中第四周期第二族的元素，是地壳中常见的元素，丰度仅次于氧、硅、铝和铁，位居第五，在整个地球中则占第七位。在自然界中能形成各种含钙的矿物，因为钙在地球化学作用中是一种比较重要的元素。钙元素外电子层由两个电子组成，极易失去这两个电子而成为 +2 阳离子 Ca^{2+}，电负性为 1，是一种真正的金属元素。在岩浆结晶分异作用的早期，主要形成富镁的橄榄石和顽火辉石，这时钙并未析出而是停留在熔体中。但根据熔体组成的不同，有时钙又可以被析出形成钙斜长石，从岩浆结晶分异作用的主要阶段开始，将有更多的钙被析出，其数量可达到最大值，到了岩浆结晶分异作用晚期，钙含量又逐渐减少。钙与镁虽然都是参与硅酸盐岩浆结晶作用的主要元素之一，但二者的地球化学性质是有差异的，钙不像镁明显地属于基性元素。因为在超基性岩中钙一般只占次要地位，它在基性岩和中性岩中才占重要的位置。在岩浆岩中，无论是斜长石，还是其他暗色的铁镁矿物，都可为含钙的矿物。表生作用中岩浆岩的钙矿物很易遭受风化而分解，在斜长石中钙含量高的比钙含量低的风化得更快，所有硅酸盐中的钙质均可转变为可溶性的重碳酸钙而被水溶液所带走，一般沉积物氧化钙的含量都在 1% 以下。

琼中县 1：25 万多目标区域地球化学调查表层土壤中氧化钙最小值为 0.02%，最大值为 4.66%，平均值为 0.43%。

琼中黎族苗族自治县土壤三氧化二铁地球化学图

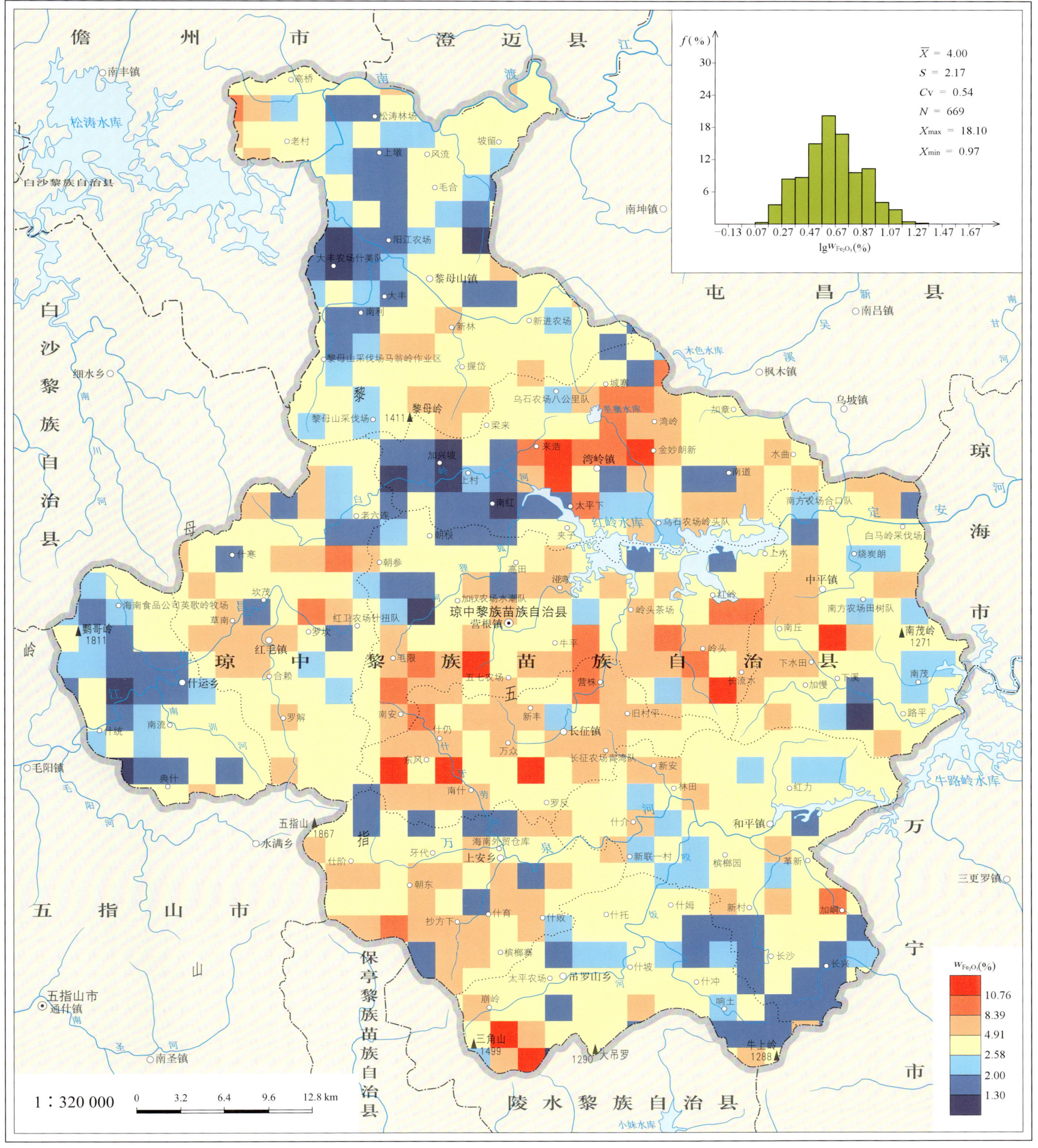

数据来源：海南岛多目标区域地球化学调查。

铁是元素周期表中第四周期第八副族的一个过渡元素，该副族包括3个元素组，从性质上看，铁、钴、镍非常相近，故称之为铁系元素，其余两组则称为铂族元素。铁的电子构型是$3d^64s^2$，它很容易失掉最外层的2个s电子而被氧化成+2，如果再失掉一个3d电子则成+3。在碱性溶液中，强氧化剂可将铁氧化到+6形成含氧酸盐。铁的变价特征导致它在不同的氧化还原介质中显示出不同的地球化学行为和不同的存在形式。铁是宇宙、地球、地壳中的常量元素，是克拉克值最大的元素之一。铁具有亲铁、亲硫和亲氧的三重性。亲铁性主要在地核中显示，呈铁-镍互化物产出，在地壳的强还原条件下也可呈少量的自然铁和铁-铂互化物的形式存在。亲硫性和亲氧性因外界物理化学条件的不同而各有表现。在还原和O/S比值比较低的条件下，铁呈+2显示亲硫性；在氧化和O/S比值比较高的条件下，铁显示亲氧性，在强氧化条件下形成赤铁矿，在中等氧化条件下形成磁铁矿。铁在土壤中的平均含量为3.8%，以红土（含赤铁矿微粒）最高，甚至形成红土型铁矿，黑土和白土最低，前者因为强酸性溶液使铁离子淋失而贫化，后者本身就贫铁。

琼中县1：25万多目标区域地球化学调查表层土壤中三氧化二铁最小值为0.97%，最大值为18.10%，平均值为4.00%。

琼中黎族苗族自治县土壤钴元素地球化学图

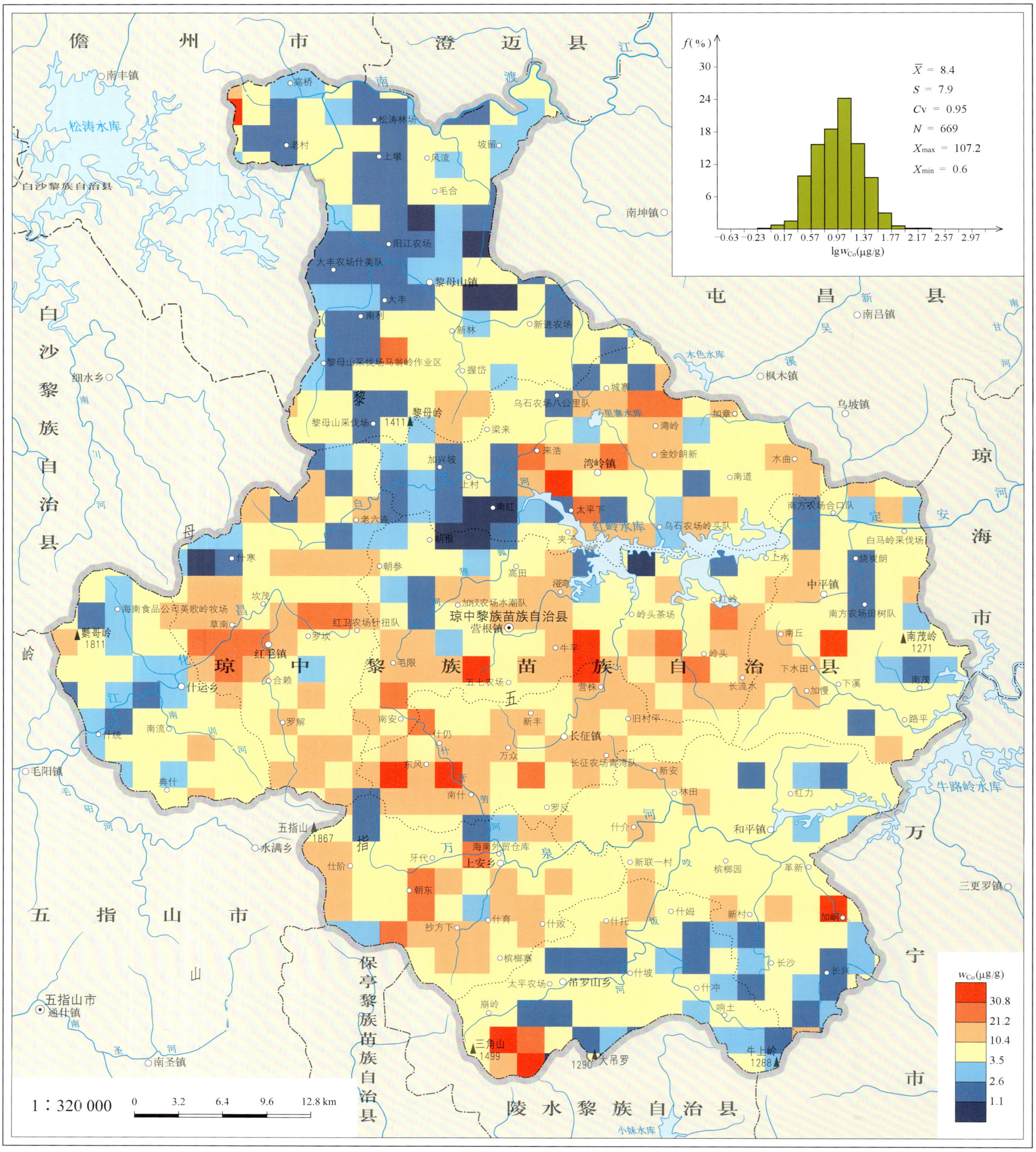

数据来源：海南岛多目标区域地球化学调查。

钴是元素周期表中第四周期第八副族，它只有一种稳定同位素^{58}Co。它的主要地球化学参数铜、铁、镍十分接近。钴与铁一样容易失去最外层的2个s电子，氧化成+2，但+3钴离子不常见。钴形成络阴离子的能力在铁族三元素内居中，与卤族元素作用可得到钴的卤化物。钴具有亲铁、亲硫的双重性，但以亲硫性为最强。钴在自然界主要有3种赋存形式：一种是钴的独立矿物，主要为砷化物、硫化物、硫砷化物和与其类似的化合物；另一种是以类质同象的形式进入相近离子的矿物晶格中；还有一种是以矿物微粒形式包裹于主矿物中，例如磁黄铁矿中发现有钴镍矿、铁矿的细小熔离体，此外钴还可呈吸附状态存在。钴在地壳及各层圈中的丰度与铁有相似的分布规律，由地壳向地核迅速递增。钴在地壳中的丰度相当于上地幔的1/6，仅是地核的1/1520，由此可见，钴是一种典型的地幔型元素。正因为如此，Ni/Co比值已被用作地幔岩浆成因的标志。钴在各类岩浆岩中分布极不均匀，在超基性岩中最高，随着酸性增加，钴的含量迅速降低。土壤中钴的平均含量为10μg/g，土壤中不仅有稳定的钴氢氧化物，而且钴还被土壤黏土矿物所吸附。土壤中钴的含量对动植物的生长和人类的健康都有直接的影响，通过研究，土壤中钴含量介于4～40μg/g之间最为合适。

琼中县1∶25万多目标区域地球化学调查表层土壤中钴最小值为0.60μg/g，最大值为107.2μg/g，平均值为8.4μg/g。

琼中黎族苗族自治县土壤镍元素地球化学图

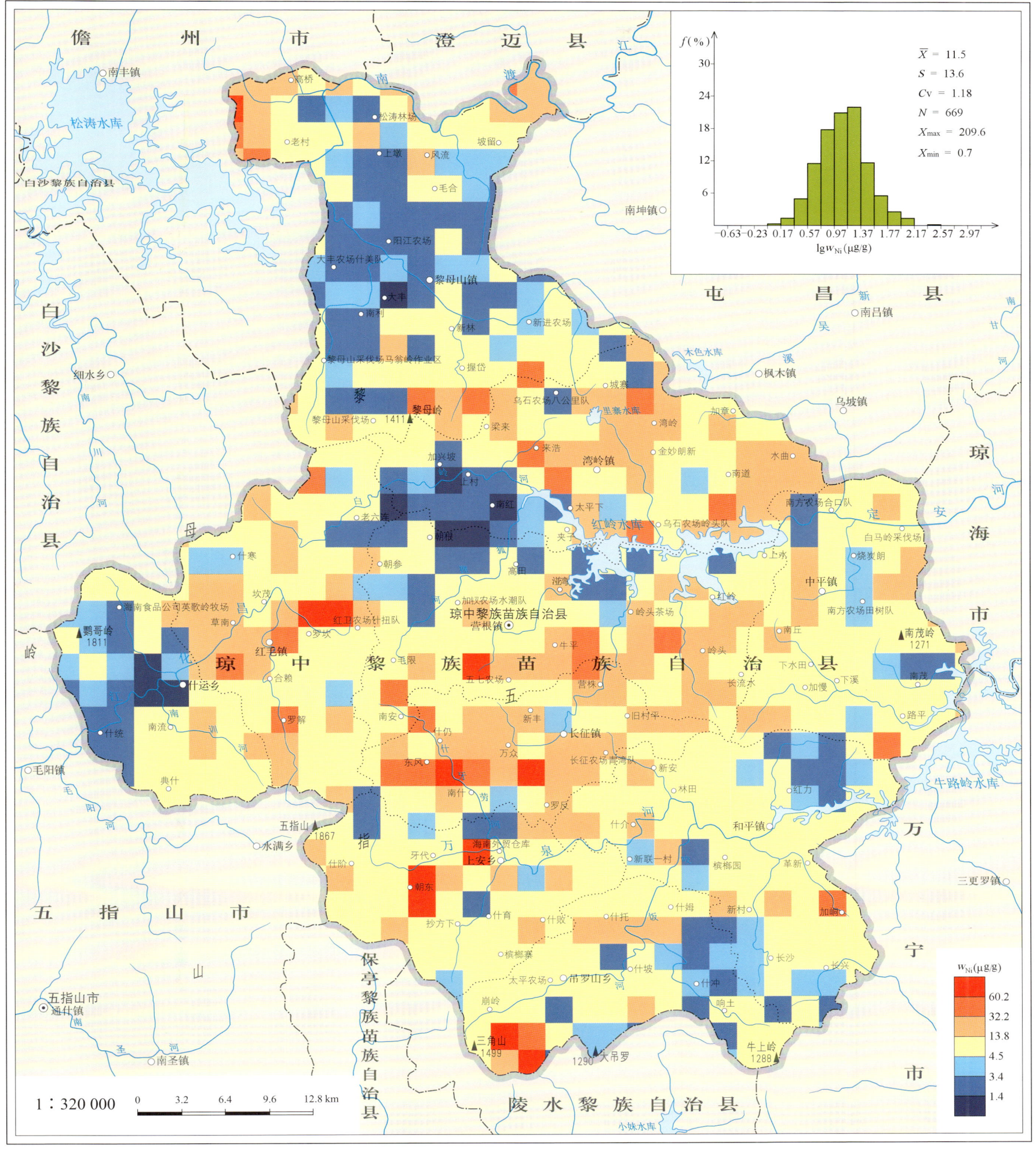

数据来源：海南岛多目标区域地球化学调查。

镍是元素周期表中第四周期第八副族，它是铁族元素中最后一个元素。镍在自然界中多形成+2离子，+3镍离子很少出现，而在碱性溶液中，强氧化剂可将镍氧化到+4价态而形成含氧酸盐。镍具有亲铁、亲硫的双重性，但亲硫性较强。Ni^{2+}的地球化学参数与Co^{2+}、Cu^{2+}、Fe^{2+}、Mg^{2+}十分相近，因此它们之间可以发生类质同象置换。镍在造岩矿物中主要和铁、镁进行等价类质同象置换进入铁镁硅酸盐矿物中，斜长石和似长石类中镍的含量甚微。由于镍的亲硫性，镍在硫化物中异常集中。地壳中的镍含量分布是不均匀的，大洋地壳中镍含量要明显高于大陆地壳。在岩浆岩中，镍明显地聚集在超基性岩中，相当于酸性岩中的144倍，而与地幔岩大体相当，这说明与镍成矿有关的超基性岩来自地幔，所以镍通常被看作地幔岩的特征元素。镍在土壤中的丰度为40μg/g，主要呈正价离子，大部分以分散状态存在于土壤中硅酸盐的结晶格架中，另一部分以离子吸附状态存在于硅酸盐矿物中。镍的可溶盐是有毒的，可溶性镍过量则影响土壤肥力，植物也因镍过量引起叶片产生花斑病或无花瓣。在富镍的超基性岩上部的土壤中，经常生长嗜镍的植物，它们不仅能从土壤中吸取足够量的钙，还可以忍受高含量的镍。

琼中县1:25万多目标区域地球化学调查表层土壤中镍最小值为0.7μg/g，最大值为209.6μg/g，平均值为11.5μg/g。

海南

琼中黎族苗族自治县特色农业区生态地质图集

HAINAN QIONGZHONG LIZU MIAOZU ZIZHIXIAN

综合评价

4

- 琼中黎族苗族自治县土壤二氧化硅与三氧化二铝比值地球化学图
- 琼中黎族苗族自治县土壤化学蚀变指数（CIA）地球化学图
- 琼中黎族苗族自治县土壤全氮丰缺图
- 琼中黎族苗族自治县土壤全磷丰缺图
- 琼中黎族苗族自治县土壤全钾丰缺图
- 琼中黎族苗族自治县土壤有机质丰缺图
- 琼中黎族苗族自治县土壤养分地球化学综合等级图
- 琼中黎族苗族自治县土壤环境地球化学综合等级图
- 琼中黎族苗族自治县土壤质量地球化学综合等级图
- 琼中黎族苗族自治县富硒土壤分布图

琼中黎族苗族自治县土壤二氧化硅与三氧化二铝比值地球化学图

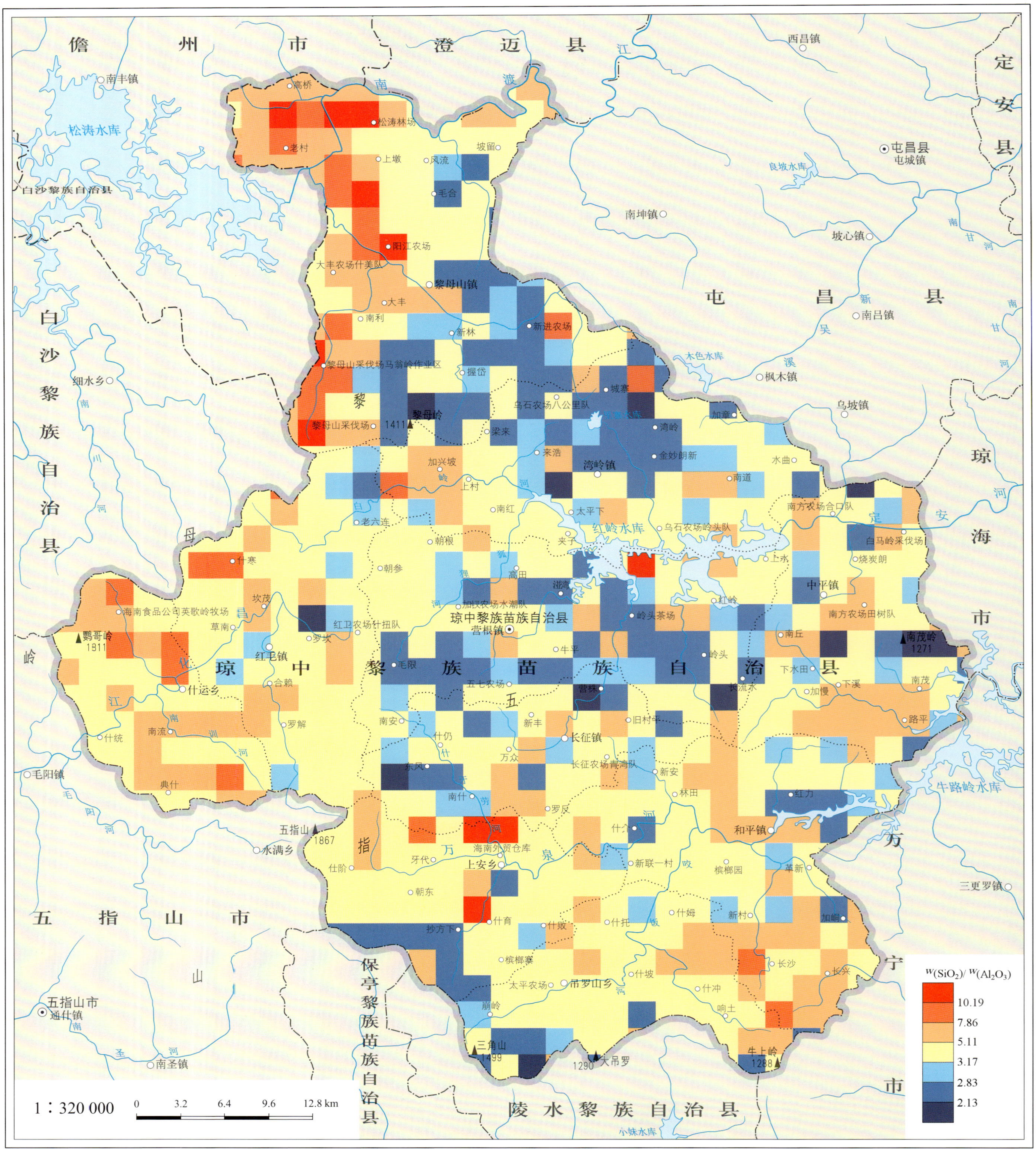

成土母质在复杂的物理、化学风化过程中,既可形成就地残留的土壤,也可在地形坡度和河流的搬运、沉积作用下,在下游形成冲洪积物土壤。深层土壤因较少受工农业活动影响,它的元素分布规律主要受地质背景控制。通常在人类活动影响不显著的地区,表层土壤能继承深层土壤乃至成土母质的元素分布模式。母岩风化成壤过程中,根据二氧化硅和硅酸盐矿物在风化作用中的行为,可将它们划分为3种类型:一是适于溶解的硅酸盐,在土壤剖面中将首先被分解;二是不易分解而易转变为黏土矿物的硅酸盐,这种转变作用的机制极其复杂,取决于地形、气候、母岩和时间等多方因素;三是轻度溶解的矿物仍可保留在土壤剖面中,这是由于它的溶解度比较低,分解得极其缓慢。从上述硅在表生作用中的地球化学行为来看,随着母岩风化成壤,其中的二氧化硅含量将逐渐降低。另一方面,铝硅酸盐矿物在地表风化作用下转变为黏土矿物,在表生带的风化作用中,各种原生铝硅酸盐矿物除形成大量的黏土矿物外,在特定条件下也可以形成三水铝石、水铝石族的矿物。即在成壤过程中,三氧化二铝含量逐渐增加。利用二氧化硅和三氧化二铝在成壤中含量此消彼长的变化特征,以土壤中二氧化硅与三氧化二铝比值表述土壤成壤程度。根据1:25万多目标区域地球化学调查结果,琼中县中部营根镇—湾岭镇一带土壤发育更成熟。

琼中黎族苗族自治县土壤化学蚀变指数（CIA）地球化学图

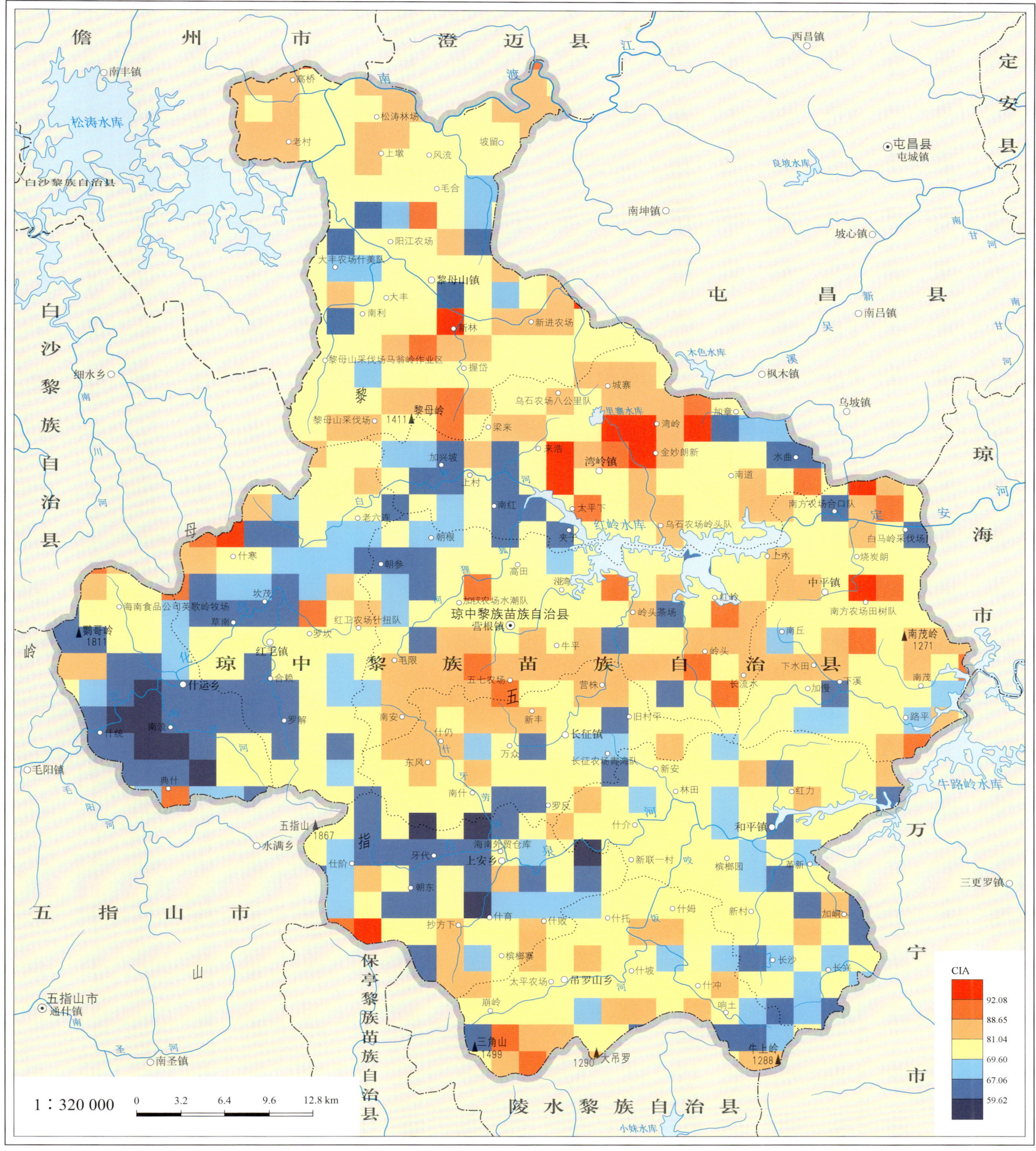

土壤化学蚀变指数(CIA)计算公式为：

$$CIA = [Al_2O_3 / (Al_2O_3 + CaO + Na_2O + K_2O)] \times 100$$

式中，均为氧化物分子摩尔数，其中CaO为硅酸盐矿物中的摩尔含量，不包括碳酸盐和磷酸盐中的CaO含量。由于硅酸盐中CaO与Na_2O通常以1：1比例存在，所以当CaO摩尔数大于Na_2O摩尔数时，可认为$m_{CaO} = m_{Na_2O}$；而当CaO摩尔数小于Na_2O摩尔数时，$m_{CaO} = m_{CaO}$。

土壤化学蚀变指数（CIA）可以有效地指示长石风化成黏土矿物的程度，不存在元素迁移后再淀积的情况，能很好地反映沉积物形成时的化学风化情况。据研究，未风化的长石CIA为50，伊利石和蒙脱石为75～85，高岭石和绿泥石则接近100。化学风化越强，则CIA值越大。一般地，CIA值为40～50，反映未受化学风化；CIA值为50～65，反映寒冷干燥的气候条件下低等的化学风化程度；CIA值为65～85，反映温暖、湿润条件下中等的化学风化程度；CIA为85～100，反映炎热、潮湿的热带和亚热带条件下强烈的化学风化程度。根据1：25万多目标区域地球化学调查结果，参照地球化学图编制方法编制土壤化学蚀变指数（CIA）地球化学图，可以看出，琼中县中部营根镇一湾岭镇一带土壤化学风化程度更强烈，对应的土壤成壤程度也更高。

琼中黎族苗族自治县土壤全氮丰缺图

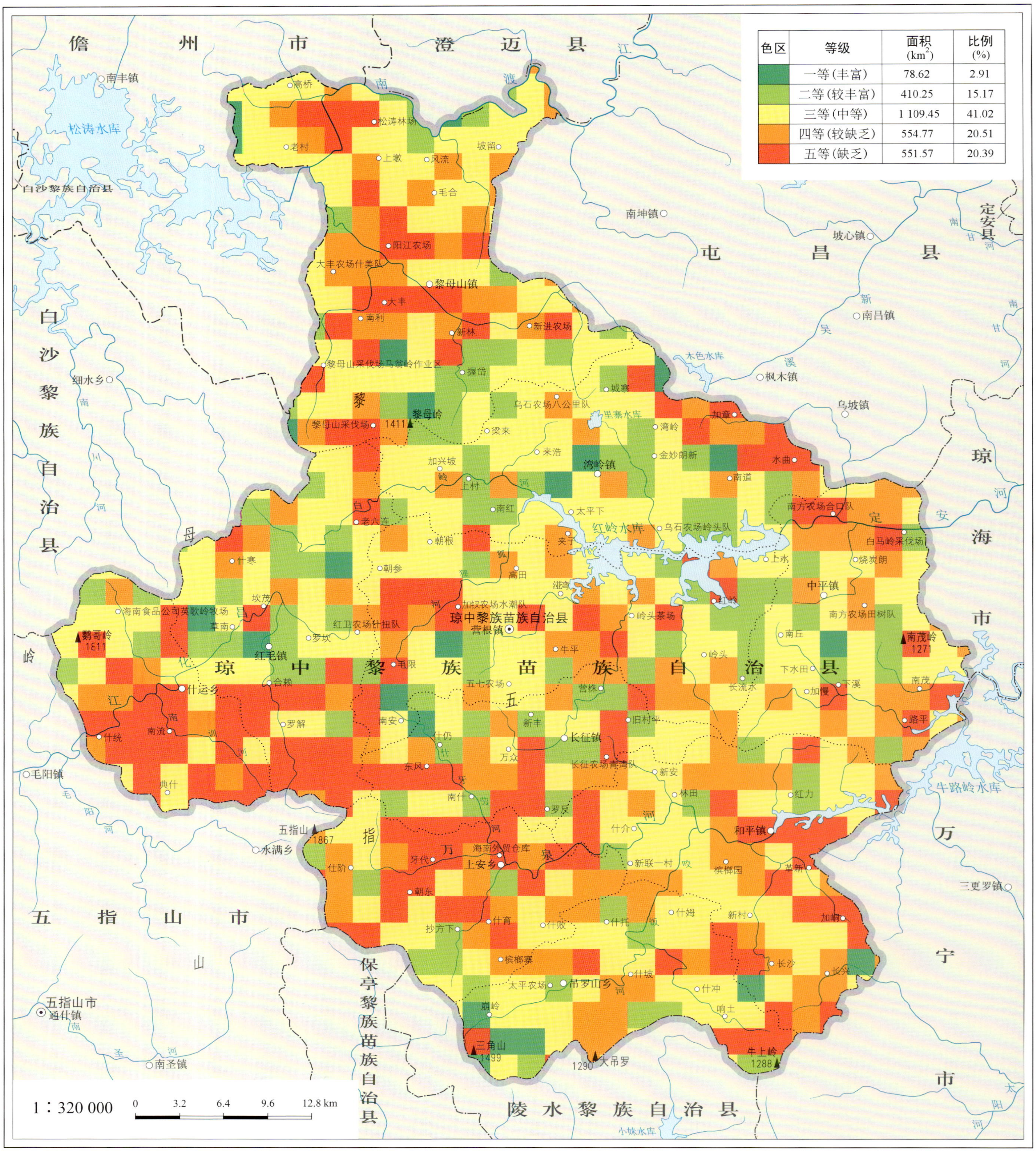

色区	等级	面积(km²)	比例(%)
	一等(丰富)	78.62	2.91
	二等(较丰富)	410.25	15.17
	三等(中等)	1 109.45	41.02
	四等(较缺乏)	554.77	20.51
	五等(缺乏)	551.57	20.39

1∶320 000

　　土壤中的全氮含量代表土壤氮素的总储量和供氮潜力，是土壤肥力的主要指标之一。依据《土地质量地球化学评价规范》(DZ/T 0295—2016)中土壤单指标养分地球化学等级划分要求，将土壤全氮地球化学等级划分为五等，参照全国第二次土壤普查养分等级划分标准，根据1∶25万多目标区域地球化学调查结果，编制琼中县土壤全氮丰缺图。全氮养分指标一等(丰富)土壤面积为78.62km²，占全县土地的2.91%；二等(较丰富)土壤面积为410.25km²，占全县土地的15.17%；三等(中等)土壤面积为1 109.45km²，占全县土地的41.02%；四等(较缺乏)土壤面积为554.77km²，占全县土地的20.51%；五等(缺乏)土壤面积为551.57km²，占全县土地的20.39%。从统计情况来看，琼中县土壤全氮养分指标含量相对较低，等级主要处于中等—缺乏。

土壤中全氮养分指标等级划分标准表

指标	一等(丰富)	二等(较丰富)	三等(中等)	四等(较缺乏)	五等(缺乏)
全氮(g/kg)	>2	≥1.5~2	>1~1.5	>0.75~1	≤0.75

综合评价

琼中黎族苗族自治县土壤全磷丰缺图

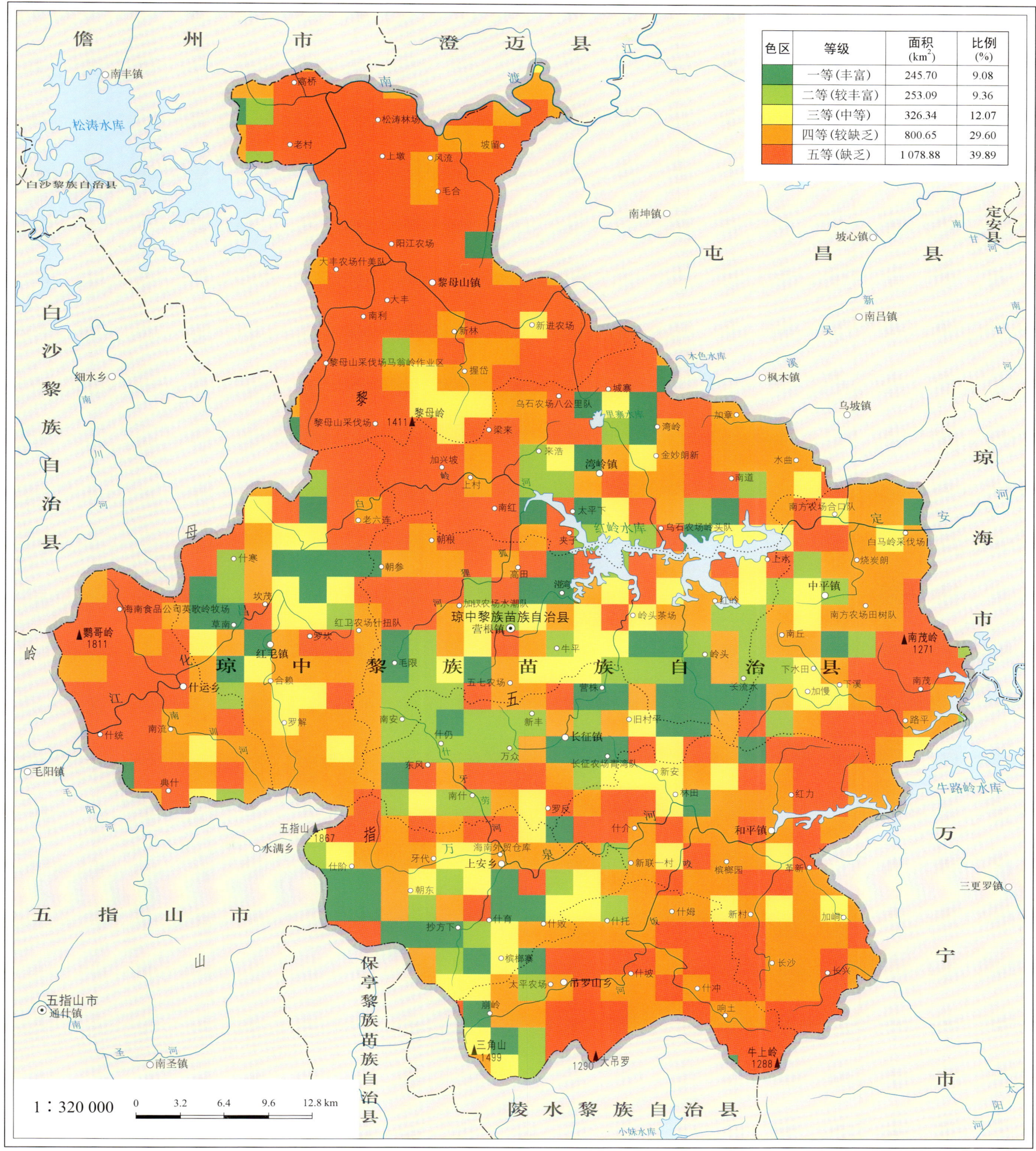

色区	等级	面积(km²)	比例(%)
	一等（丰富）	245.70	9.08
	二等（较丰富）	253.09	9.36
	三等（中等）	326.34	12.07
	四等（较缺乏）	800.65	29.60
	五等（缺乏）	1 078.88	39.89

1:320 000

　　土壤中磷的含量与土壤质地和有机质含量关系密切，黏土含磷量多于砂土，有机质丰富的土壤含磷也较多。在全磷含量很低的情况下，土壤有效磷的供应也常不足，但全磷含量高的土壤有效磷含量不一定高。依据《土地质量地球化学评价规范》（DZ/T 0295－2016）中土壤单指标养分地球化学等级划分要求，根据1:25万多目标区域地球化学调查结果，编制琼中县土壤全磷丰缺图。全磷养分指标一等（丰富）土壤面积为245.70km²，占全县土地的9.08%；二等（较丰富）土壤面积为253.09km²，占全县土地的9.36%；三等（中等）土壤面积为326.34km²，占全县土地的12.07%；四等（较缺乏）土壤面积为800.65km²，占全县土地的29.60%；五等（缺乏）土壤面积为1 078.88km²，占全县土地的39.89%。从统计情况来看，琼中县土壤全磷养分指标含量相对较低，等级主要处于较缺乏—缺乏。

土壤中全磷养分指标等级划分标准表

指标	一等（丰富）	二等（较丰富）	三等（中等）	四等（较缺乏）	五等（缺乏）
全磷（g/kg）	>1	>0.8~1	>0.6~0.8	>0.4~0.6	≤0.4

琼中黎族苗族自治县土壤全钾丰缺图

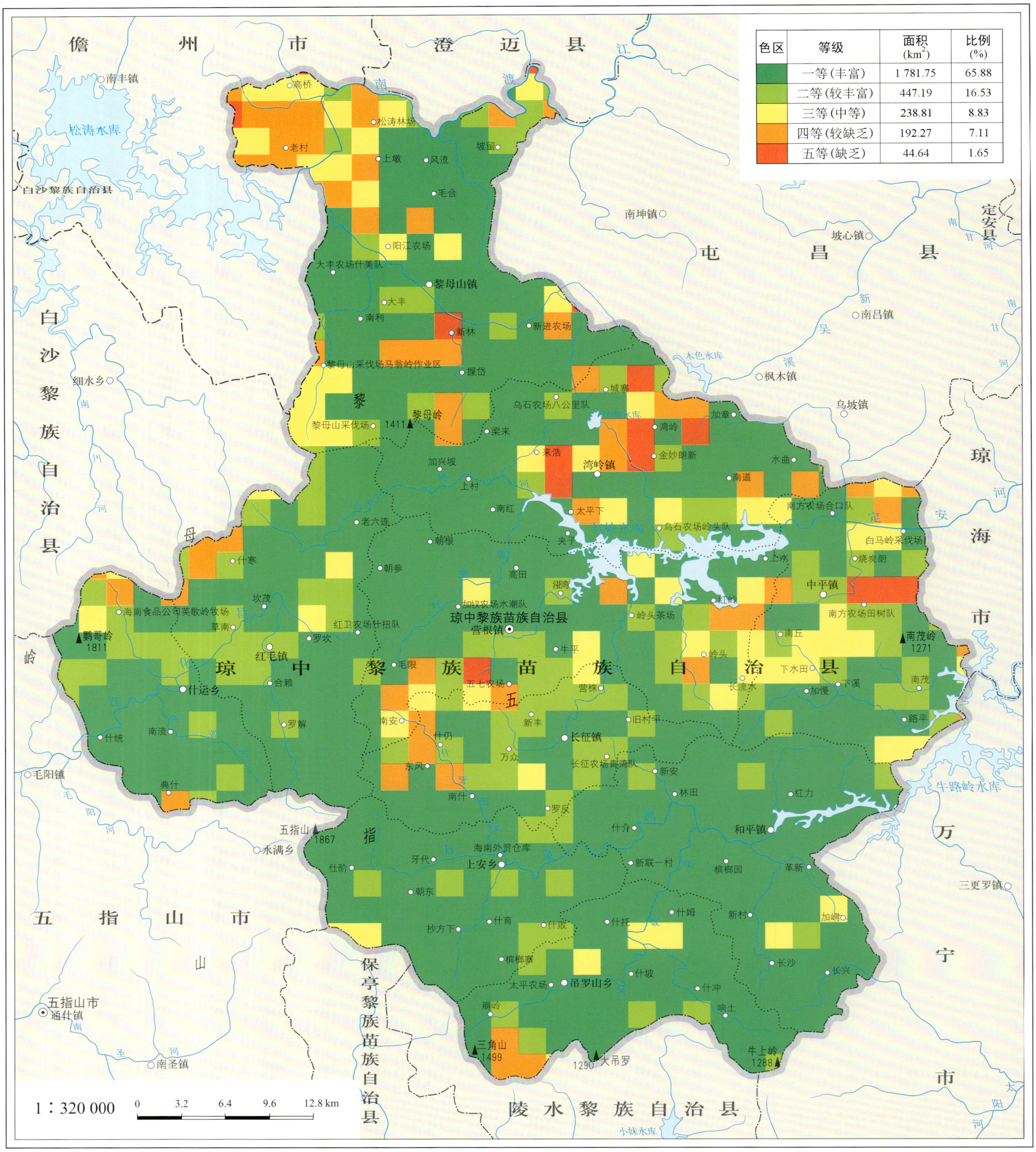

色区	等级	面积(km²)	比例(%)
	一等（丰富）	1 781.75	65.88
	二等（较丰富）	447.19	16.53
	三等（中等）	238.81	8.83
	四等（较缺乏）	192.27	7.11
	五等（缺乏）	44.64	1.65

1 : 320 000

土壤中钾全部以无机形态存在，而且数量远远高于氮、磷。我国土壤的全钾含量大体上是南方较低、北方较高。依据《土地质量地球化学评价规范》（DZ/T 0295－2016）中土壤单指标养分地球化学等级划分要求，将土壤全钾地球化学等级划分为五等。琼中县全钾养分指标一等（丰富）土壤面积为1 781.75km²，占全县土地的65.88%；二等（较丰富）土壤面积为447.19km²，占全县土地的16.53%；三等（中等）土壤面积为238.81km²，占全县土地的8.83%；四等（较缺乏）土壤面积为192.27km²，占全县土地的7.11%；五等（缺乏）土壤面积为44.64km²，占全县土地的1.65%。从统计情况来看，琼中县土壤全钾养分指标含量较高，等级主要处于较丰富—丰富，这与琼中县广泛分布酸性岩有关。

土壤中全钾养分指标等级划分标准表

指标	一等（丰富）	二等（较丰富）	三等（中等）	四等（较缺乏）	五等（缺乏）
全钾（g/kg）	>25	>20～25	>15～20	>10～15	≤10

综合评价

琼中黎族苗族自治县土壤有机质丰缺图

色区	等级	面积(km²)	比例(%)
	一等（丰富）	9.06	0.33
	二等（较丰富）	23.76	0.88
	三等（中等）	281.26	10.40
	四等（较缺乏）	1 688.51	62.43
	五等（缺乏）	702.07	25.96

1 : 320 000

土壤有机质是指存在于土壤中的所有含碳的有机物质，包括各种动植物的残体、微生物及其会分解和合成的各种有机质。它是土壤系统的基础物质，在土壤肥力中发挥着重要作用，土壤的物理、化学和生物学性质以及土壤的生产力都与土壤有机质的含量和特性密切相关。

依据《土地质量地球化学评价规范》(DZ/T 0295－2016)中土壤单指标养分地球化学等级划分要求，将土壤有机质地球化学等级划分为五等。有机质养分指标一等（丰富）土壤面积为9.06km²，占全县土地的0.33%；二等（较丰富）土壤面积为23.76km²，占全县土地的0.88%；三等（中等）土壤面积为281.26km²，占全县土地的10.40%；四等（较缺乏）土壤面积为1 688.51km²，占全县土地的62.43%；五等（缺乏）土壤面积为702.07km²，占全县土地的25.96%。从统计情况来看，琼中县土壤有机质养分指标含量较低，等级主要处于较缺乏－缺乏。

土壤中有机质养分指标等级划分标准表

指标	一等（丰富）	二等（较丰富）	三等（中等）	四等（较缺乏）	五等（缺乏）
有机质(g/kg)	>40	>30～40	>20～30	>10～20	≤10

琼中黎族苗族自治县土壤养分地球化学综合等级图

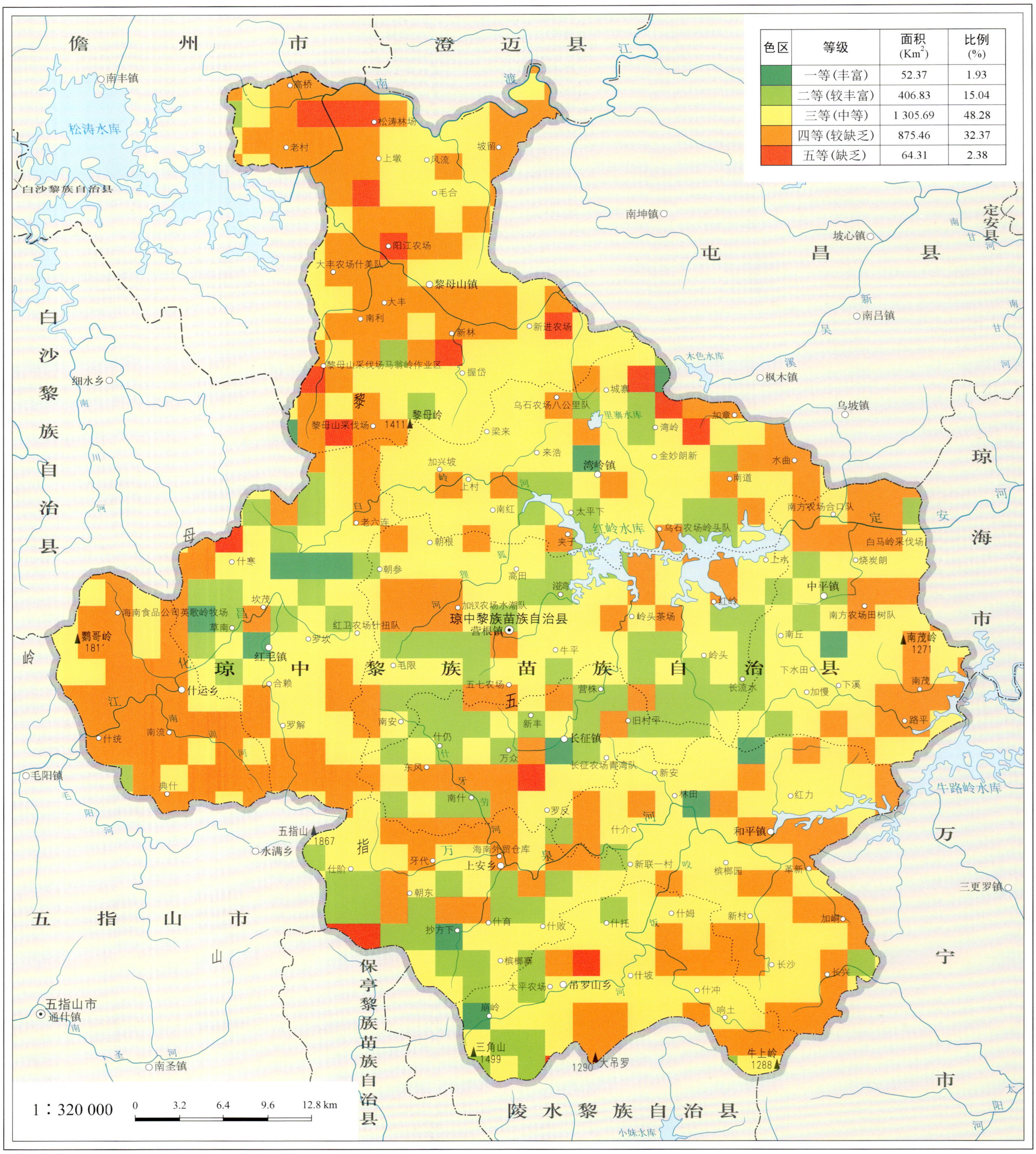

色区	等级	面积(Km²)	比例(%)
	一等（丰富）	52.37	1.93
	二等（较丰富）	406.83	15.04
	三等（中等）	1 305.69	48.28
	四等（较缺乏）	875.46	32.37
	五等（缺乏）	64.31	2.38

1 : 320 000

依据《土地质量地球化学评价规范》（DZ/T 0295－2016）中土壤养分地球化学综合等级划分要求，在氮、磷、钾土壤单指标养分地球化学等级划分的基础上，按照下列公式计算土壤养分地球化学综合得分$f_{养综}$。

$$f_{养综}=\sum_{i=1}^{n}k_if_i$$

式中，$f_{养综}$为土壤N、P、K评价总得分，$1\leq f_{养综}\leq 5$；k_i为N、P、K权重系数，分别为0.4、0.4和0.2；f_i分别为土壤N、P、K的单元素等级得分。单指标评价结果五等、四等、三等、二等、一等所对应的f_i得分分别为1、2、3、4、5分。

土壤养分地球化学综合评价等级划分见下表。从统计情况来看，琼中县土壤养分综合指标等级主要处于中等—较缺乏，约占全县土地的80%。

土壤养分地球化学等级划分表

等级	一等	二等	三等	四等	五等
$f_{养综}$	≥4.5	4.5～3.5	3.5～2.5	2.5～1.5	<1.5

综合评价

琼中黎族苗族自治县土壤环境地球化学综合等级图

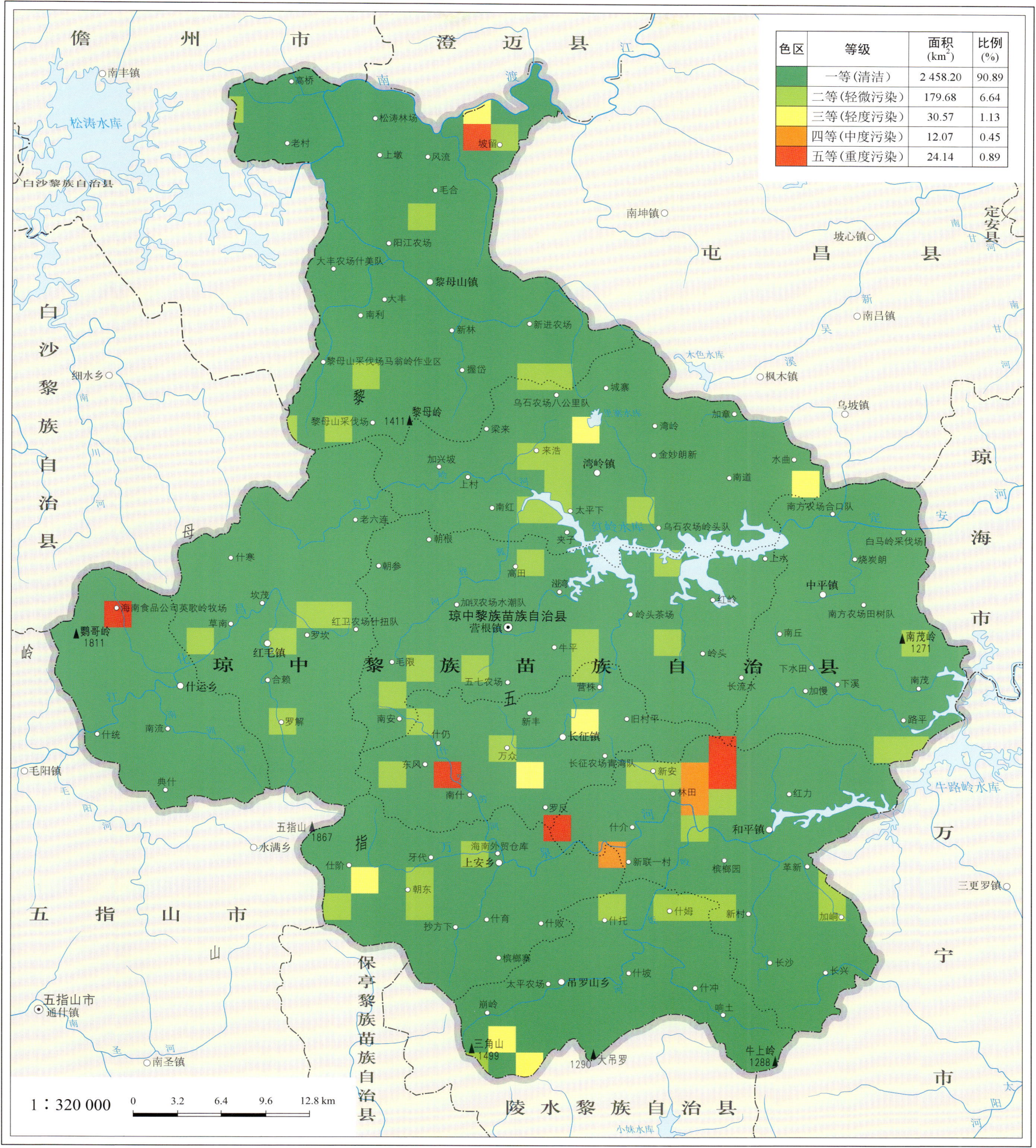

依据《土地质量地球化学评价规范》（DZ/T 0295－2016）要求，按下列公式分别对土壤中砷、镉、铬、铅、汞、镍、铜、锌单项污染指数 P_i 进行计算：

$$P_i = \frac{C_i}{S_i}$$

式中，C_i 为土壤中 i 指标的实测浓度；S_i 为污染物 i 在《土壤环境质量－农用地土壤污染风险管控标准（试行）》（GB 15618－2018）中农用地土壤污染风险筛选值。按照土壤单项污染指数环境地球化学等级划分界限值，分别进行单指标土壤环境地球化学等级划分。在单指标划分的基础上，对土壤环境地球化学综合等级进行划分，等级含义同表。

土壤环境地球化学等级划分界限表

等级	一等	二等	三等	四等	五等
土壤环境	$P_i \leq 1$	$1 < P_i \leq 2$	$2 < P_i \leq 3$	$3 < P_i \leq 5$	$P_i > 5$
	清洁	轻微污染	轻度污染	中度污染	重度污染

琼中黎族苗族自治县土壤质量地球化学综合等级图

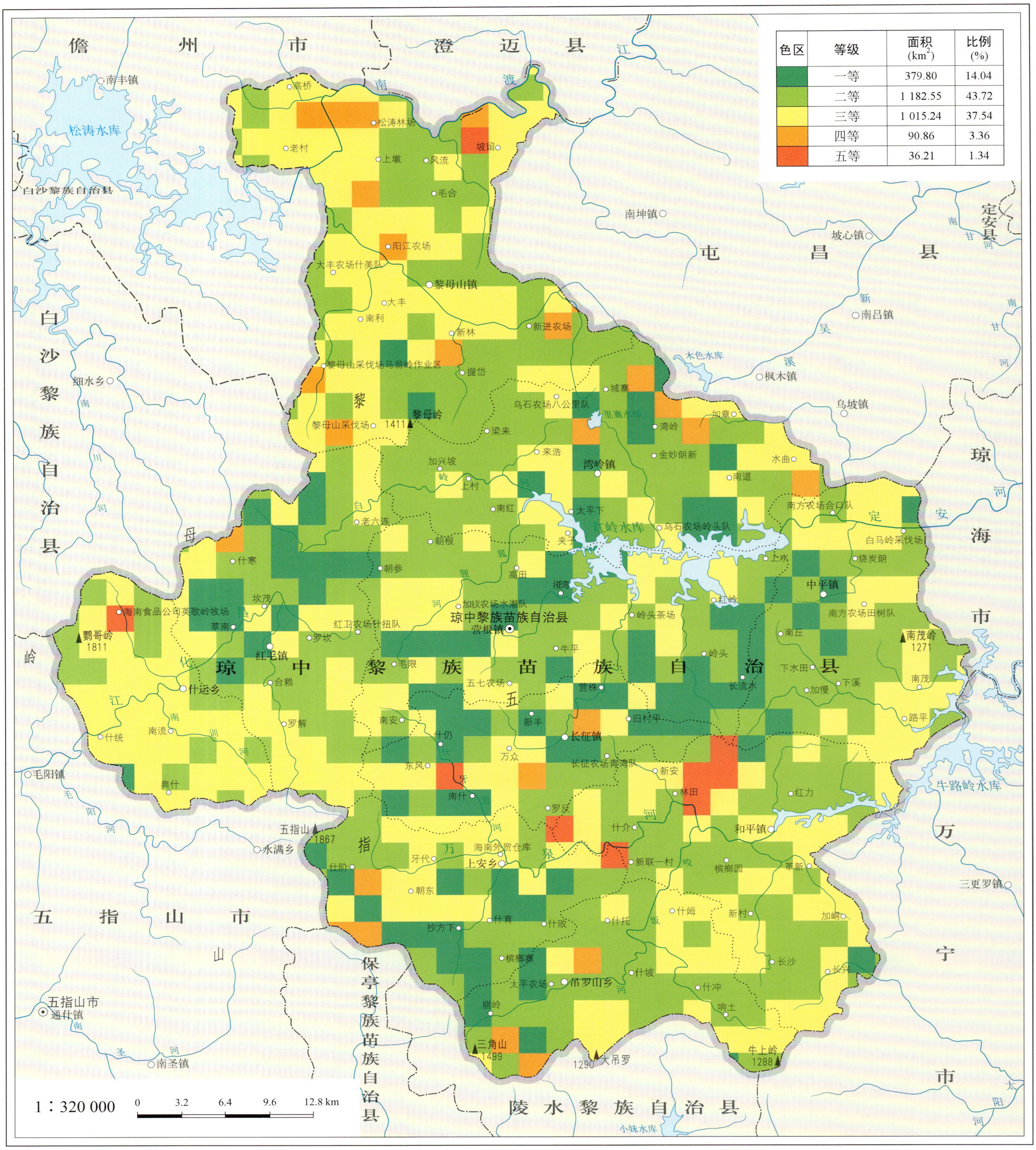

色区	等级	面积(km²)	比例(%)
	一等	379.80	14.04
	二等	1 182.55	43.72
	三等	1 015.24	37.54
	四等	90.86	3.36
	五等	36.21	1.34

1∶320 000

依据《土地质量地球化学评价规范》（DZ/T 0295－2016），土壤质量地球化学综合等级由评价单元的土壤养分地球化学综合等级与土壤环境地球化学综合等级叠加产生，一等为优质，二等为良好，三等为中等，四等为差等，五等为劣等。从统计情况来看，琼中县土壤质量地球化学综合等级主要处于二等至三等之间。

土壤质量地球化学综合等级划分表

土壤养分地球化学综合等级	土壤环境地球化学综合等级				
	清洁	轻微污染	轻度污染	中度污染	重度污染
丰富	一等	三等	四等	五等	五等
较丰富	一等	三等	四等	五等	五等
中等	二等	三等	四等	五等	五等
较缺乏	三等	三等	四等	五等	五等
缺乏	四等	四等	四等	五等	五等

琼中黎族苗族自治县富硒土壤分布图

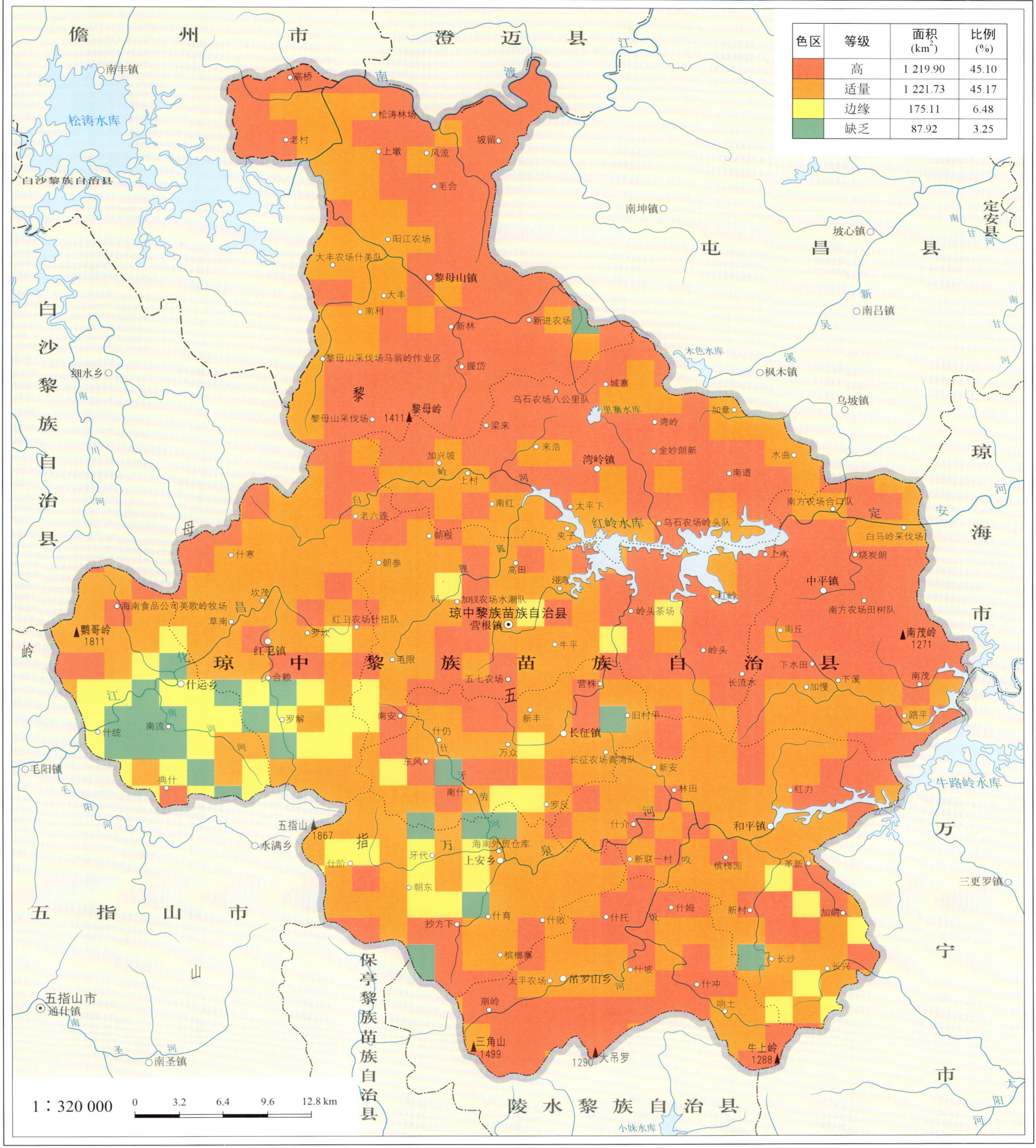

色区	等级	面积 (km²)	比例 (%)
	高	1 219.90	45.10
	适量	1 221.73	45.17
	边缘	175.11	6.48
	缺乏	87.92	3.25

1∶320 000

  硒是人体所必需的微量元素,与居民健康关系密切。硒在环境中的分布极不均衡。全世界有多个国家和地区缺硒,中国是缺硒最严重的国家之一。缺硒地区占到了全国国土面积的72%。缺硒会导致当地居民出现"克山病"和"大骨节病",当然硒过量(硒毒害)也会发生硒中毒。以《土地质量地球化学评价规范》(DZ/T 0295－2016)中土壤硒分级标准进行划分,土壤中硒含量大于0.4μg/g的可视为富硒土壤。基于海南岛1∶25万多目标区域地球化学调查结果发现,海南岛有丰富的富硒土壤资源,面积达9545km²,占全岛面积的28.14%。依据初步调查的富硒土壤区与海南岛第二次土地利用调查成果叠加,海南岛富硒土地区耕地、果园和茶园面积为1 775.73km²,占全岛耕地、果园和茶园总面积的20.17%,其中富硒土壤区耕地占比82.05%,果园占比17.71%,茶园面积最小,仅占比0.19%。

土壤硒元素等级划分表

等级	缺乏	边缘	适量	高	过剩
Se (μg/g)	< 0.125	> 0.125 ~ 0.175	> 0.175 ~ 0.4	> 0.4 ~ 3.0	> 3.0

海南

琼中黎族苗族自治县特色农业区生态地质图集

HAINAN QIONGZHONG LIZU MIAOZU ZIZHIXIAN

5

成果应用

- 琼中黎族苗族自治县特色农业区土壤成因类型图
- 琼中黎族苗族自治县特色农业区土壤氮丰缺图
- 琼中黎族苗族自治县特色农业区土壤磷丰缺图
- 琼中黎族苗族自治县特色农业区土壤钾丰缺图
- 琼中黎族苗族自治县特色农业区土壤氧化钙丰缺图
- 琼中黎族苗族自治县特色农业区土壤氧化镁丰缺图
- 琼中黎族苗族自治县特色农业区土壤氧化钠丰缺图
- 琼中黎族苗族自治县特色农业区土壤二氧化硅丰缺图
- 琼中黎族苗族自治县特色农业区土壤铁丰缺图
- 琼中黎族苗族自治县特色农业区土壤锰丰缺图
- 琼中黎族苗族自治县特色农业区土壤铜丰缺图
- 琼中黎族苗族自治县特色农业区土壤锌丰缺图
- 琼中黎族苗族自治县特色农业区土壤钼丰缺图
- 琼中黎族苗族自治县特色农业区土壤硼丰缺图
- 琼中黎族苗族自治县特色农业区土壤氯丰缺图
- 琼中黎族苗族自治县特色农业区土壤硫丰缺图
- 琼中黎族苗族自治县特色农业区土壤 pH 分级图
- 琼中黎族苗族自治县特色农业区土壤有机质丰缺图
- 琼中黎族苗族自治县特色农业区土壤氟丰缺图
- 琼中黎族苗族自治县特色农业区土壤锗丰缺图
- 琼中黎族苗族自治县特色农业区土壤硒丰缺图
- 琼中黎族苗族自治县特色农业区土壤碘丰缺图
- 琼中黎族苗族自治县特色农业区土壤砷分级图
- 琼中黎族苗族自治县特色农业区土壤铬分级图
- 琼中黎族苗族自治县特色农业区土壤镉分级图
- 琼中黎族苗族自治县特色农业区土壤汞分级图
- 琼中黎族苗族自治县特色农业区土壤镍分级图
- 琼中黎族苗族自治县特色农业区土壤铅分级图
- 琼中黎族苗族自治县特色农业区土壤养分地球化学综合等级图
- 琼中黎族苗族自治县特色农业区土壤环境地球化学综合等级图

琼中黎族苗族自治县特色农业区土壤成因类型图

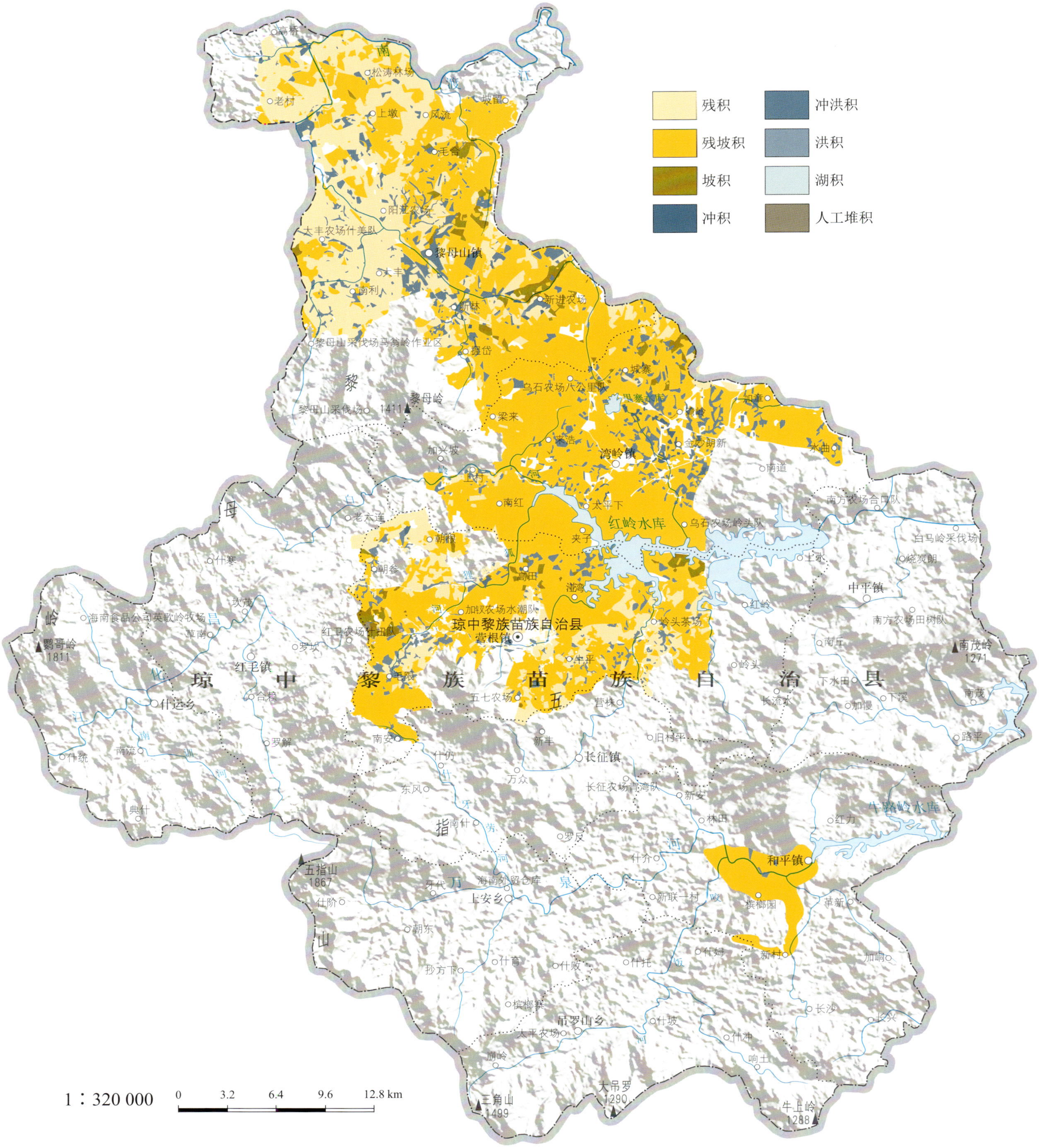

2019—2020年，在琼中营根镇、湾岭镇、黎母山镇、和平镇760km² 范围内开展土地农用适宜性调查。调查显示，调查区地质建造类型以酸性侵入岩为主，此外有少量的片麻岩、碎屑岩。以调查区酸性侵入岩为主的地质背景是造成调查区丘陵地貌的内在原因。丘陵地貌地势较起伏，不利于形成耕地连片区，但适合建立水果生产基地。酸性侵入岩重金属含量低，以酸性侵入岩为成壤母岩的土壤无重金属污染风险。地质建造是造成调查区农业产业格局现状的内在因素之一。调查区土壤发生类型均为砖红壤、水稻土等常见类型，土壤层普遍较厚，剥蚀程度较低，不存在不利于农业生产的土壤条件。橡胶、槟榔种植是调查区农民最主要的经济收入来源，但亩产经济效益相对较低。而水稻种植受制于地理环境，分布较为零散，无法有效开展现代化生产，传统生产方式效率较低，进而导致一定数量的耕地出现弃耕、改种槟榔或橡胶的情况，造成了一定程度的土地资源浪费。

成果应用

琼中黎族苗族自治县特色农业区土壤氮丰缺图

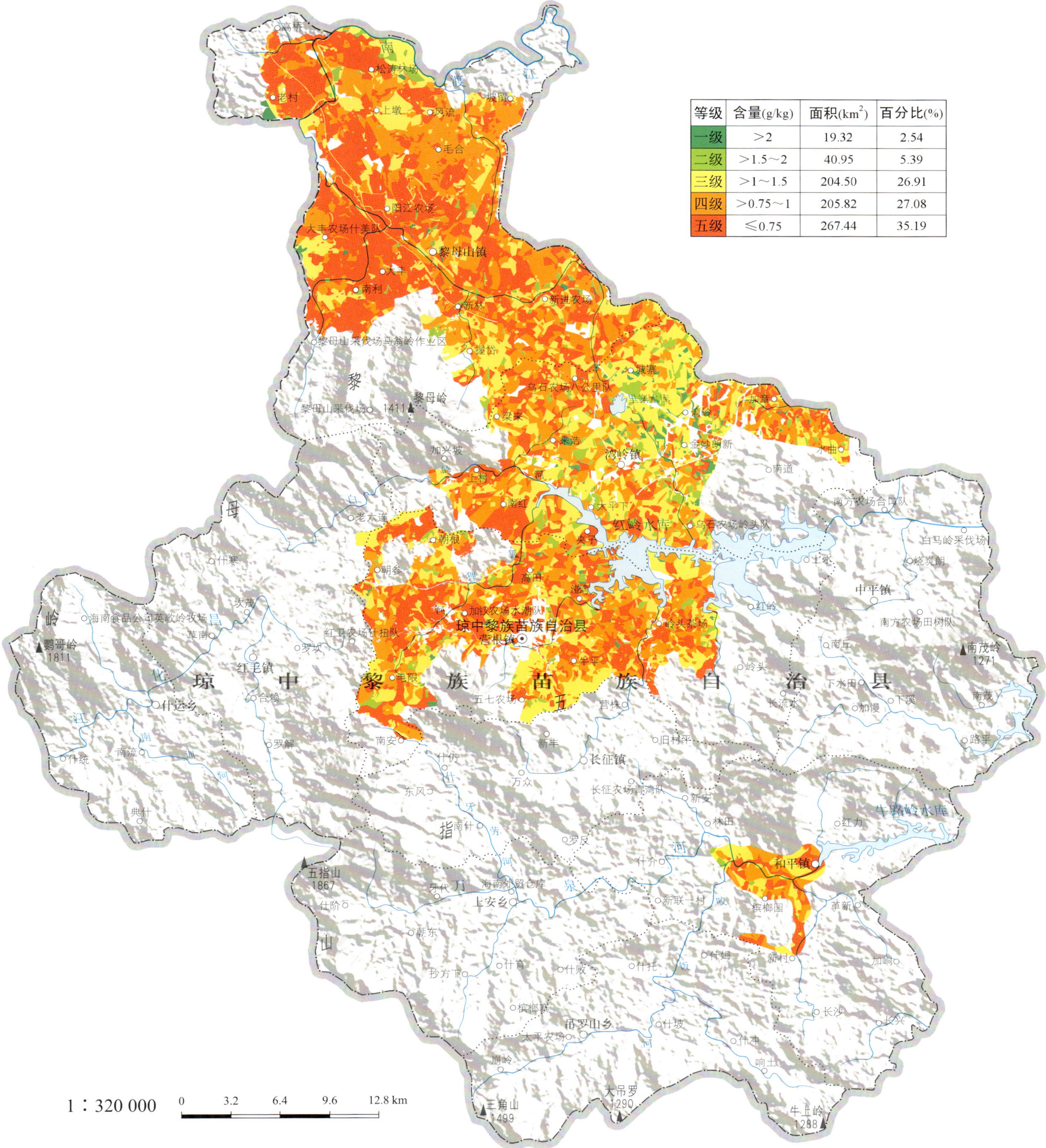

等级	含量(g/kg)	面积(km²)	百分比(%)
一级	>2	19.32	2.54
二级	>1.5~2	40.95	5.39
三级	>1~1.5	204.50	26.91
四级	>0.75~1	205.82	27.08
五级	≤0.75	267.44	35.19

1:320 000

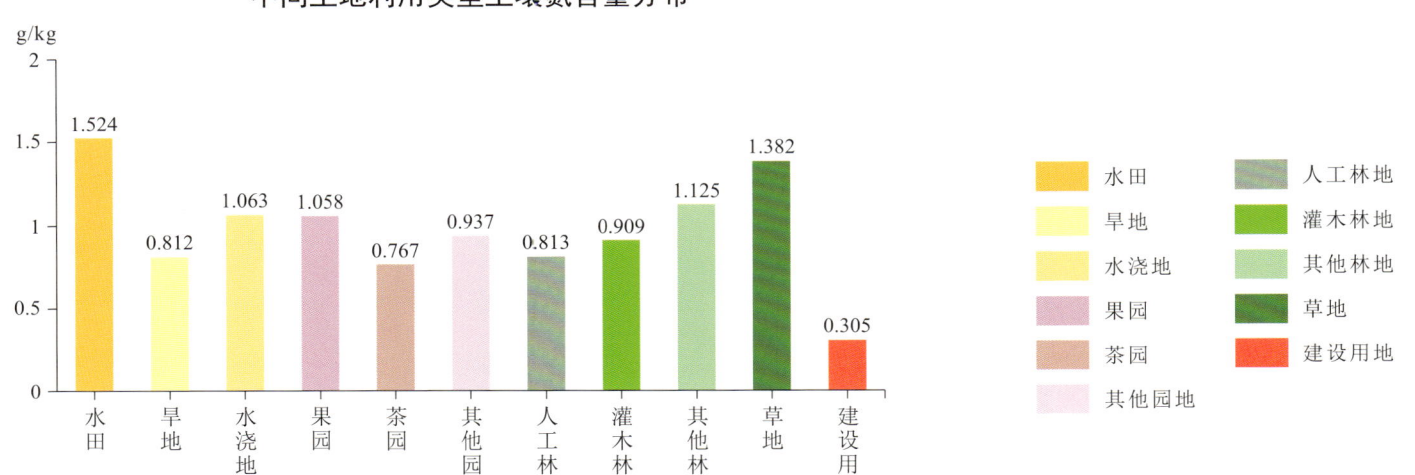

不同土地利用类型土壤氮含量分布

土地利用类型	含量(g/kg)
水田	1.524
旱地	0.812
水浇地	1.063
果园	1.058
茶园	0.767
其他园地	0.937
人工林地	0.813
灌木林地	0.909
其他林地	1.125
草地	1.382
建设用地	0.305

琼中黎族苗族自治县特色农业区土壤磷丰缺图

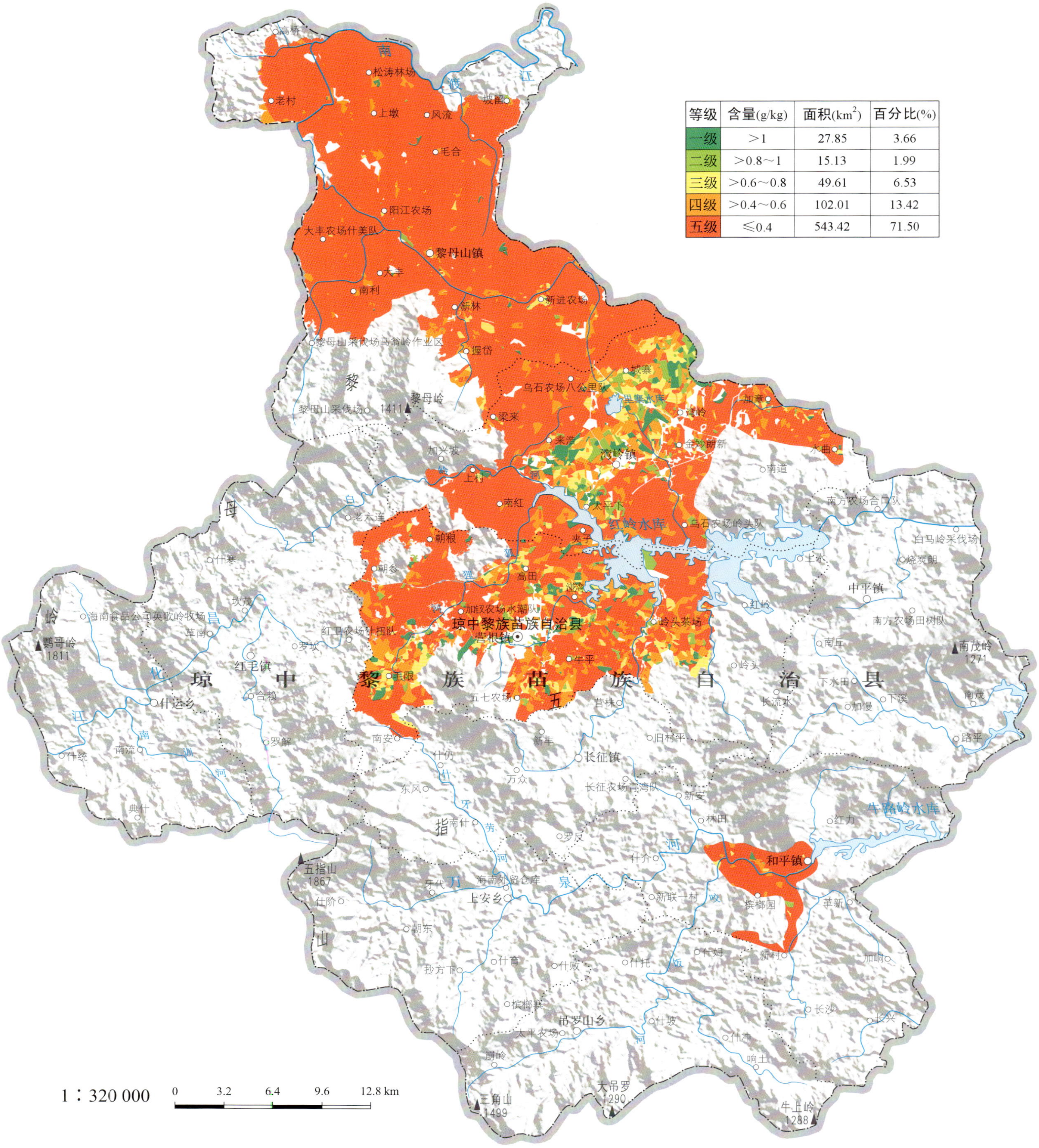

等级	含量(g/kg)	面积(km²)	百分比(%)
一级	>1	27.85	3.66
二级	>0.8~1	15.13	1.99
三级	>0.6~0.8	49.61	6.53
四级	>0.4~0.6	102.01	13.42
五级	≤0.4	543.42	71.50

1:320 000

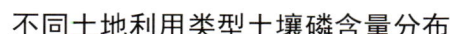

不同土地利用类型土壤磷含量分布

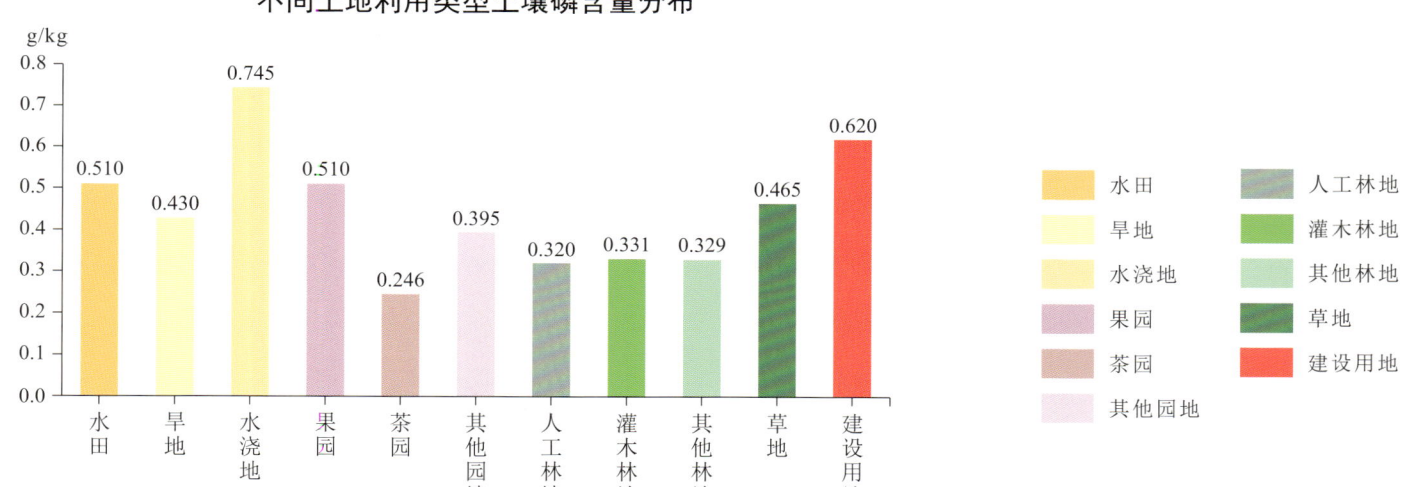

琼中黎族苗族自治县特色农业区土壤钾丰缺图

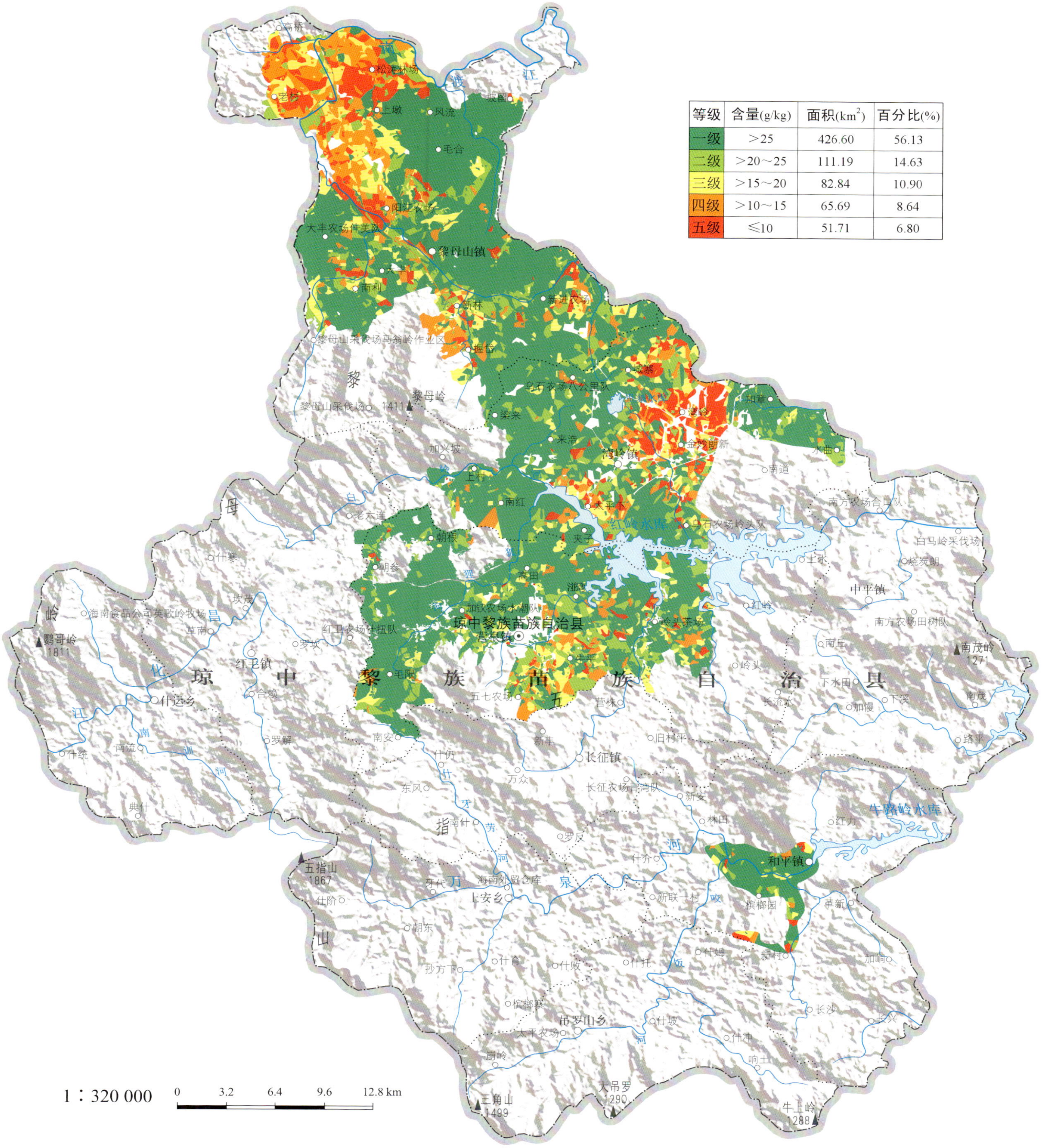

等级	含量(g/kg)	面积(km²)	百分比(%)
一级	>25	426.60	56.13
二级	>20~25	111.19	14.63
三级	>15~20	82.84	10.90
四级	>10~15	65.69	8.64
五级	≤10	51.71	6.80

1:320 000

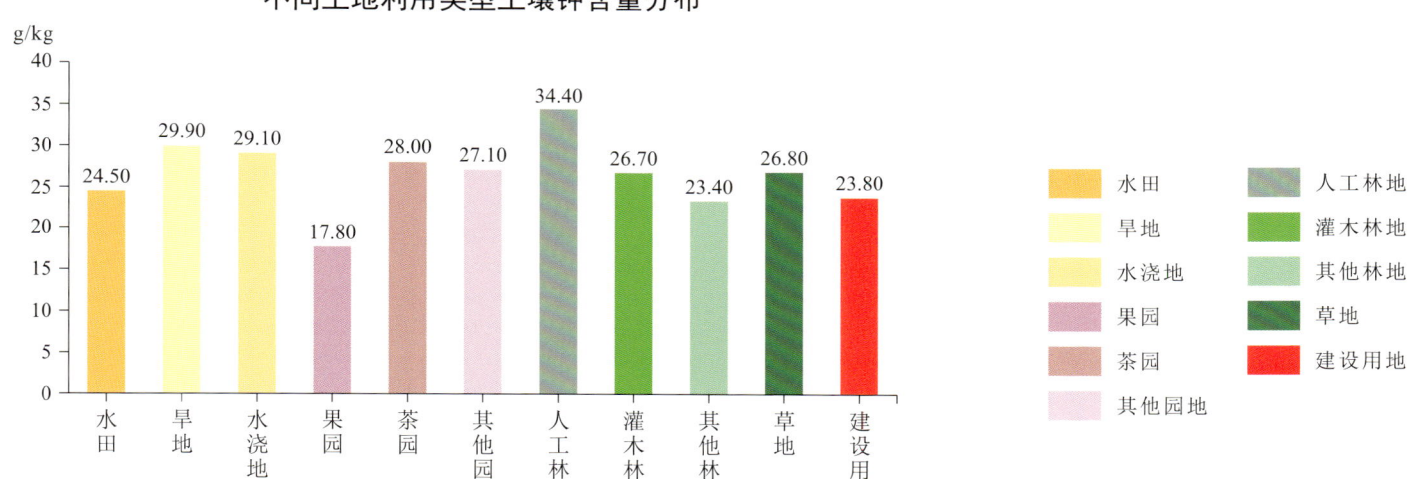

不同土地利用类型土壤钾含量分布

琼中黎族苗族自治县特色农业区土壤氧化钙丰缺图

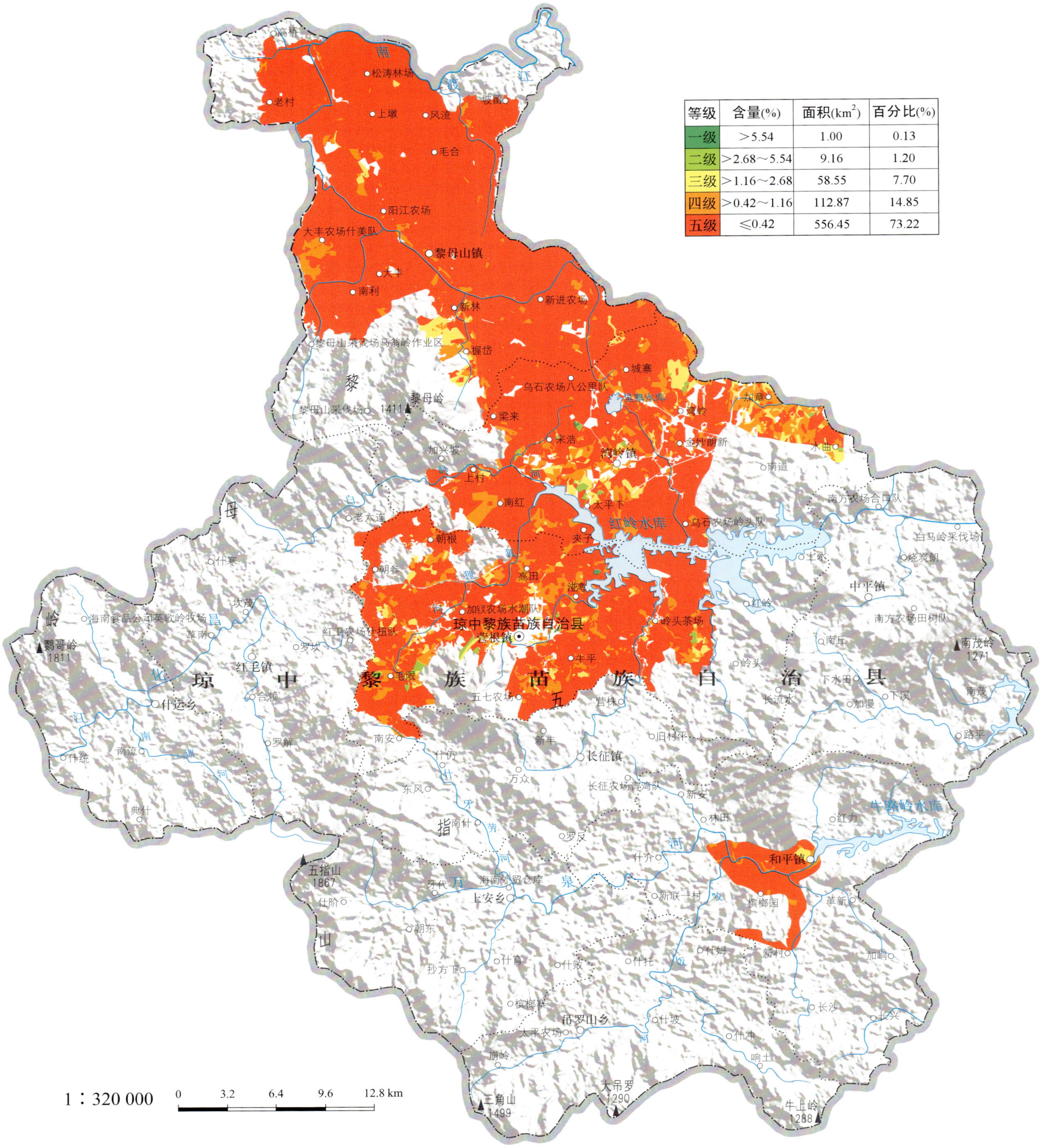

等级	含量(%)	面积(km²)	百分比(%)
一级	>5.54	1.00	0.13
二级	2.68~5.54	9.16	1.20
三级	1.16~2.68	58.55	7.70
四级	0.42~1.16	112.87	14.85
五级	≤0.42	556.45	73.22

1∶320 000

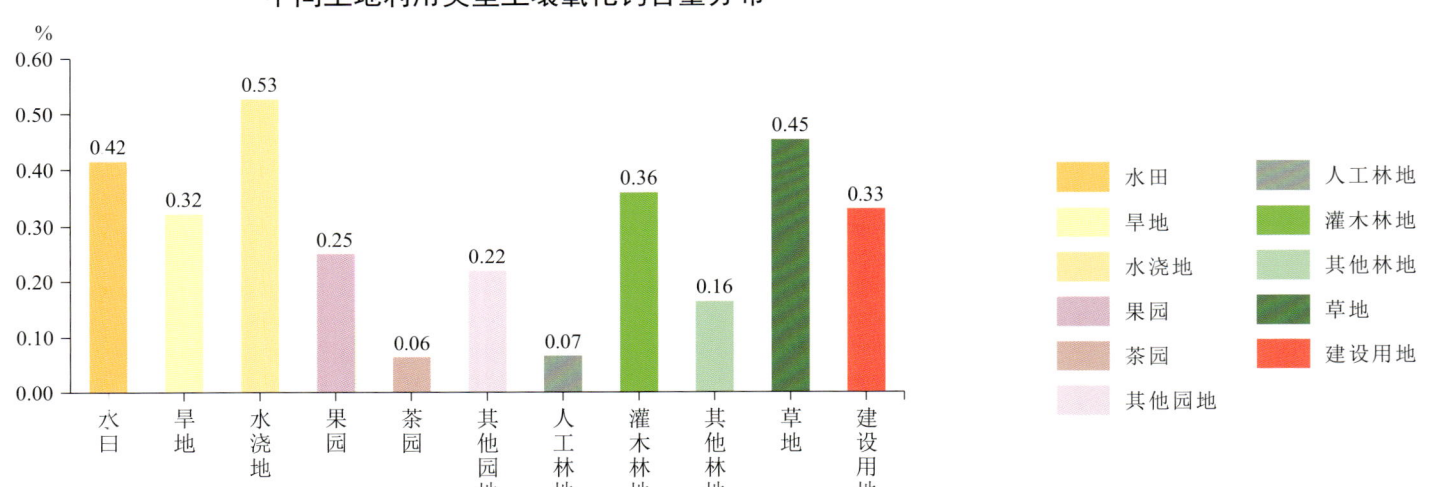

不同土地利用类型土壤氧化钙含量分布

类型	含量(%)
水田	0.42
旱地	0.32
水浇地	0.53
果园	0.25
茶园	0.06
其他园地	0.22
人工林地	0.07
灌木林地	0.36
其他林地	0.16
草地	0.45
建设用地	0.33

琼中黎族苗族自治县特色农业区土壤氧化镁丰缺图

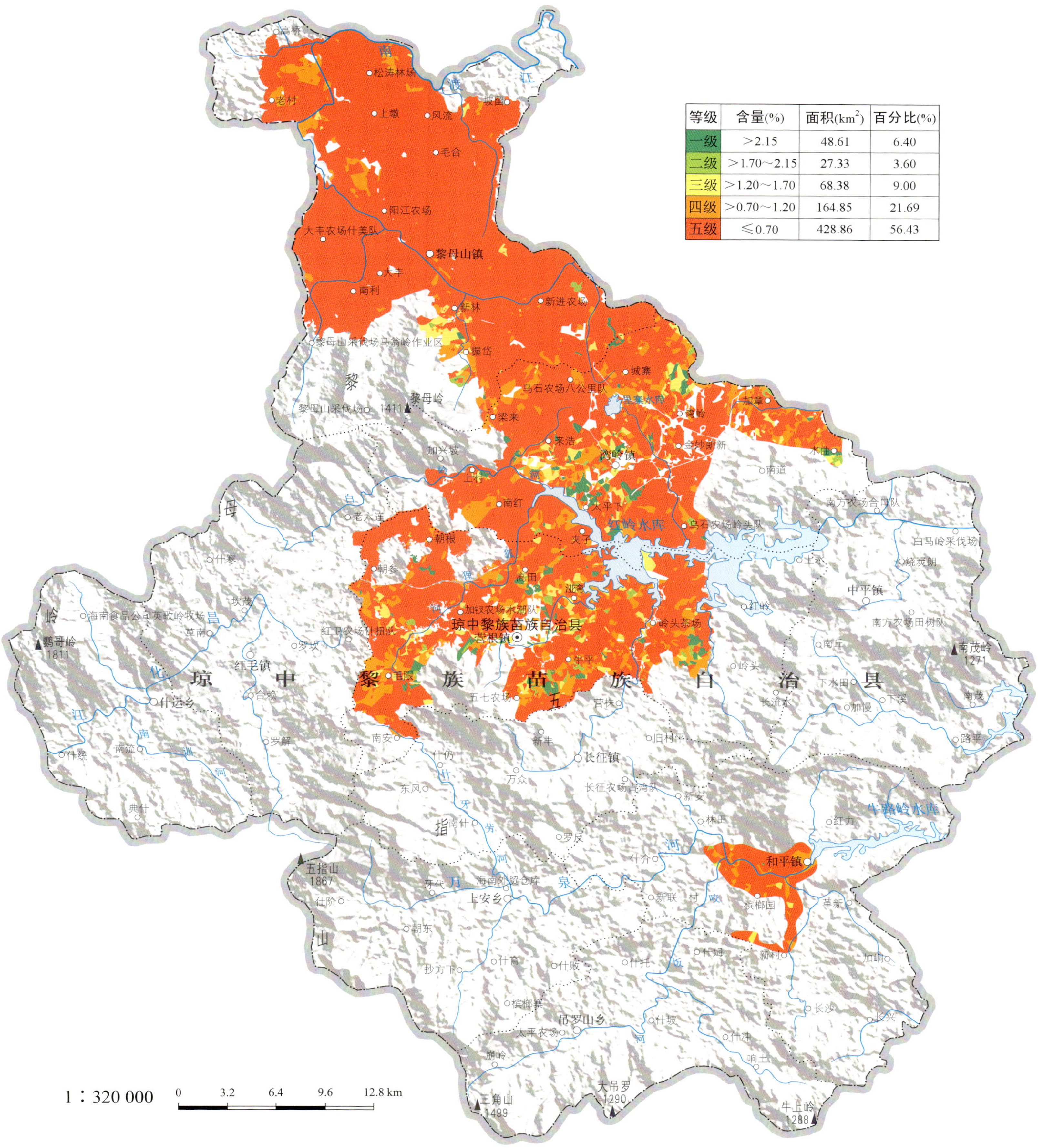

等级	含量(%)	面积(km²)	百分比(%)
一级	>2.15	48.61	6.40
二级	>1.70~2.15	27.33	3.60
三级	>1.20~1.70	68.38	9.00
四级	>0.70~1.20	164.85	21.69
五级	≤0.70	428.86	56.43

1:320 000

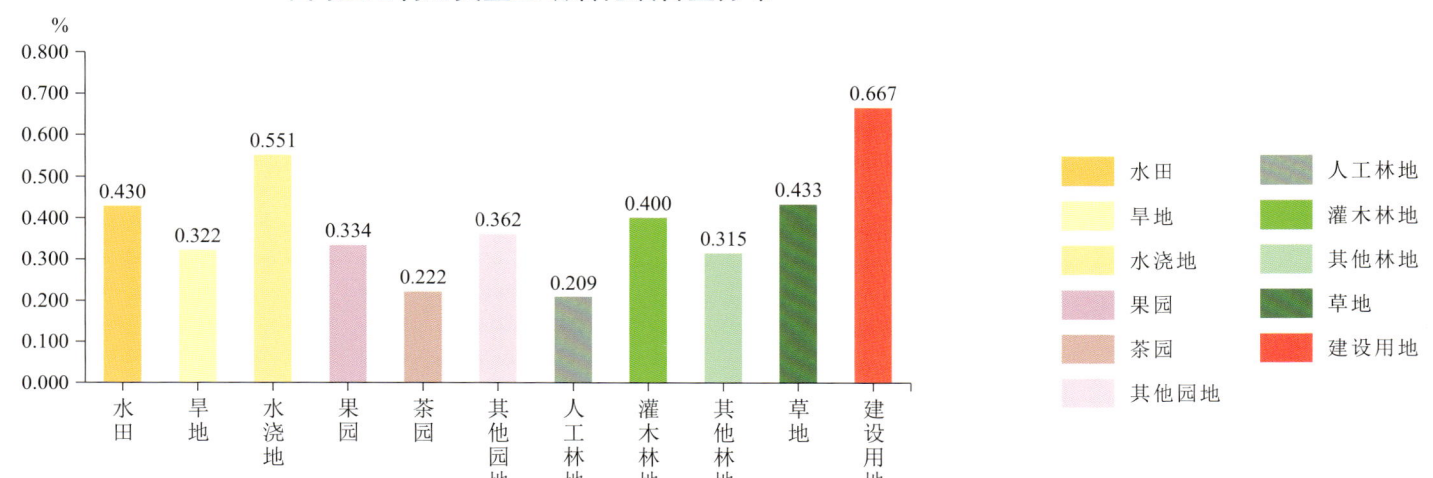

不同土地利用类型土壤氧化镁含量分布

琼中黎族苗族自治县特色农业区土壤氧化钠丰缺图

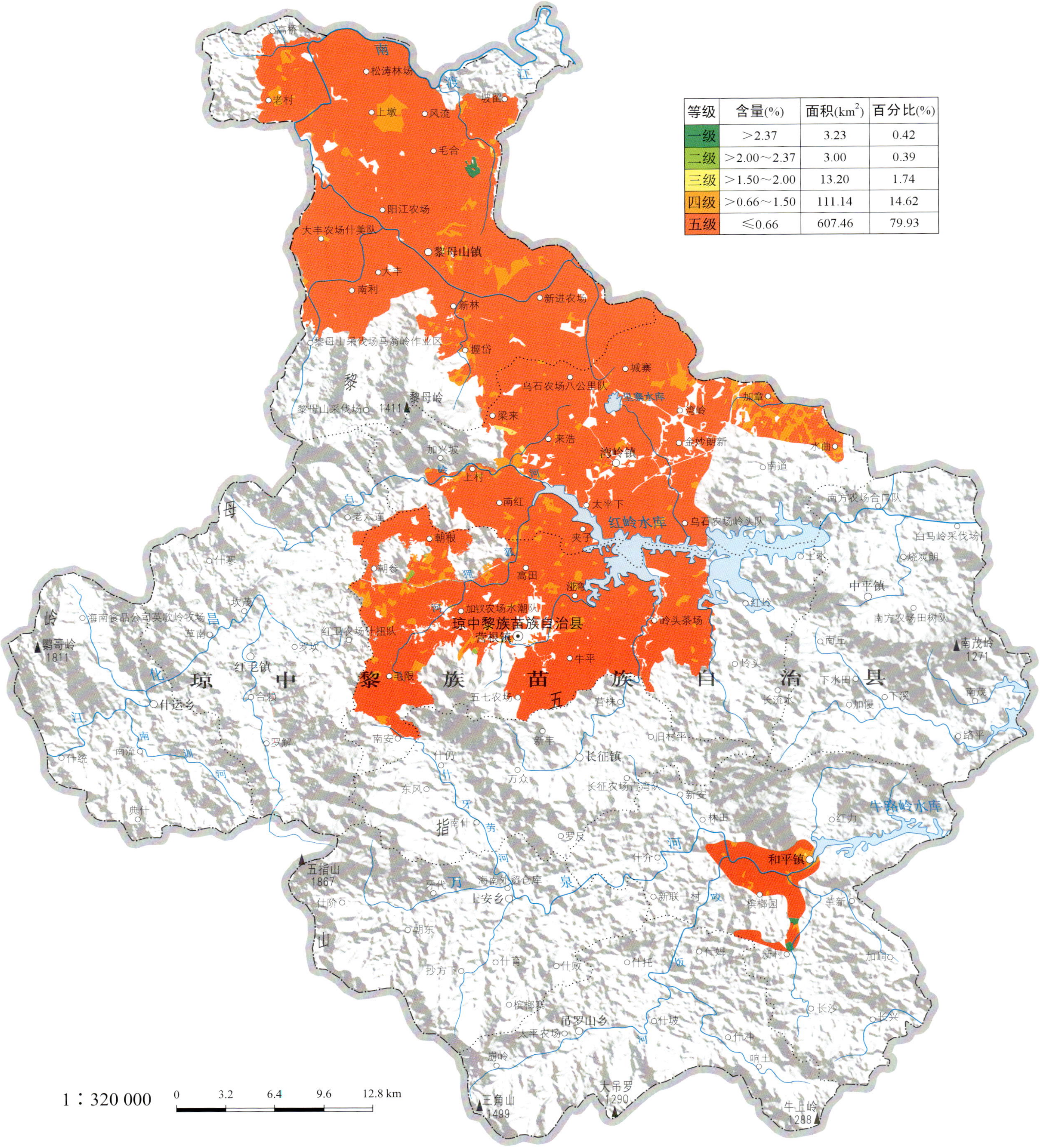

等级	含量(%)	面积(km²)	百分比(%)
一级	>2.37	3.23	0.42
二级	>2.00~2.37	3.00	0.39
三级	>1.50~2.00	13.20	1.74
四级	>0.66~1.50	111.14	14.62
五级	≤0.66	607.46	79.93

1:320 000

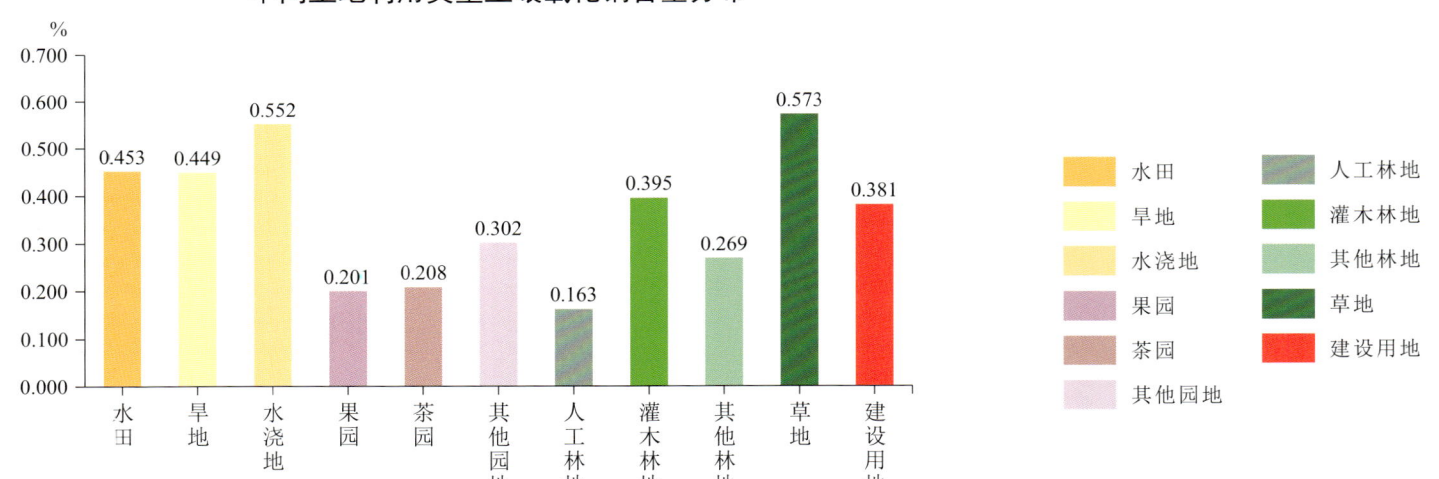

不同土地利用类型土壤氧化钠含量分布

琼中黎族苗族自治县特色农业区土壤二氧化硅丰缺图

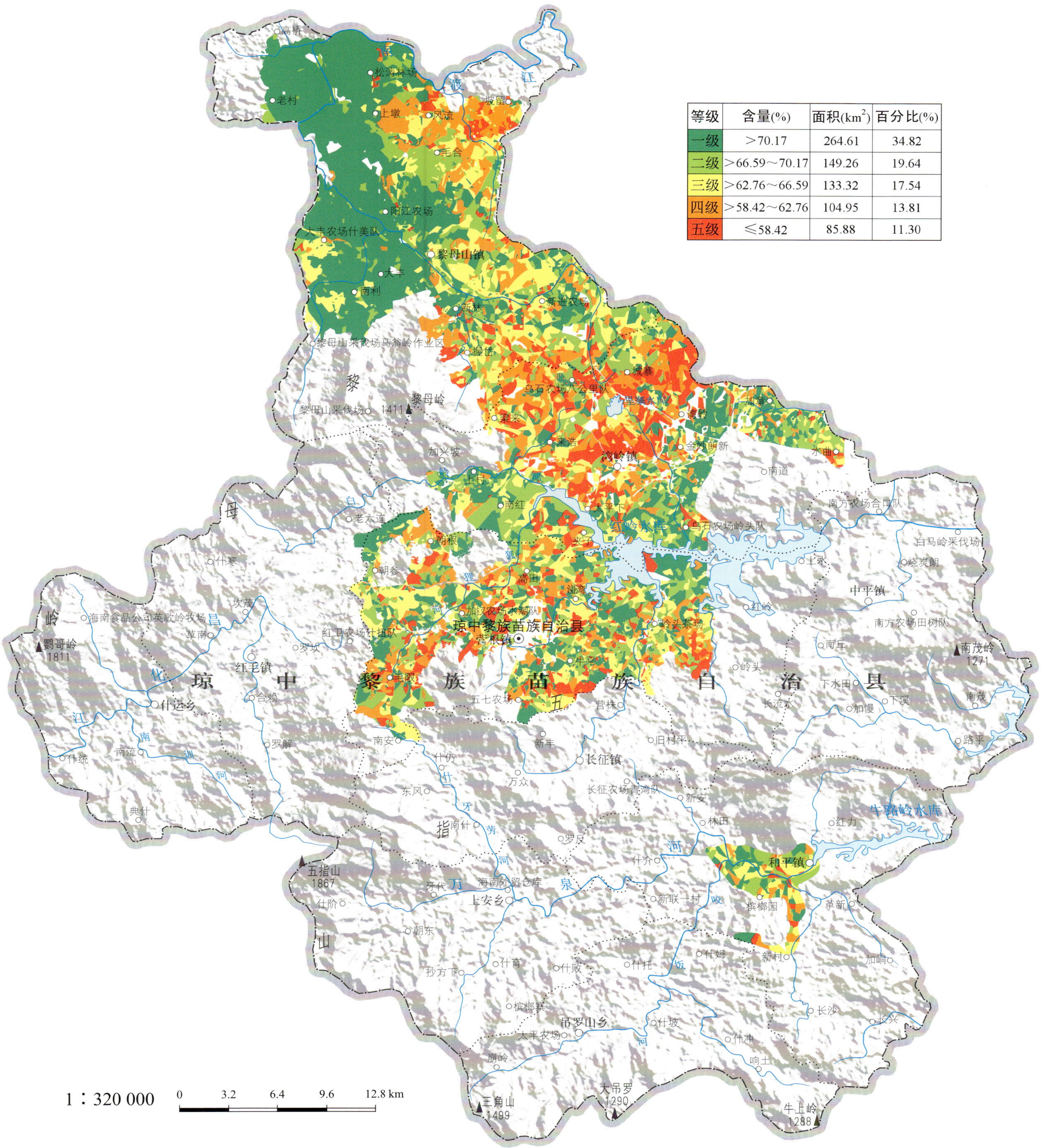

琼中黎族苗族自治县
营根镇
黎母山镇
湾岭镇
长征镇
和平镇
红毛镇
中平镇
上安乡
吊罗山乡
什运乡
黎母岭
1411
五指山
1867
鹦哥岭
1811
南茂岭
1271
三角山
1499
大吊罗
1290
牛上岭
1288
牛路岭水库
1∶320 000
0
3.2
6.4
9.6
12.8 km

等级	含量(%)	面积(km^2)	百分比(%)
一级	＞70.17	264.61	34.82
二级	＞66.59～70.17	149.26	19.64
三级	＞62.76～66.59	133.32	17.54
四级	＞58.42～62.76	104.95	13.81
五级	≤58.42	85.88	11.30

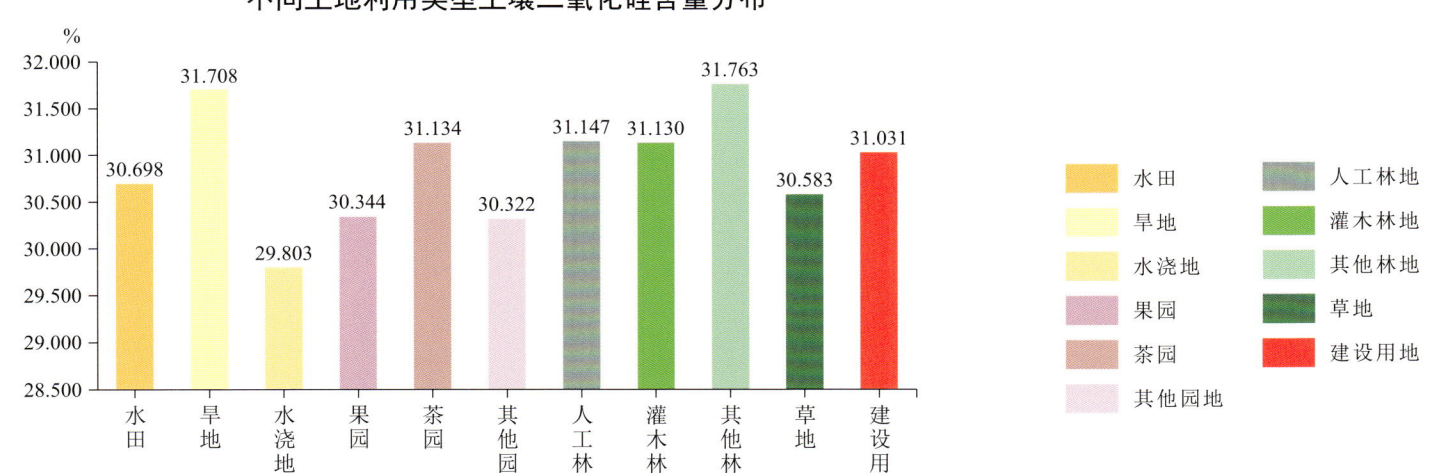

不同土地利用类型土壤二氧化硅含量分布

%
32.000
31.500
31.000
30.500
30.000
29.500
29.000
28.500
30.698
31.708
29.803
30.344
31.134
30.322
31.147
31.130
31.763
30.583
31.031
水田
旱地
水浇地
果园
茶园
其他园地
人工林地
灌木林地
其他林地
草地
建设用地

琼中黎族苗族自治县特色农业区土壤铁丰缺图

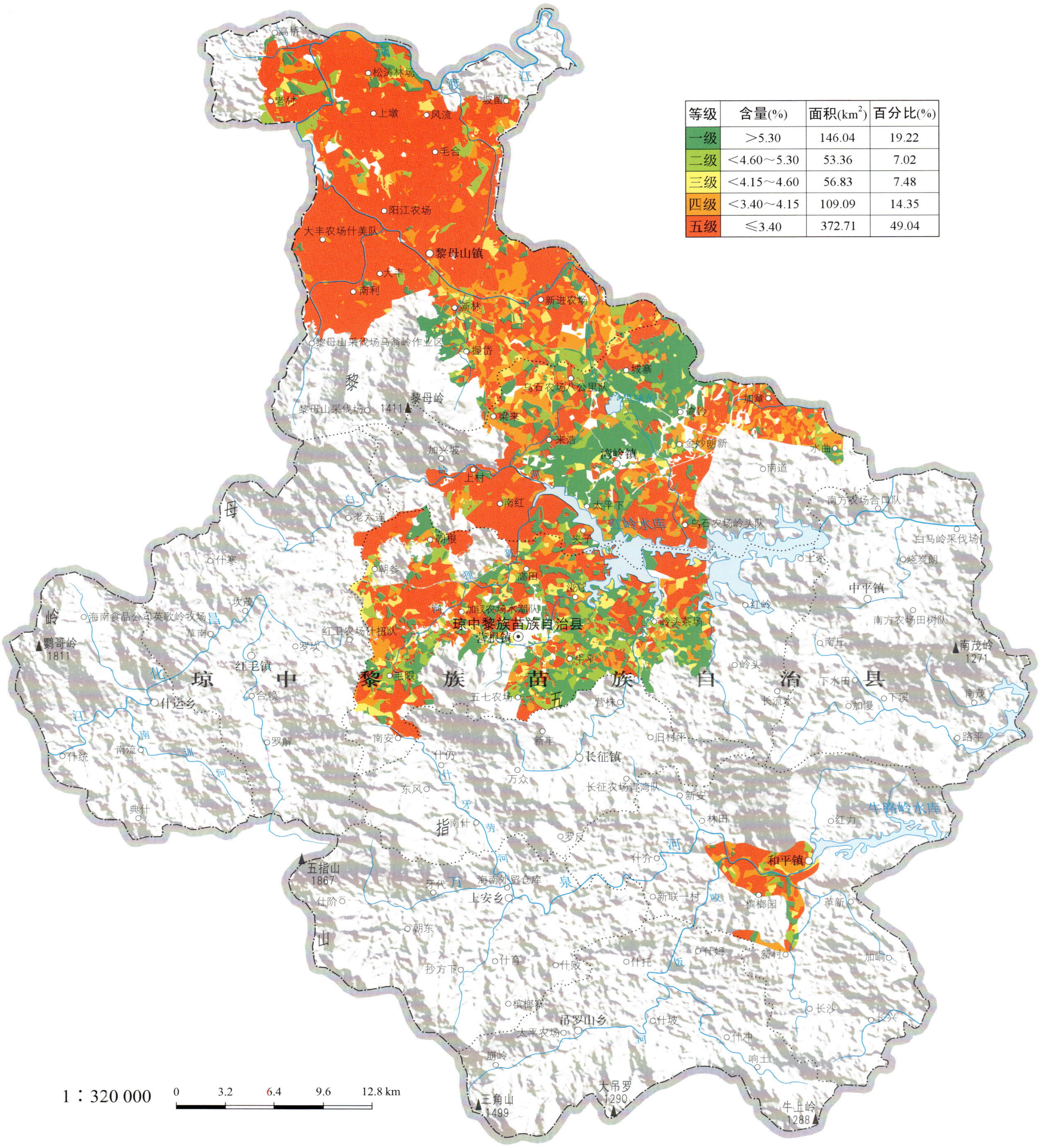

等级	含量(%)	面积(km²)	百分比(%)
一级	>5.30	146.04	19.22
二级	<4.60~5.30	53.36	7.02
三级	<4.15~4.60	56.83	7.48
四级	<3.40~4.15	109.09	14.35
五级	≤3.40	372.71	49.04

1:320 000

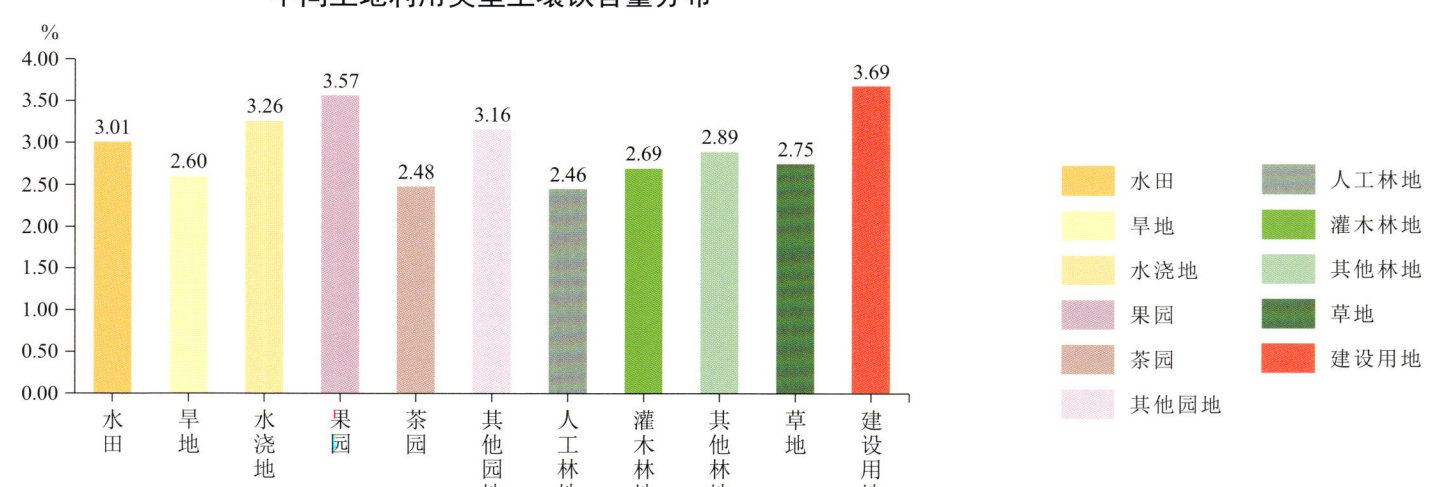

不同土地利用类型土壤铁含量分布

水田 3.01；旱地 2.60；水浇地 3.26；果园 3.57；茶园 2.48；其他园地 3.16；人工林地 2.46；灌木林地 2.69；其他林地 2.89；草地 2.75；建设用地 3.69

琼中黎族苗族自治县特色农业区土壤锰丰缺图

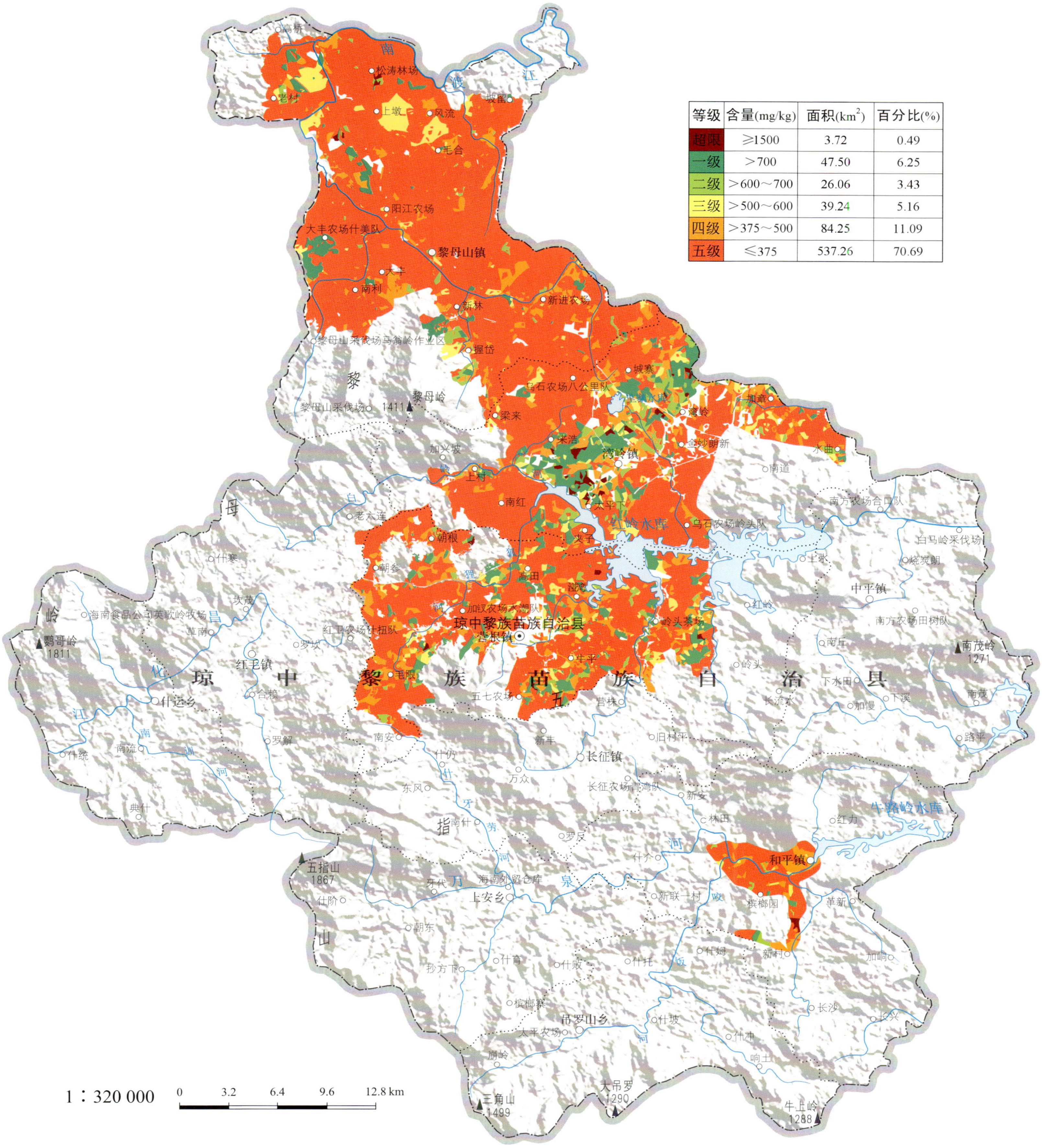

等级	含量(mg/kg)	面积(km²)	百分比(%)
超限	≥1500	3.72	0.49
一级	>700	47.50	6.25
二级	>600~700	26.06	3.43
三级	>500~600	39.24	5.16
四级	>375~500	84.25	11.09
五级	≤375	537.26	70.69

1:320 000

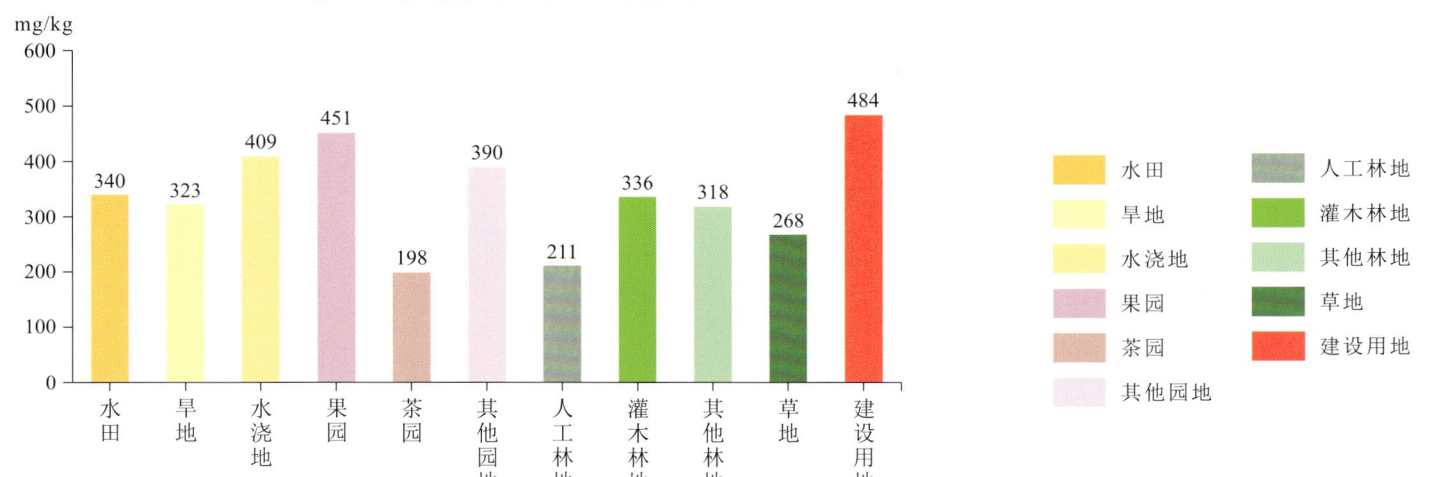

不同土地利用类型土壤锰含量分布

琼中黎族苗族自治县特色农业区土壤铜丰缺图

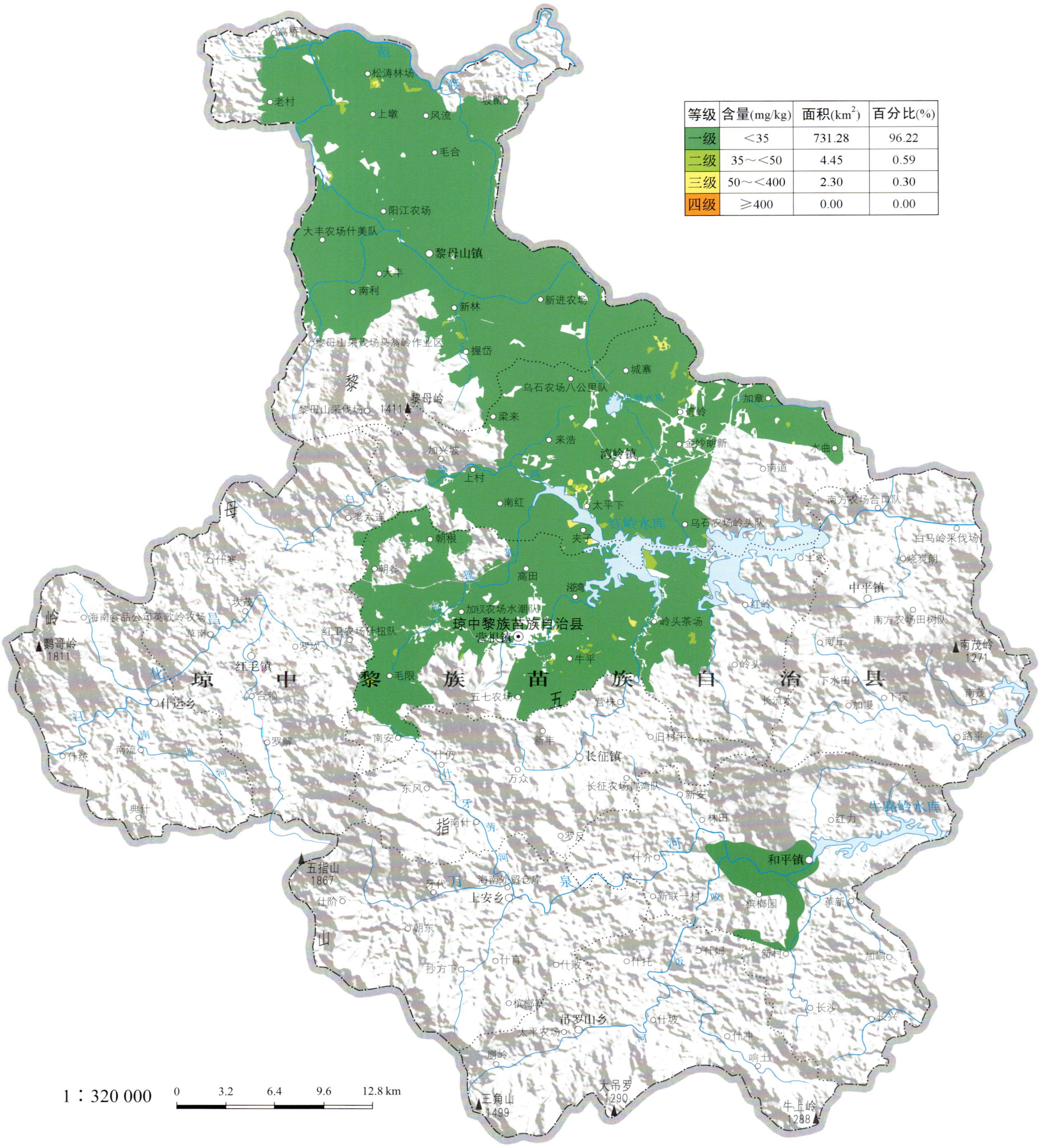

等级	含量(mg/kg)	面积(km²)	百分比(%)
一级	<35	731.28	96.22
二级	35~<50	4.45	0.59
三级	50~<400	2.30	0.30
四级	≥400	0.00	0.00

1:320 000

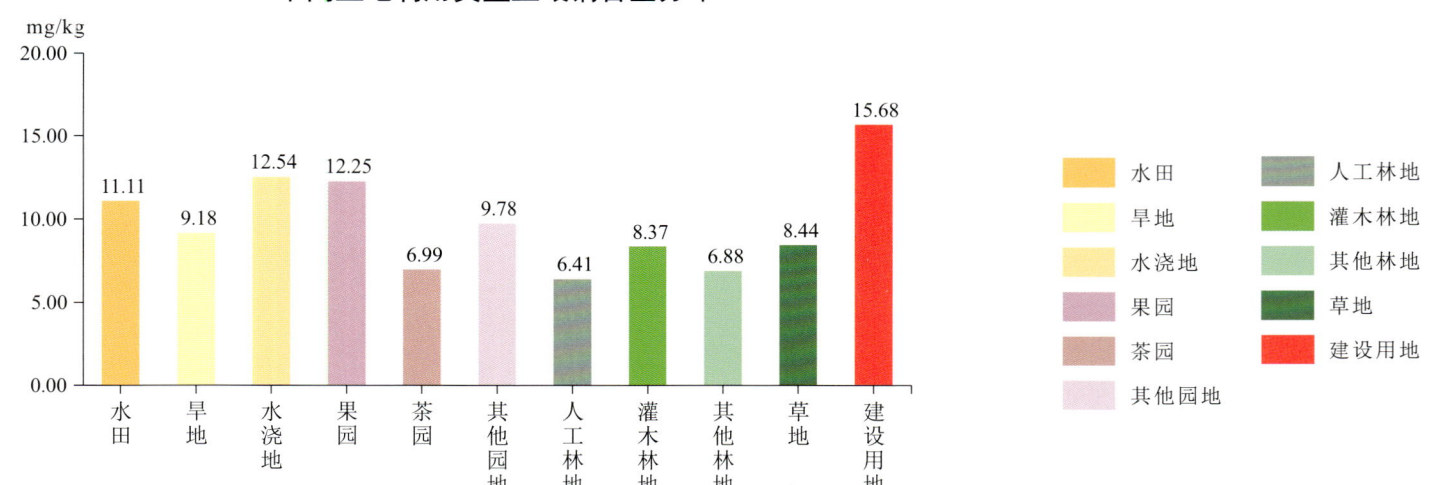

不同土地利用类型土壤铜含量分布

水田 11.11　旱地 9.18　水浇地 12.54　果园 12.25　茶园 6.99　其他园地 9.78　人工林地 6.41　灌木林地 8.37　其他林地 6.88　草地 8.44　建设用地 15.68

琼中黎族苗族自治县特色农业区土壤锌丰缺图

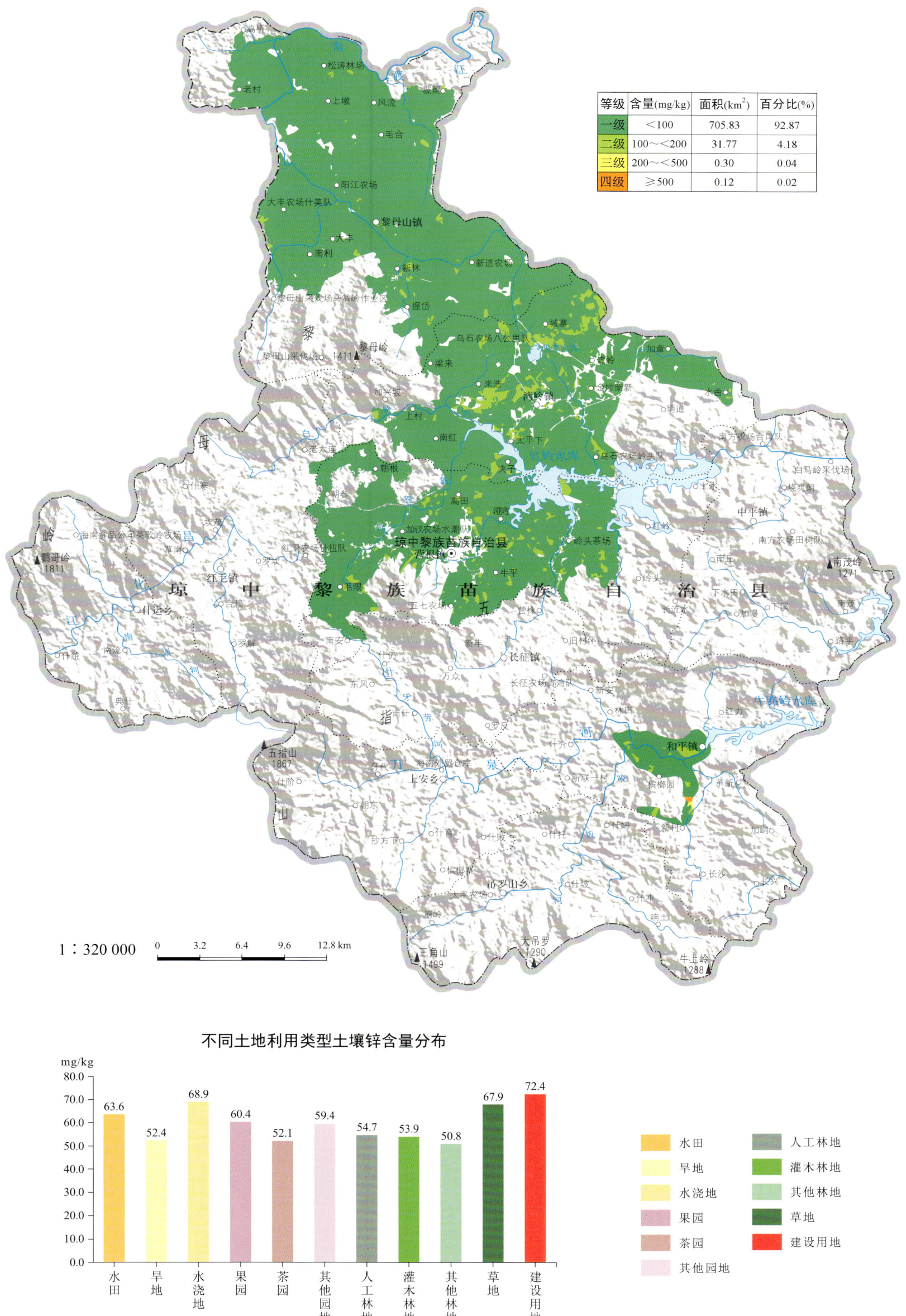

等级	含量(mg/kg)	面积(km²)	百分比(%)
一级	<100	705.83	92.87
二级	100～<200	31.77	4.18
三级	200～<500	0.30	0.04
四级	≥500	0.12	0.02

1:320 000

不同土地利用类型土壤锌含量分布

水田 63.6；旱地 52.4；水浇地 68.9；果园 60.4；茶园 52.1；其他园地 59.4；人工林地 54.7；灌木林地 53.9；其他林地 50.8；草地 67.9；建设用地 72.4

琼中黎族苗族自治县特色农业区土壤钼丰缺图

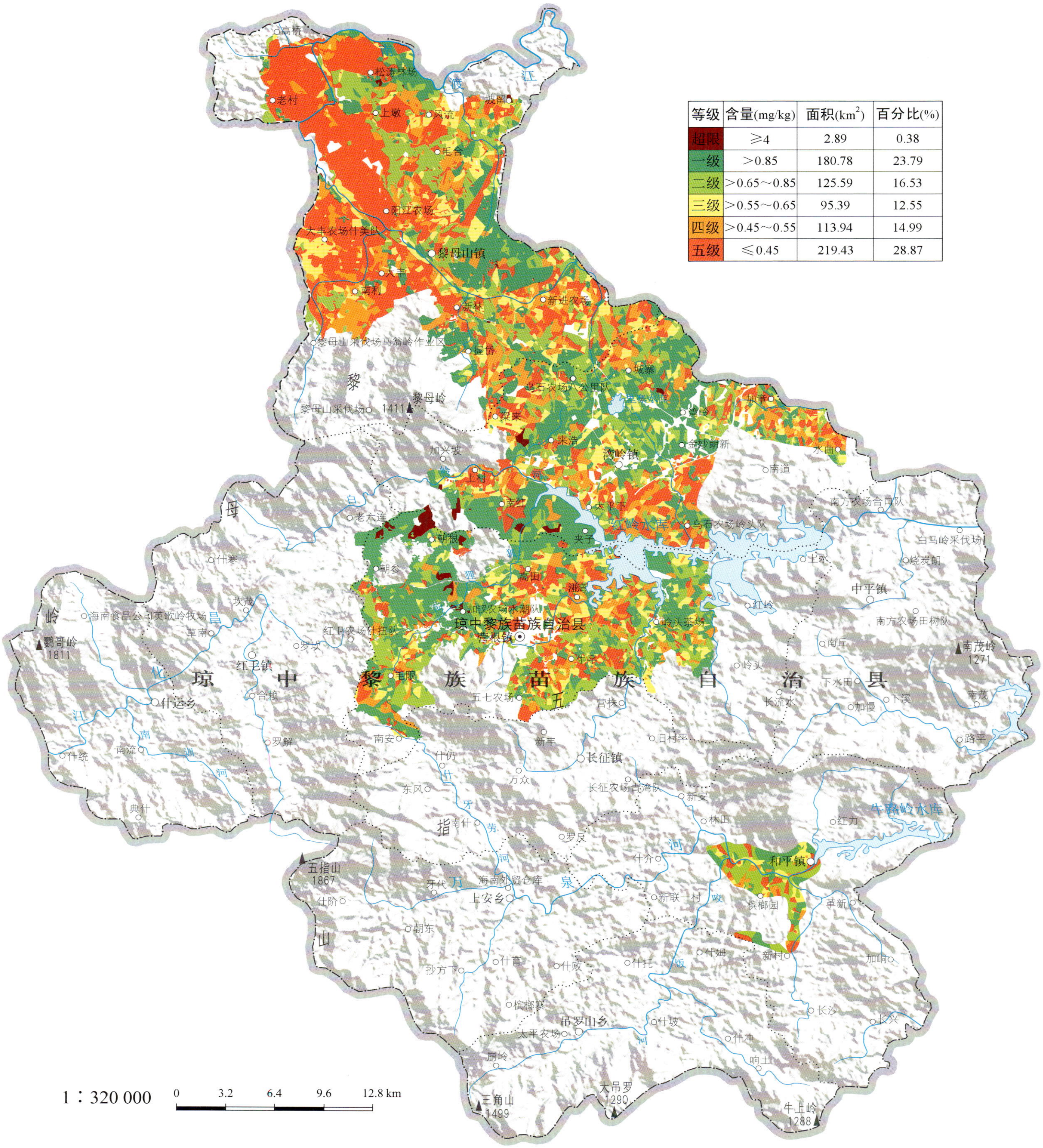

等级	含量(mg/kg)	面积(km²)	百分比(%)
超限	≥4	2.89	0.38
一级	>0.85	180.78	23.79
二级	>0.65~0.85	125.59	16.53
三级	>0.55~0.65	95.39	12.55
四级	>0.45~0.55	113.94	14.99
五级	≤0.45	219.43	28.87

1:320 000

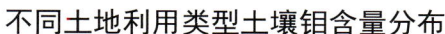

不同土地利用类型土壤钼含量分布

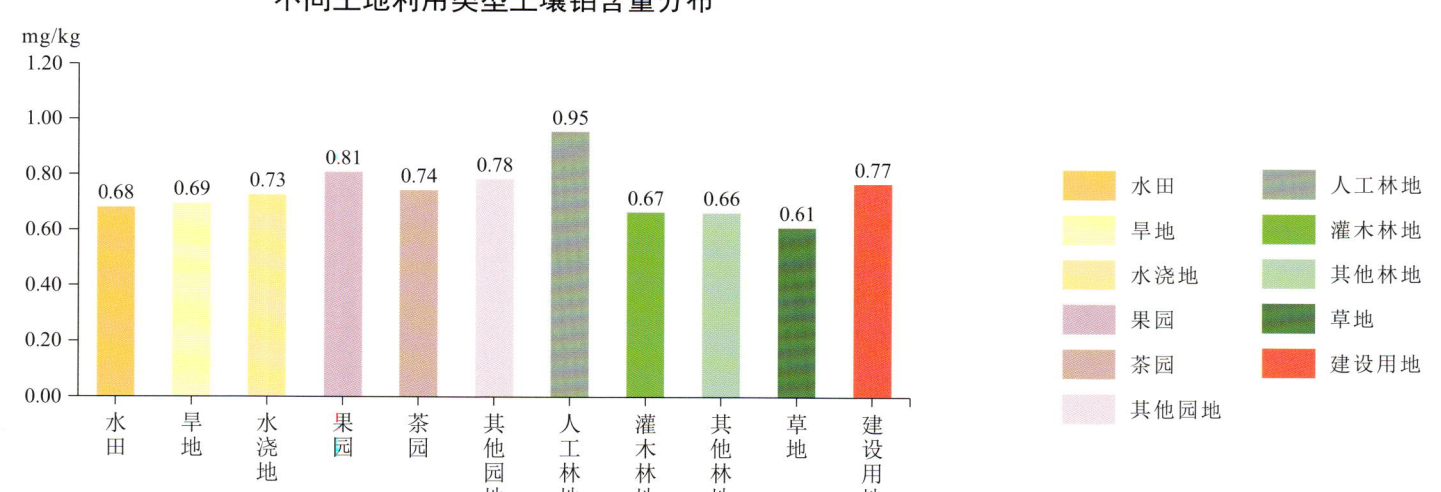

琼中黎族苗族自治县特色农业区土壤硼丰缺

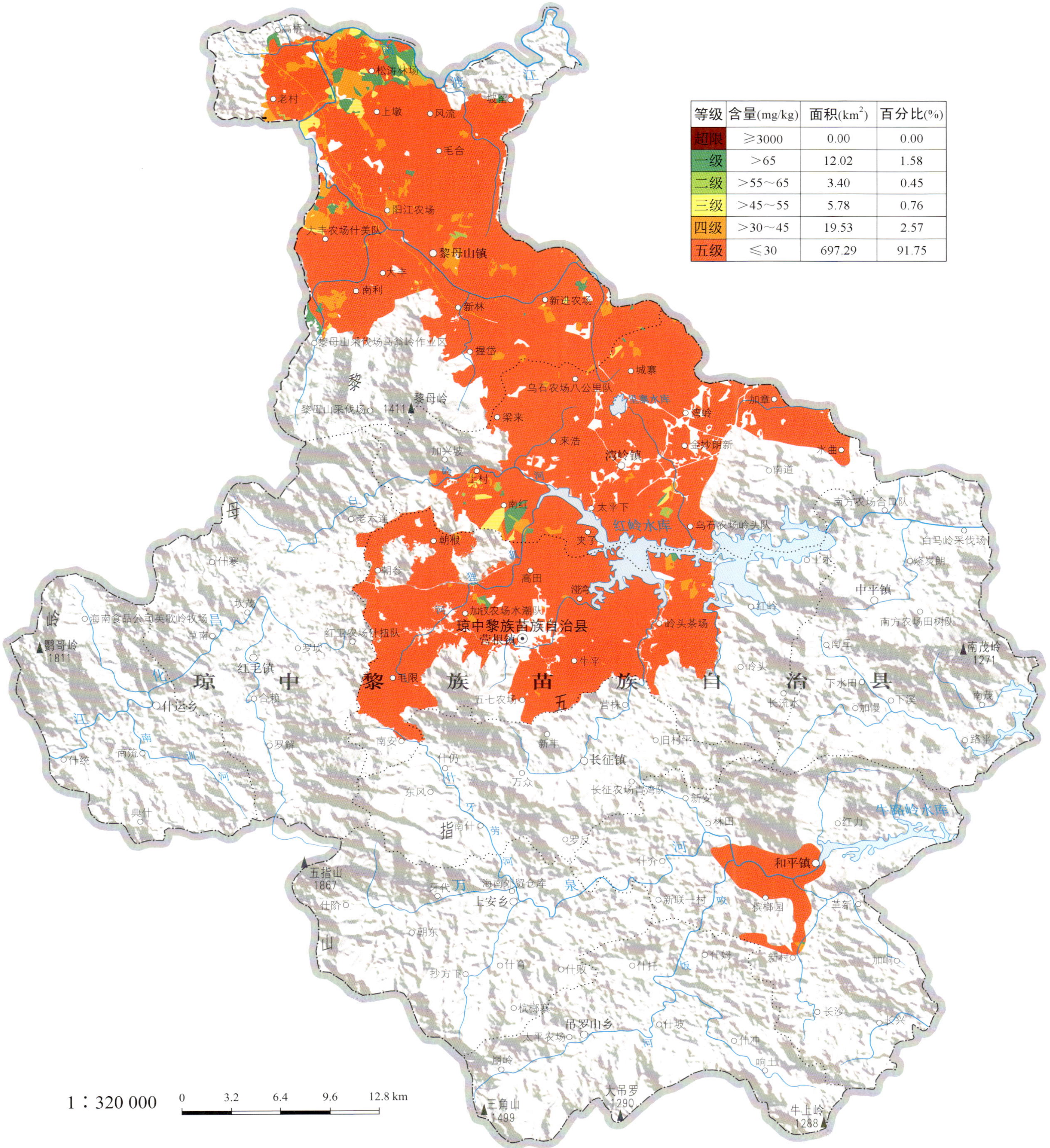

等级	含量(mg/kg)	面积(km²)	百分比(%)
超限	≥3000	0.00	0.00
一级	>65	12.02	1.58
二级	>55~65	3.40	0.45
三级	>45~55	5.78	0.76
四级	>30~45	19.53	2.57
五级	≤30	697.29	91.75

1:320 000

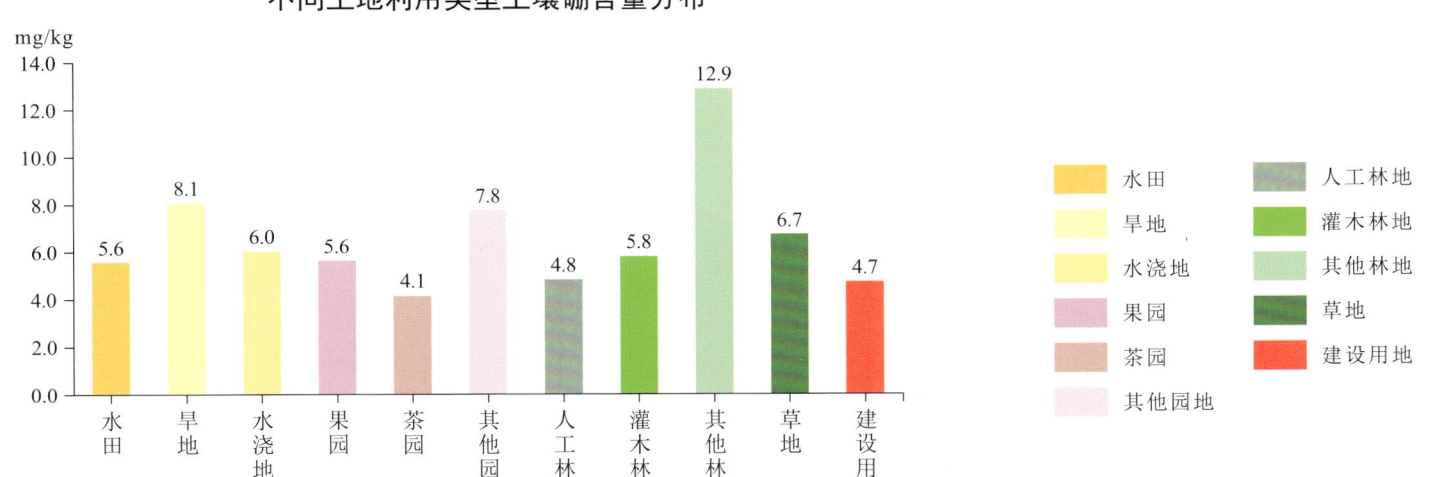

不同土地利用类型土壤硼含量分布

琼中黎族苗族自治县特色农业区土壤氯丰缺图

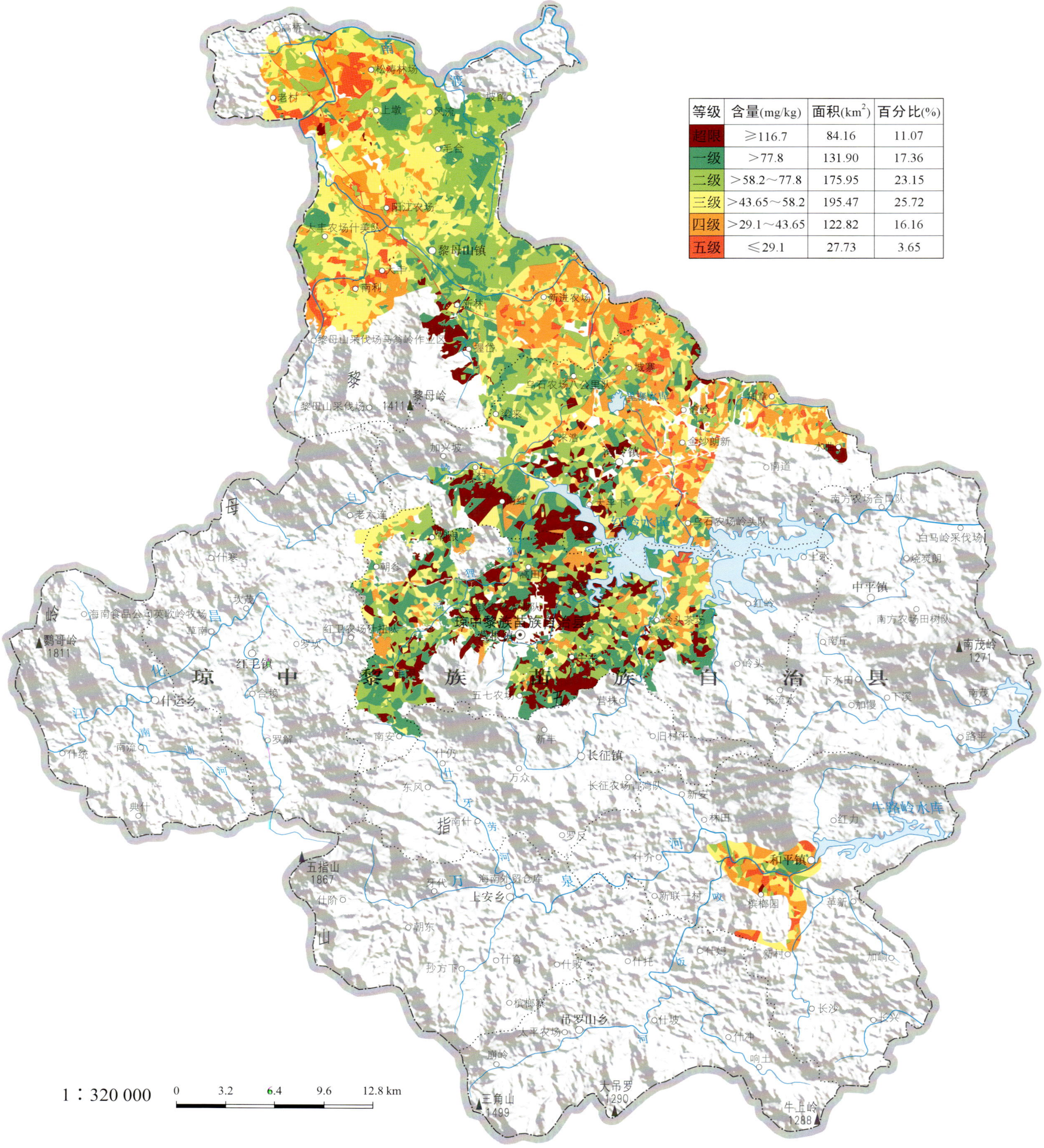

等级	含量(mg/kg)	面积(km²)	百分比(%)
超限	≥116.7	84.16	11.07
一级	>77.8	131.90	17.36
二级	>58.2~77.8	175.95	23.15
三级	>43.65~58.2	195.47	25.72
四级	>29.1~43.65	122.82	16.16
五级	≤29.1	27.73	3.65

1:320 000

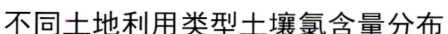

不同土地利用类型土壤氯含量分布

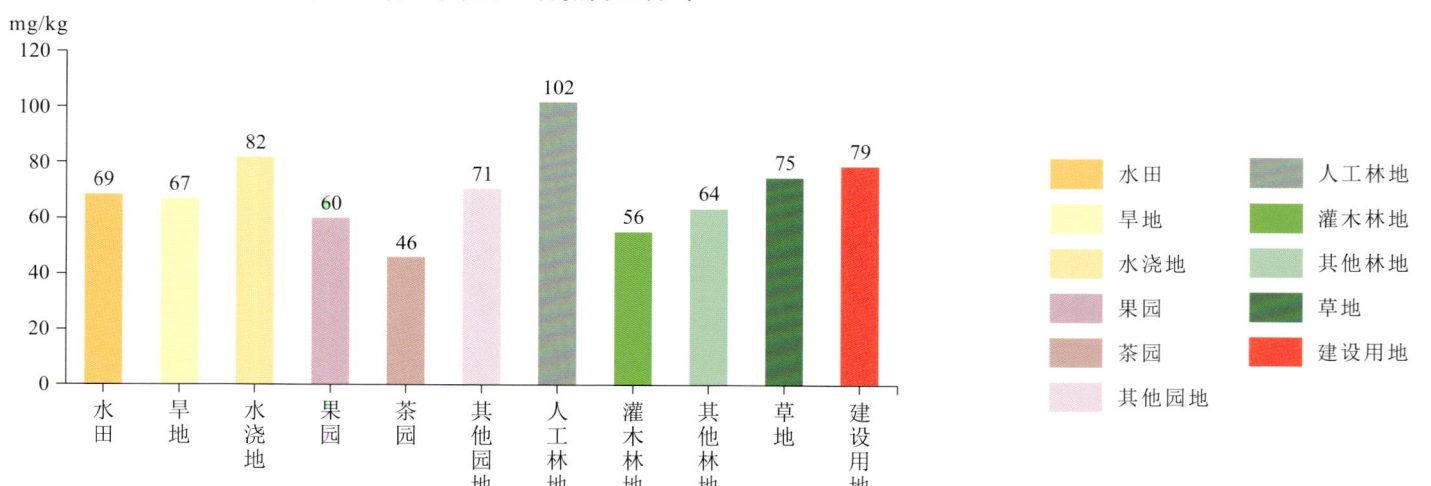

琼中黎族苗族自治县特色农业区土壤硫丰缺图

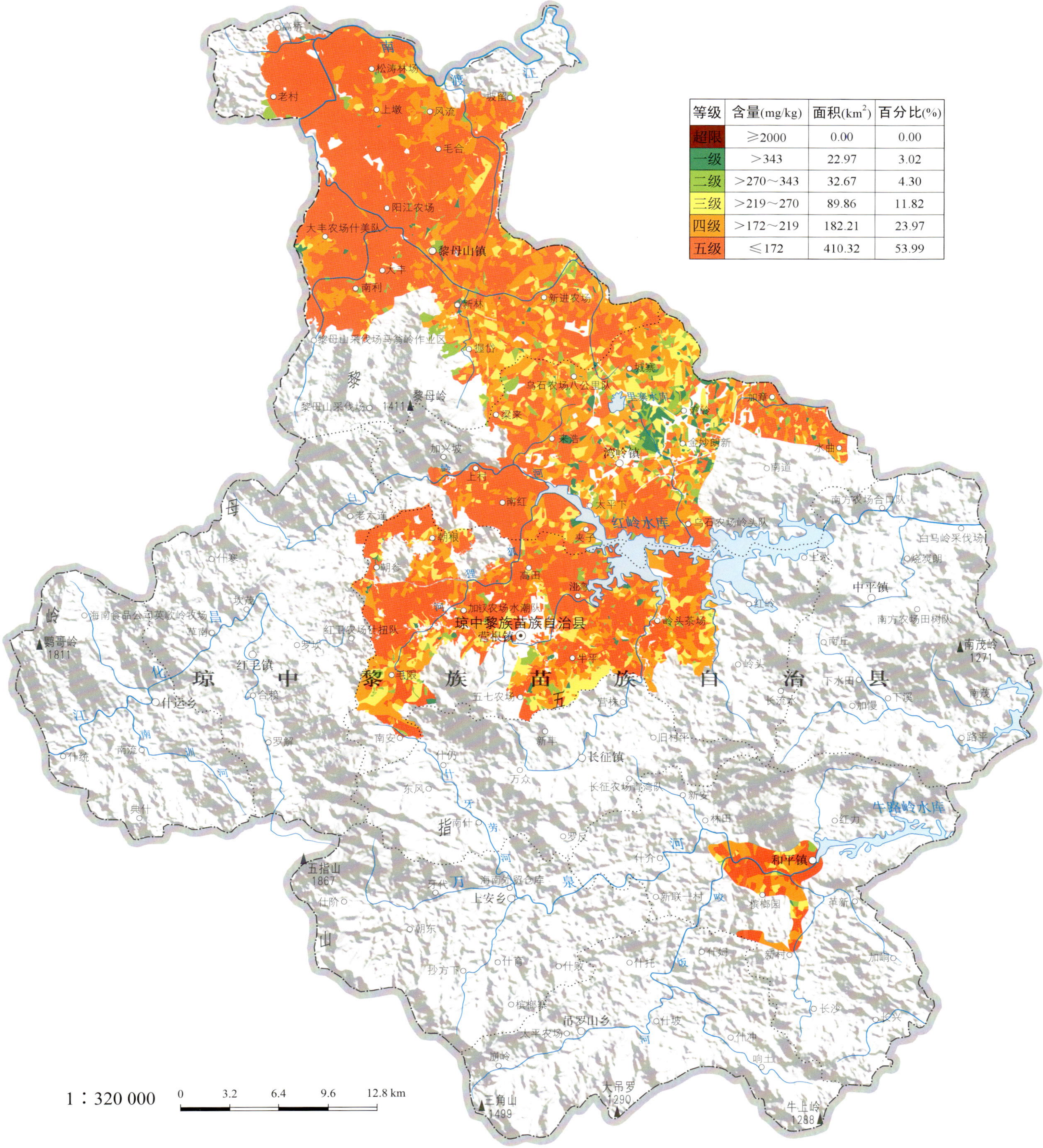

黎母山镇
湾岭镇
红岭水库
琼中黎族苗族自治县
营根镇
中平镇
长征镇
和平镇
上安乡
什运乡
红毛镇
吊罗山乡
牛路岭水库
鹦哥岭
1811
五指山
1867
南茂岭
1271
三角山
1499
大吊罗
1290
牛上岭
1288
1：320 000
0
3.2
6.4
9.6
12.8 km

等级	含量(mg/kg)	面积(km^2)	百分比(%)
超限	≥2000	0.00	0.00
一级	>343	22.97	3.02
二级	>270～343	32.67	4.30
三级	>219～270	89.86	11.82
四级	>172～219	182.21	23.97
五级	≤172	410.32	53.99

不同土地利用类型土壤硫含量分布

mg/kg
300
250
200
150
100
50
0
261
152
178
204
164
175
161
169
195
226
107
水田
旱地
水浇地
果园
茶园
其他园地
人工林地
灌木林地
其他林地
草地
建设用地
水田
旱地
水浇地
果园
茶园
其他园地
人工林地
灌木林地
其他林地
草地
建设用地

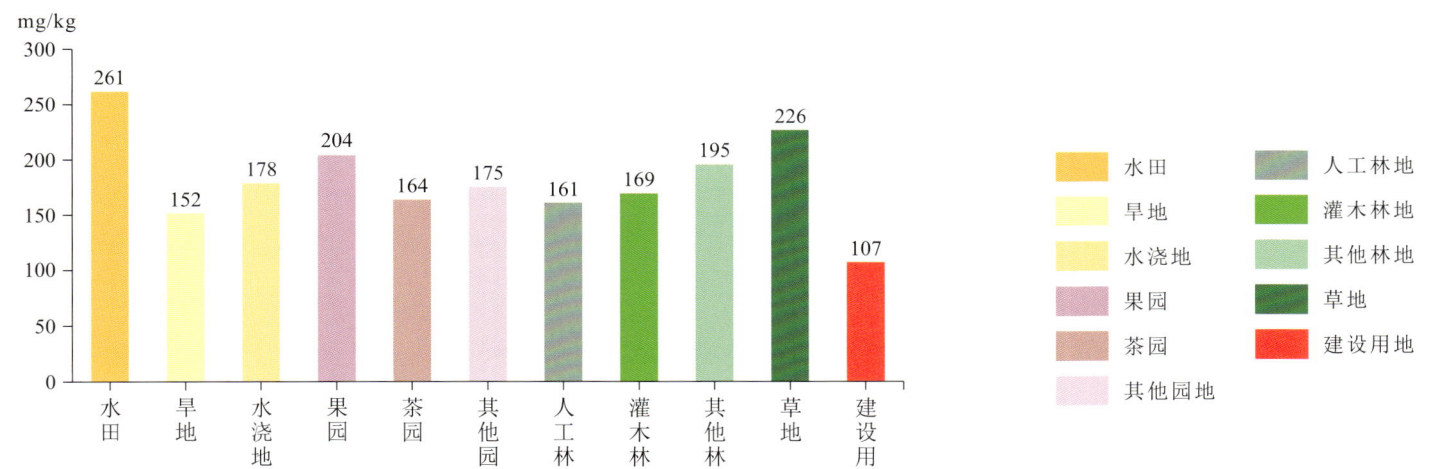

琼中黎族苗族自治县特色农业区土壤 pH 分级图

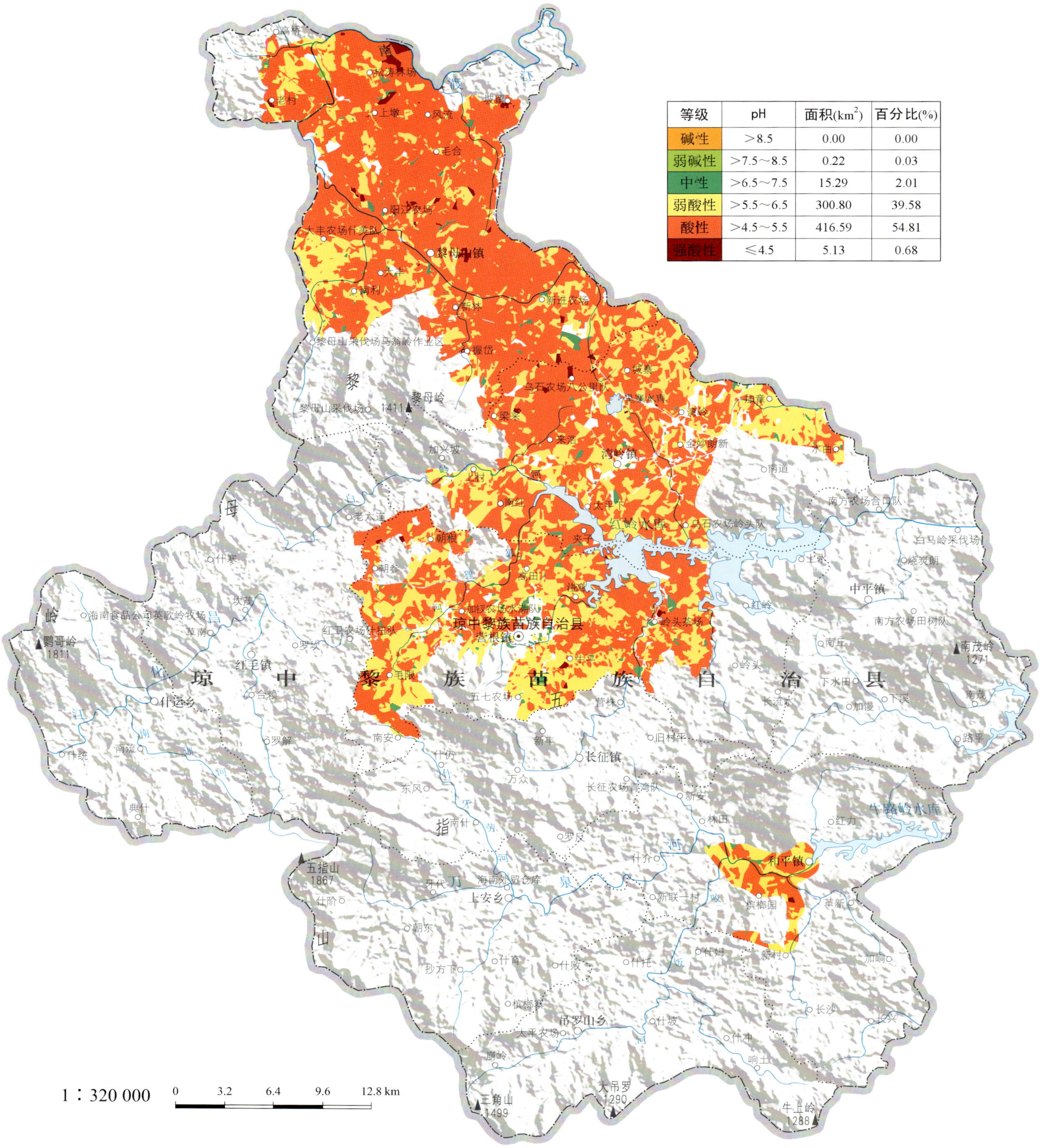

等级	pH	面积(km²)	百分比(%)
碱性	>8.5	0.00	0.00
弱碱性	>7.5~8.5	0.22	0.03
中性	>6.5~7.5	15.29	2.01
弱酸性	>5.5~6.5	300.80	39.58
酸性	>4.5~5.5	416.59	54.81
强酸性	≤4.5	5.13	0.68

1:320 000

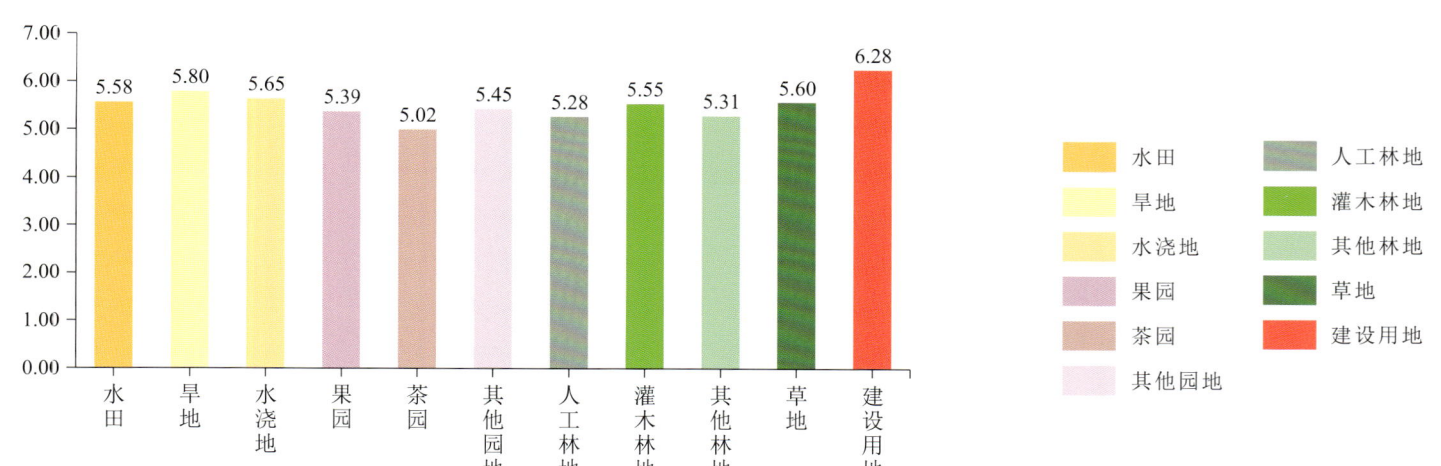

不同土地利用类型土壤pH分布

琼中黎族苗族自治县特色农业区土壤有机质丰缺图

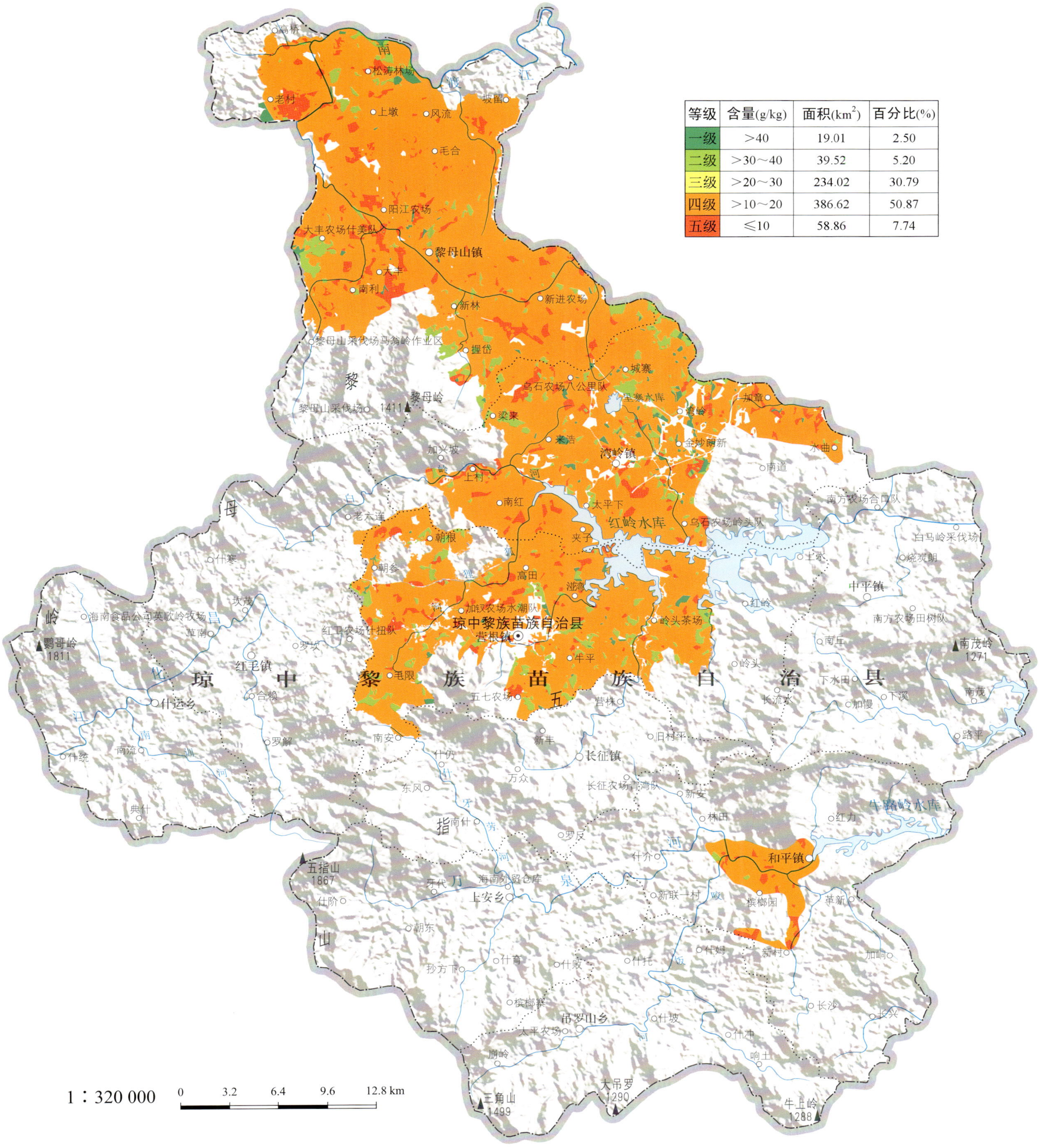

等级	含量(g/kg)	面积(km²)	百分比(%)
一级	>40	19.01	2.50
二级	>30～40	39.52	5.20
三级	>20～30	234.02	30.79
四级	>10～20	386.62	50.87
五级	≤10	58.86	7.74

1:320 000

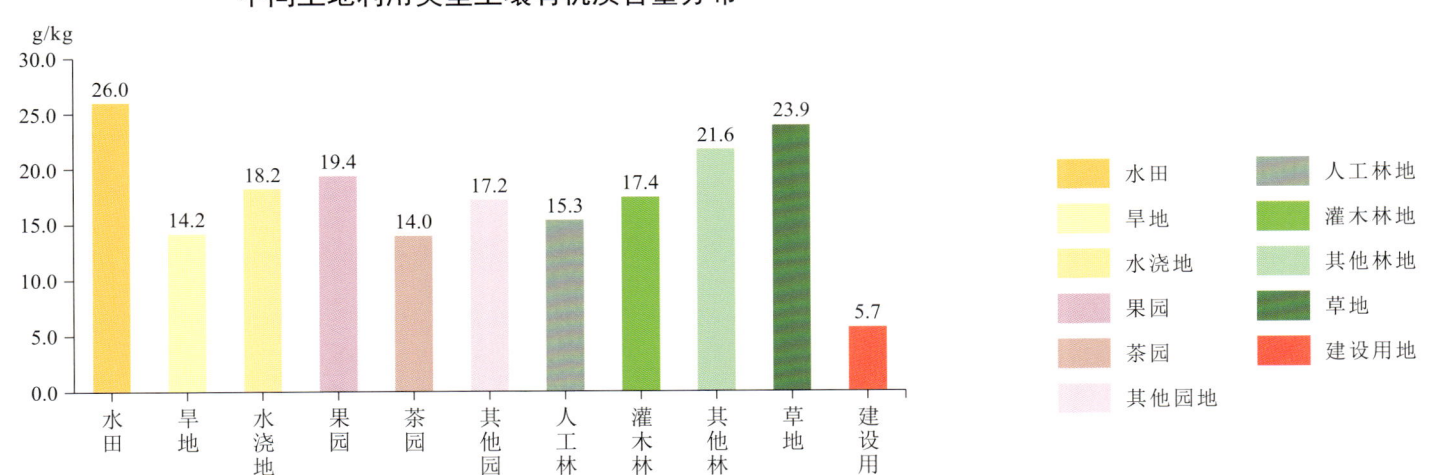

不同土地利用类型土壤有机质含量分布

水田 26.0；旱地 14.2；水浇地 18.2；果园 19.4；茶园 14.0；其他园地 17.2；人工林地 15.3；灌木林地 17.4；其他林地 21.6；草地 23.9；建设用地 5.7

琼中黎族苗族自治县特色农业区土壤氟丰缺图

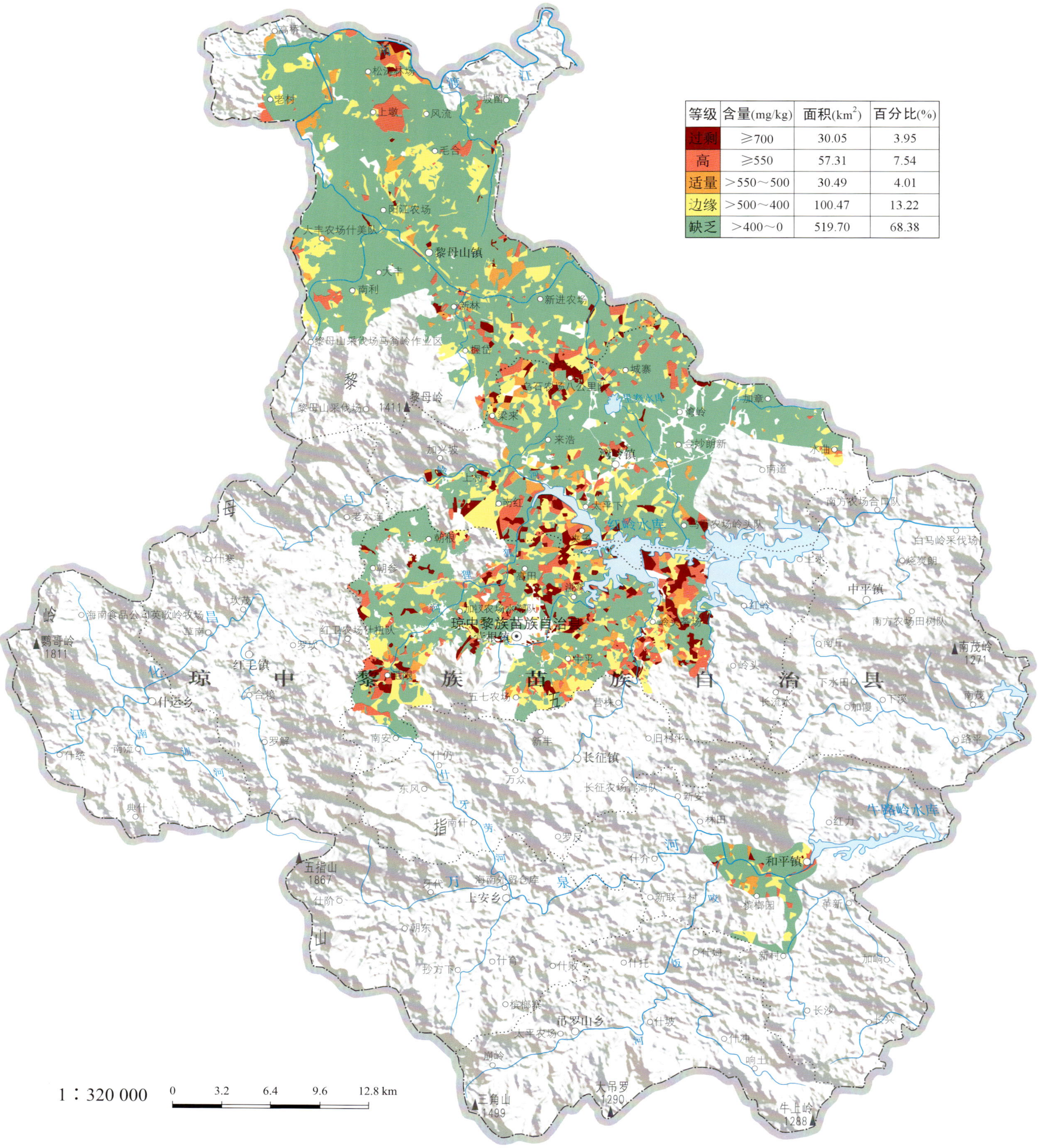

等级	含量(mg/kg)	面积(km²)	百分比(%)
过剩	≥700	30.05	3.95
高	≥550	57.31	7.54
适量	>550~500	30.49	4.01
边缘	>500~400	100.47	13.22
缺乏	>400~0	519.70	68.38

1：320 000

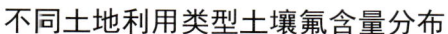

不同土地利用类型土壤氟含量分布

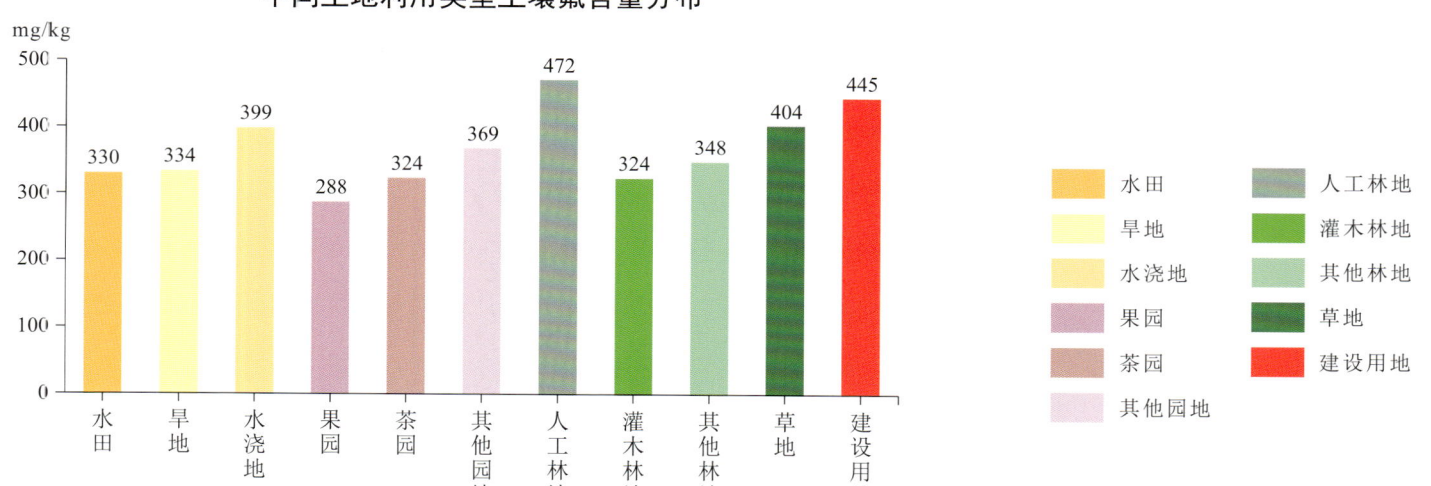

琼中黎族苗族自治县特色农业区土壤锗丰缺图

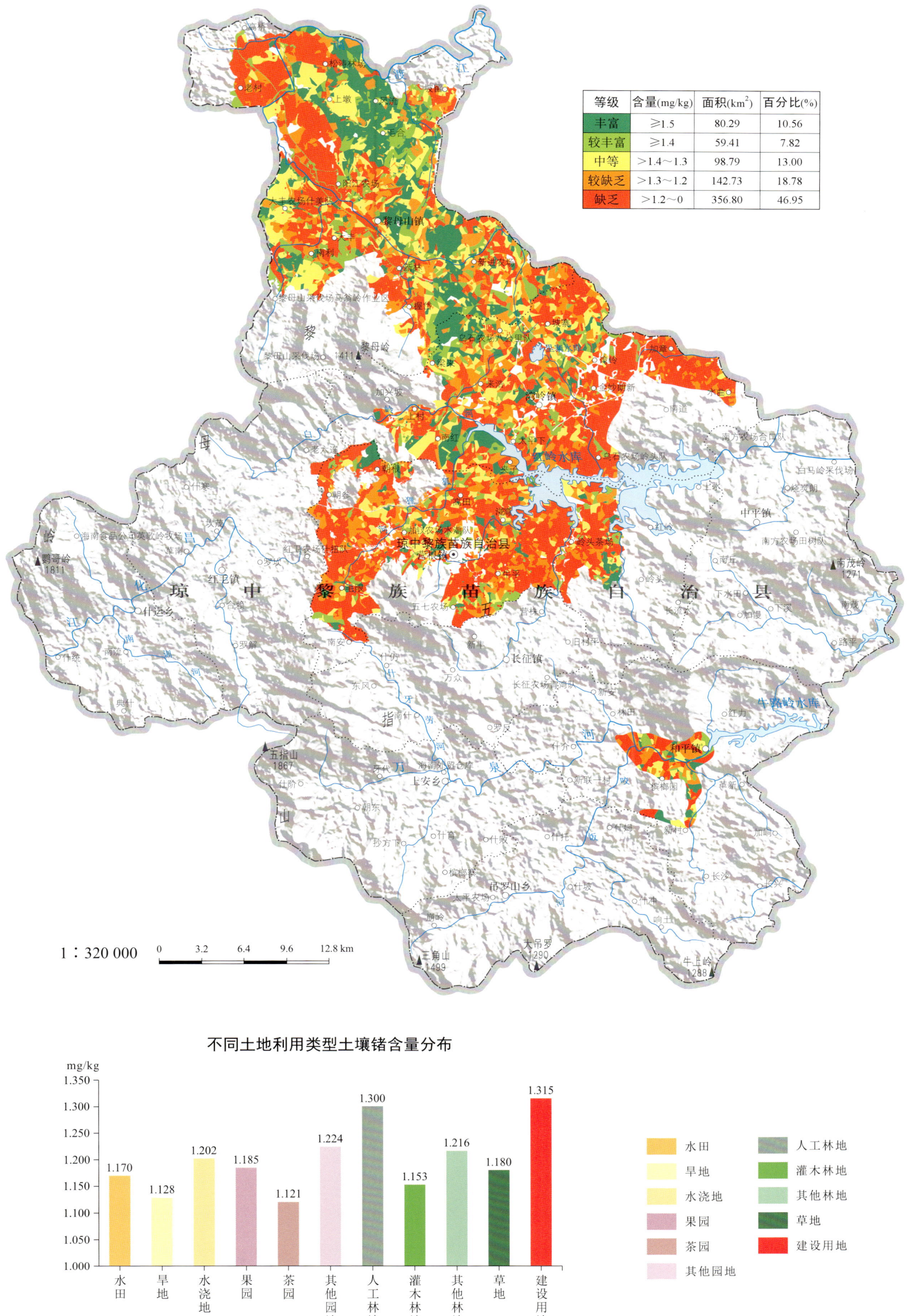

等级	含量(mg/kg)	面积(km²)	百分比(%)
丰富	≥1.5	80.29	10.56
较丰富	≥1.4	59.41	7.82
中等	>1.4~1.3	98.79	13.00
较缺乏	>1.3~1.2	142.73	18.78
缺乏	>1.2~0	356.80	46.95

1:320 000

不同土地利用类型土壤锗含量分布

土地类型	含量(mg/kg)
水田	1.170
旱地	1.128
水浇地	1.202
果园	1.185
茶园	1.121
其他园地	1.224
人工林地	1.300
灌木林地	1.153
其他林地	1.216
草地	1.180
建设用地	1.315

琼中黎族苗族自治县特色农业区土壤硒丰缺图

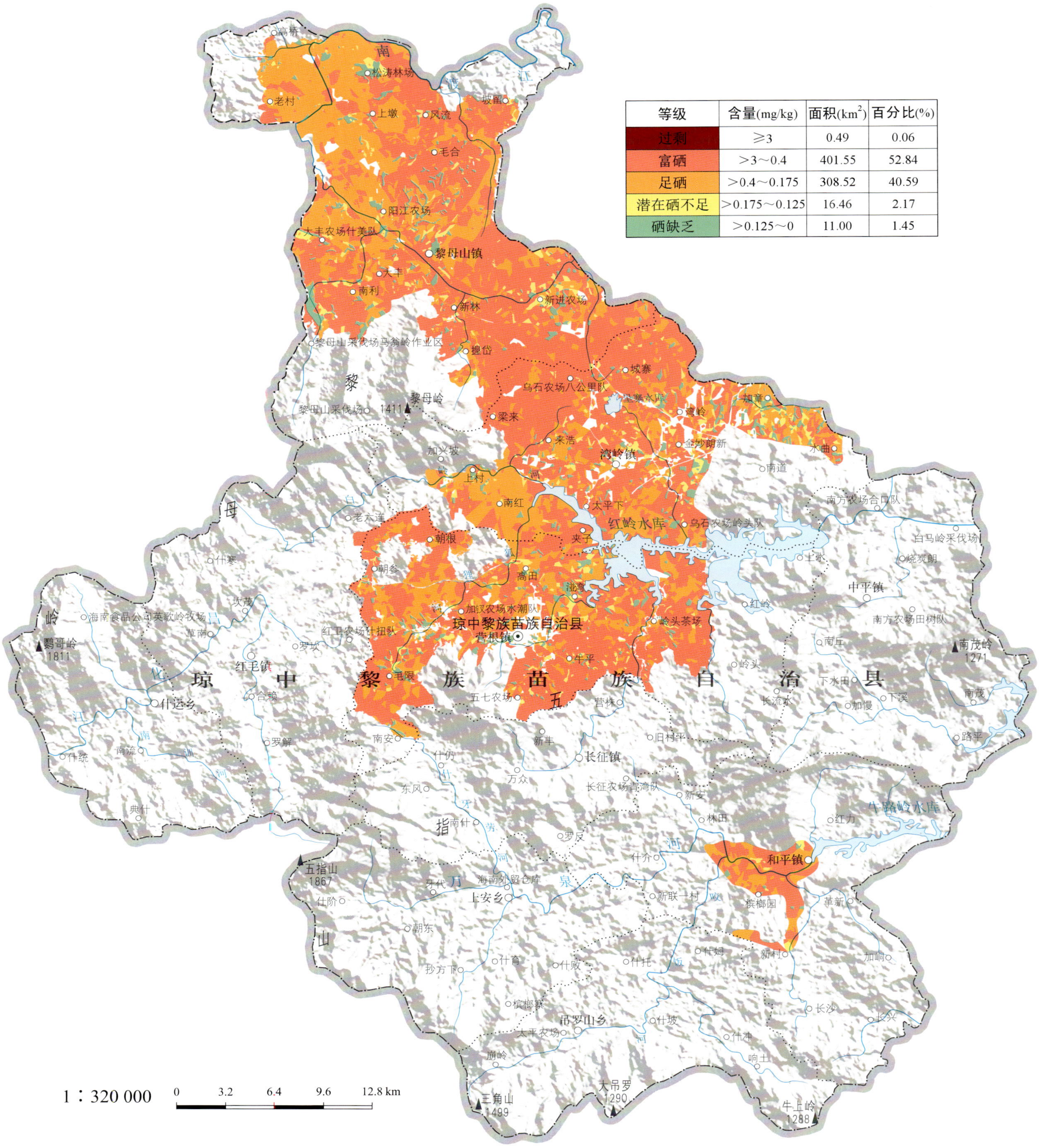

等级	含量(mg/kg)	面积(km²)	百分比(%)
过剩	≥3	0.49	0.06
富硒	>3～0.4	401.55	52.84
足硒	>0.4～0.175	308.52	40.59
潜在硒不足	>0.175～0.125	16.46	2.17
硒缺乏	>0.125～0	11.00	1.45

1:320 000

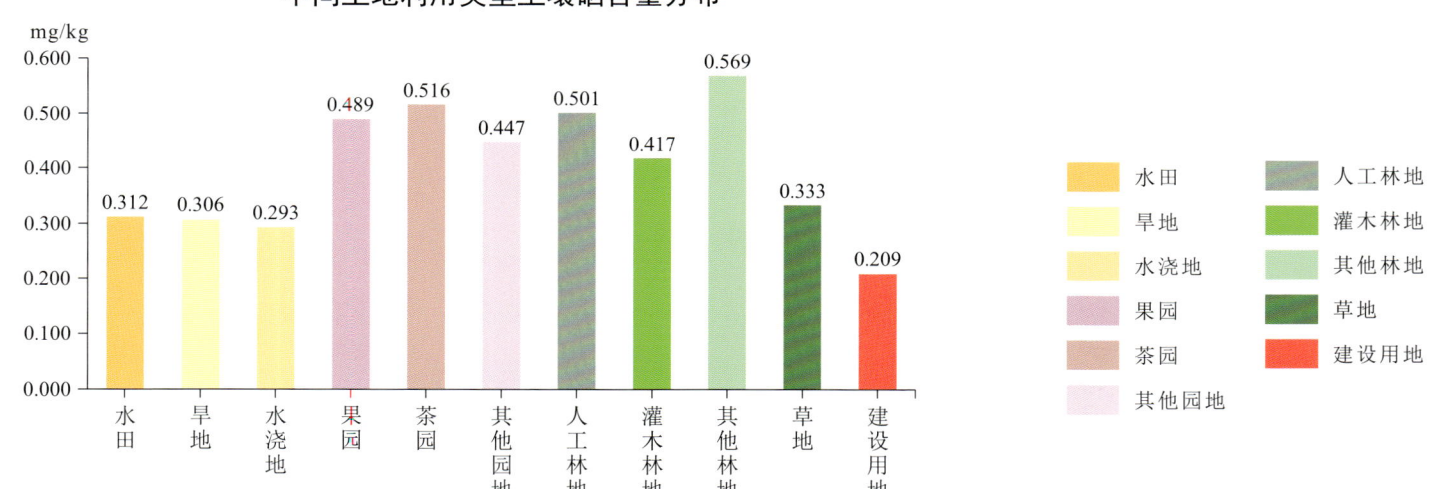

不同土地利用类型土壤硒含量分布

琼中黎族苗族自治县特色农业区土壤碘丰缺图

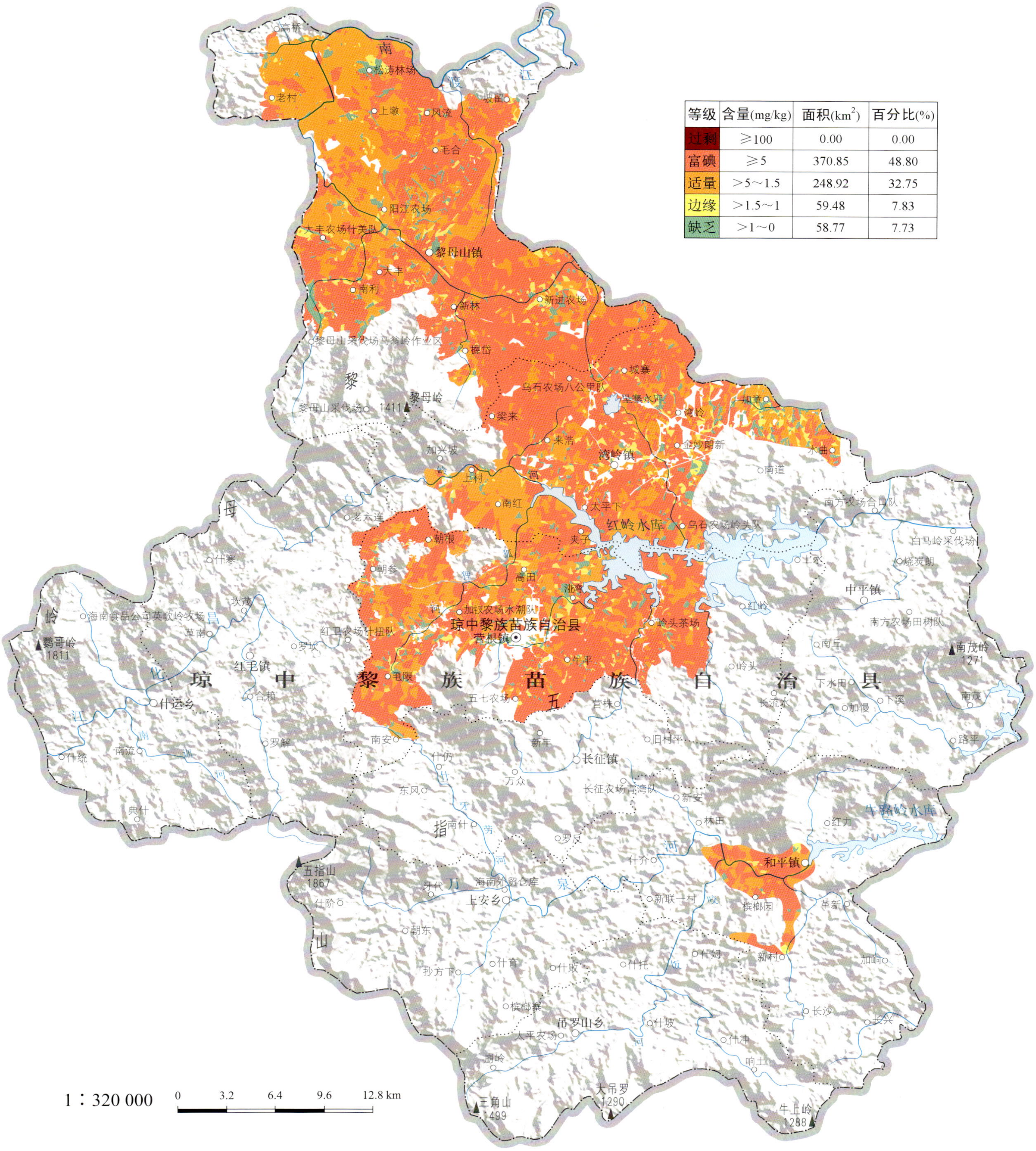

等级	含量(mg/kg)	面积(km²)	百分比(%)
过剩	≥100	0.00	0.00
富碘	≥5	370.85	48.80
适量	>5~1.5	248.92	32.75
边缘	>1.5~1	59.48	7.83
缺乏	>1~0	58.77	7.73

1:320 000

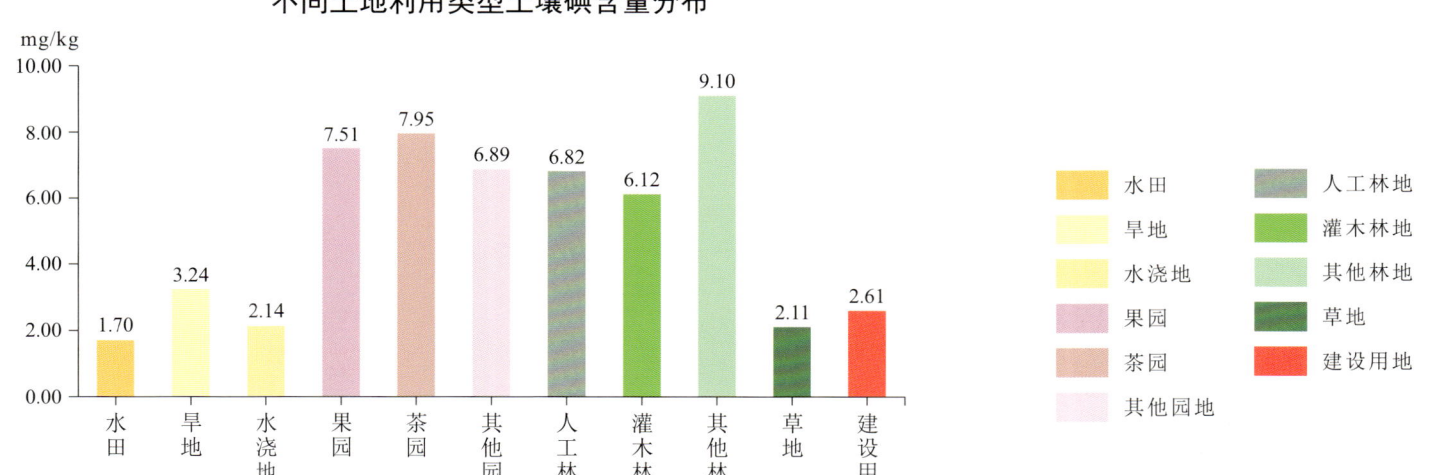

不同土地利用类型土壤碘含量分布

琼中黎族苗族自治县特色农业区土壤砷分级图

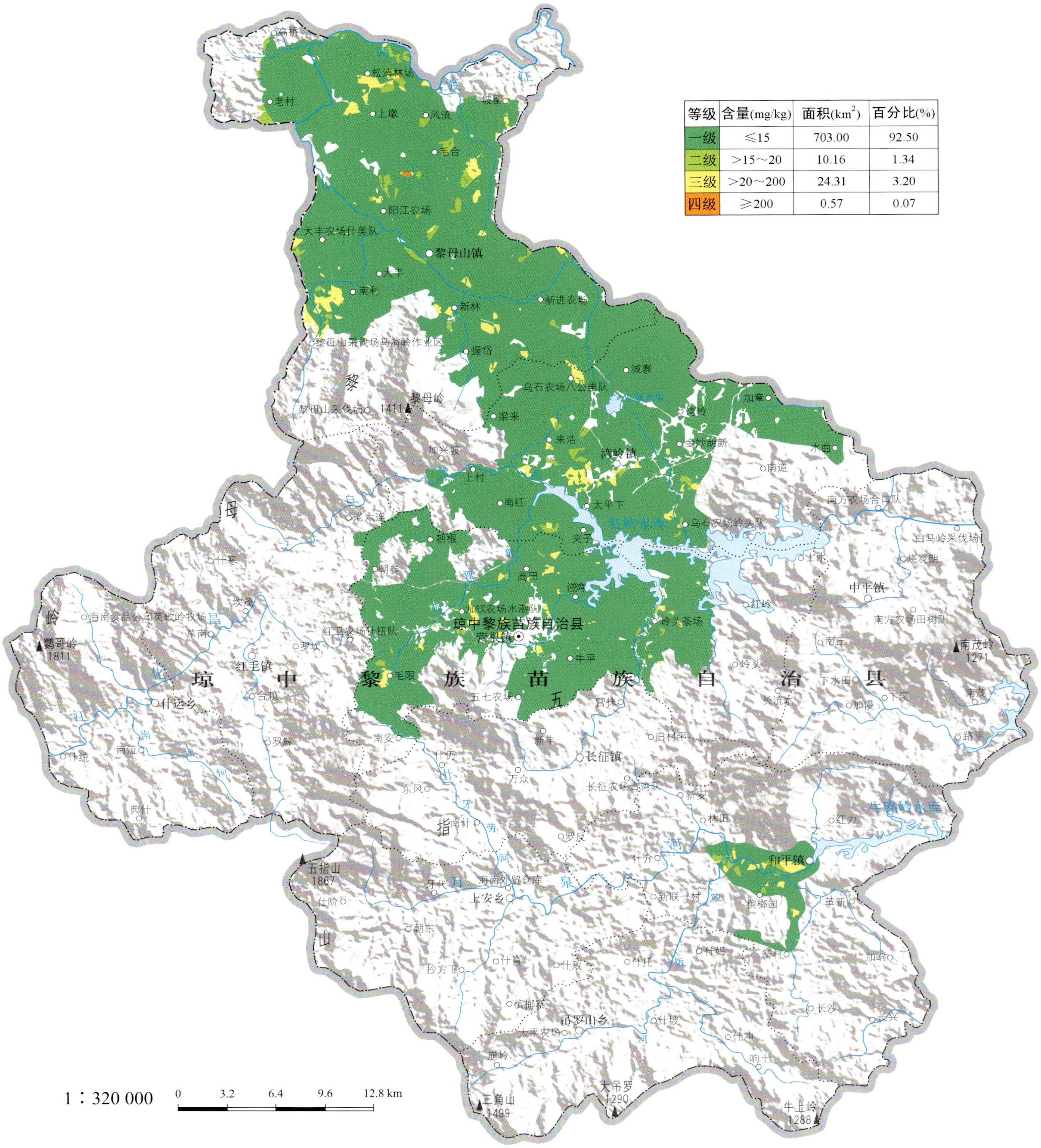

等级	含量(mg/kg)	面积(km²)	百分比(%)
一级	≤15	703.00	92.50
二级	>15~20	10.16	1.34
三级	>20~200	24.31	3.20
四级	≥200	0.57	0.07

1:320 000

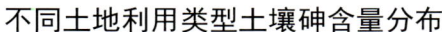

不同土地利用类型土壤砷含量分布

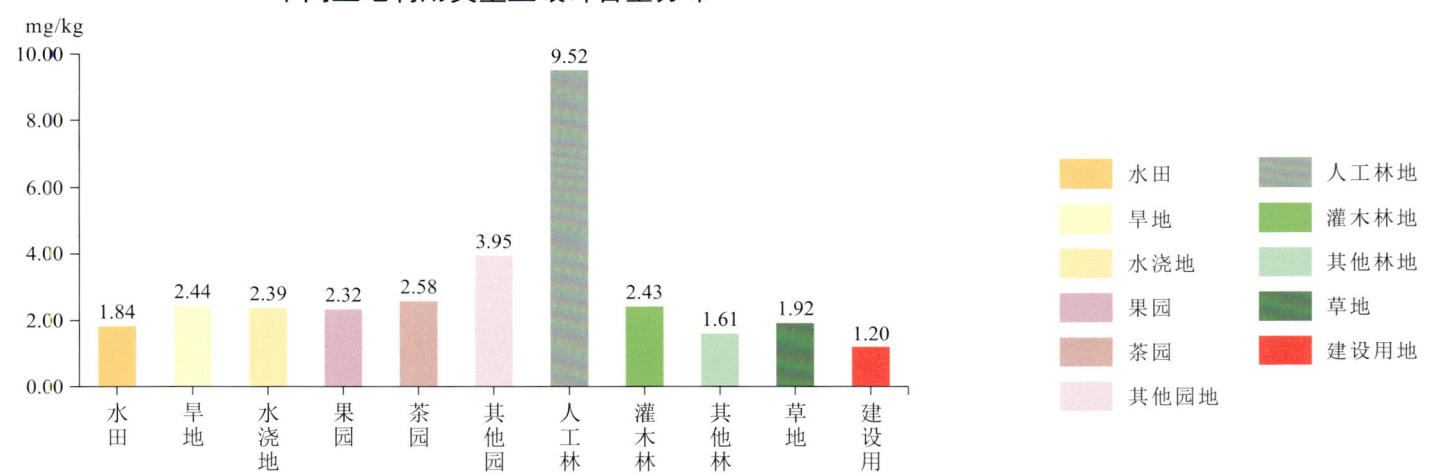

水田	旱地	水浇地	果园	茶园	其他园地	人工林地	灌木林地	其他林地	草地	建设用地
1.84	2.44	2.39	2.32	2.58	3.95	9.52	2.43	1.61	1.92	1.20

琼中黎族苗族自治县特色农业区土壤铬分级图

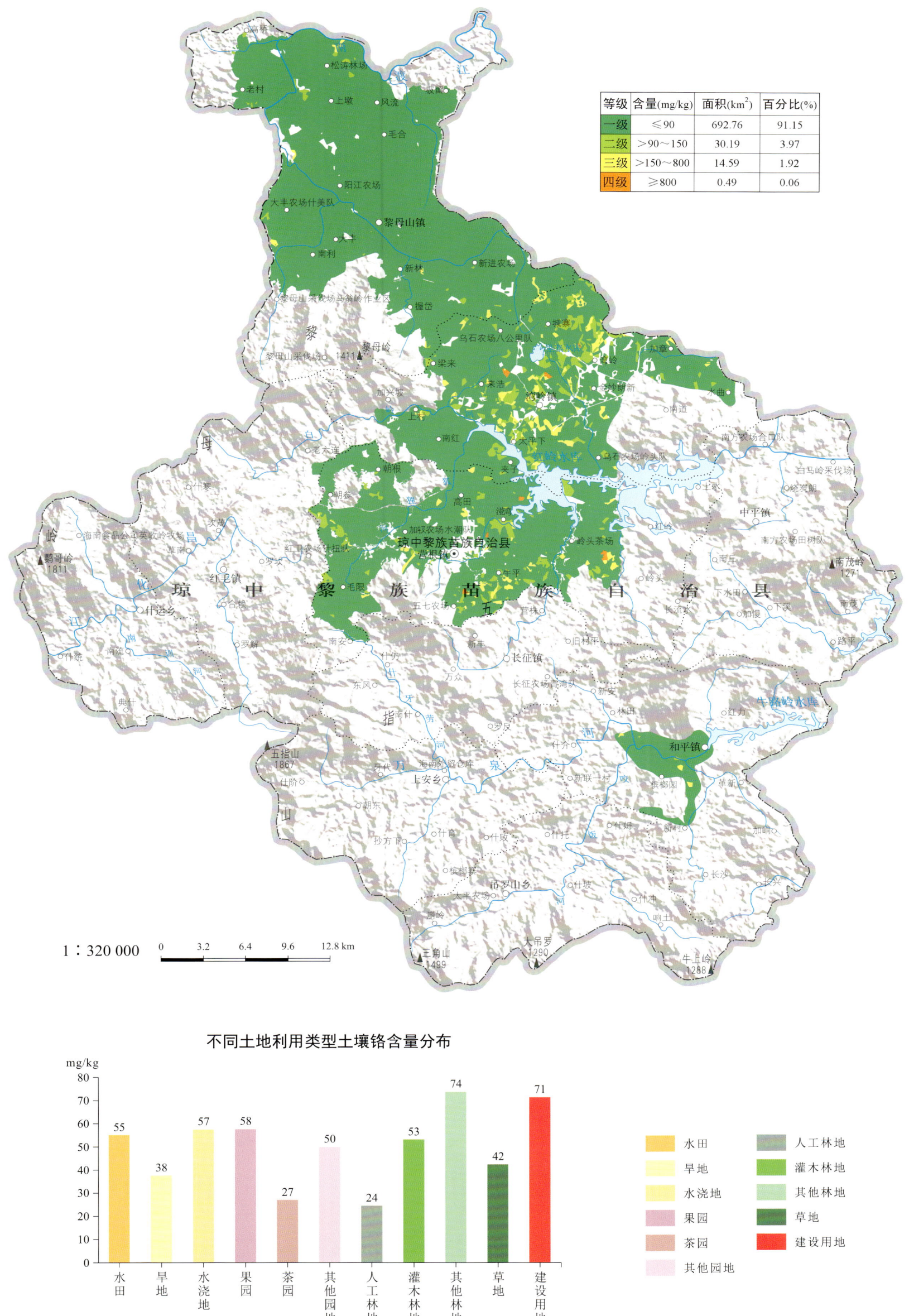

等级	含量(mg/kg)	面积(km²)	百分比(%)
一级	≤90	692.76	91.15
二级	>90～150	30.19	3.97
三级	>150～800	14.59	1.92
四级	≥800	0.49	0.06

1∶320 000

不同土地利用类型土壤铬含量分布

土地利用类型	含量(mg/kg)
水田	55
旱地	38
水浇地	57
果园	58
茶园	27
其他园地	50
人工林地	24
灌木林地	53
其他林地	74
草地	42
建设用地	71

琼中黎族苗族自治县特色农业区土壤镉分级图

等级	含量(mg/kg)	面积(km²)	百分比(%)
一级	≤0.2	730.10	96.07
二级	>0.2~0.3	5.20	0.68
三级	>0.3~1.5	2.60	0.34
四级	≥1.5	0.12	0.02

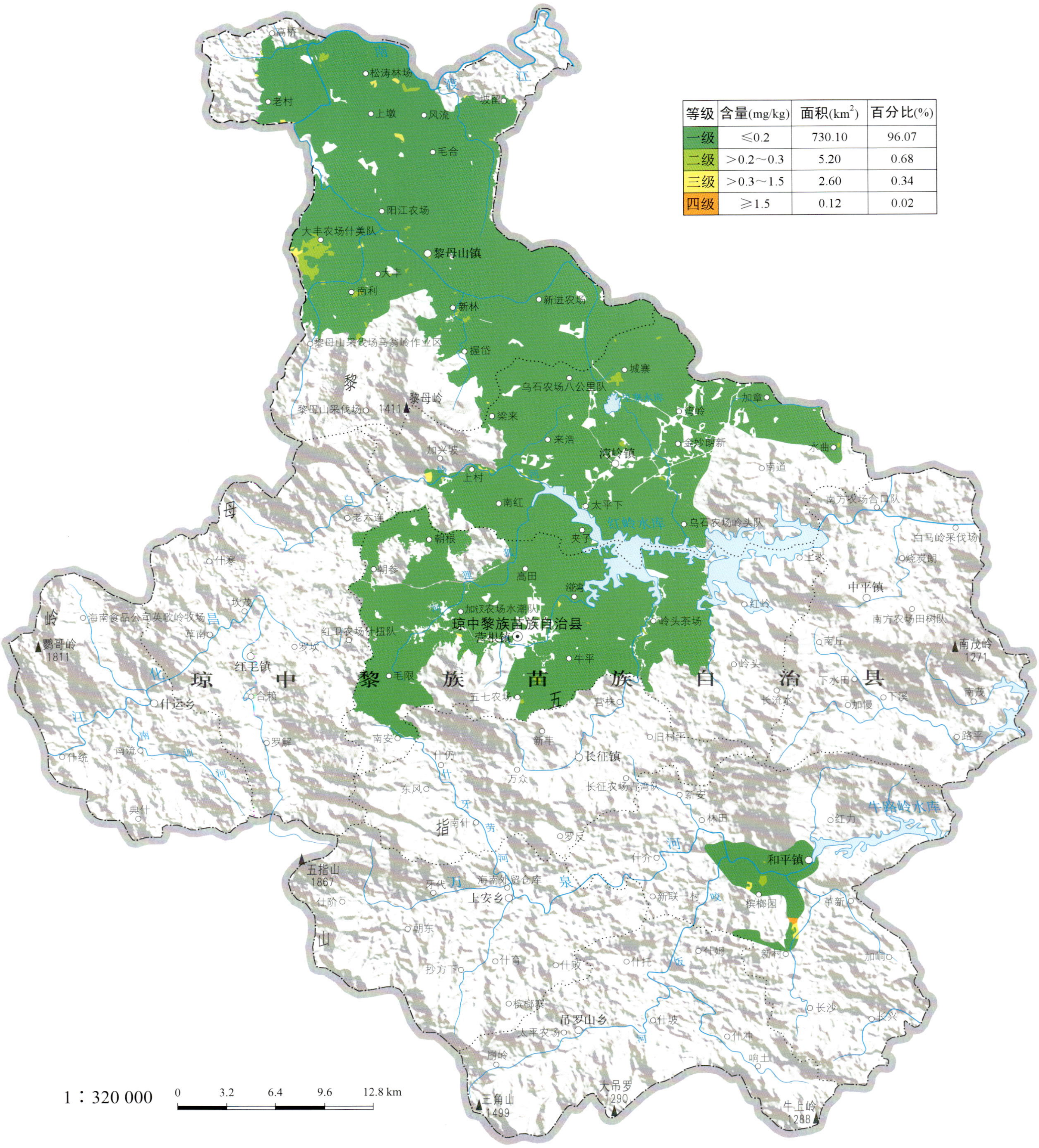

1:320 000

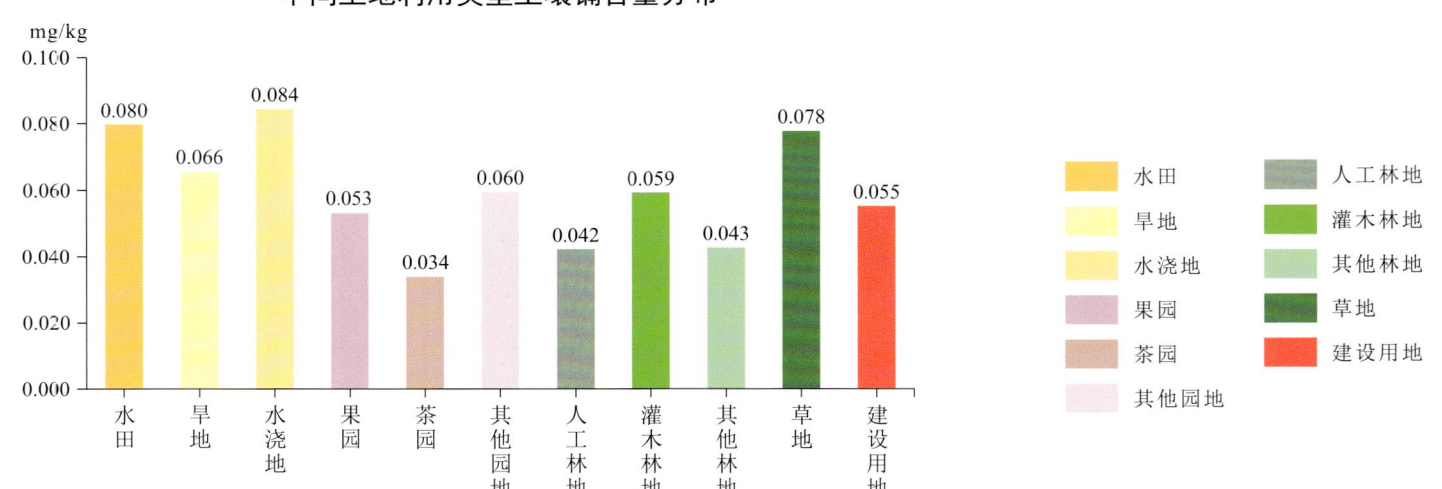

不同土地利用类型土壤镉含量分布

土地利用类型	含量(mg/kg)
水田	0.080
旱地	0.066
水浇地	0.084
果园	0.053
茶园	0.034
其他园地	0.060
人工林地	0.042
灌木林地	0.059
其他林地	0.043
草地	0.078
建设用地	0.055

琼中黎族苗族自治县特色农业区土壤汞分级图

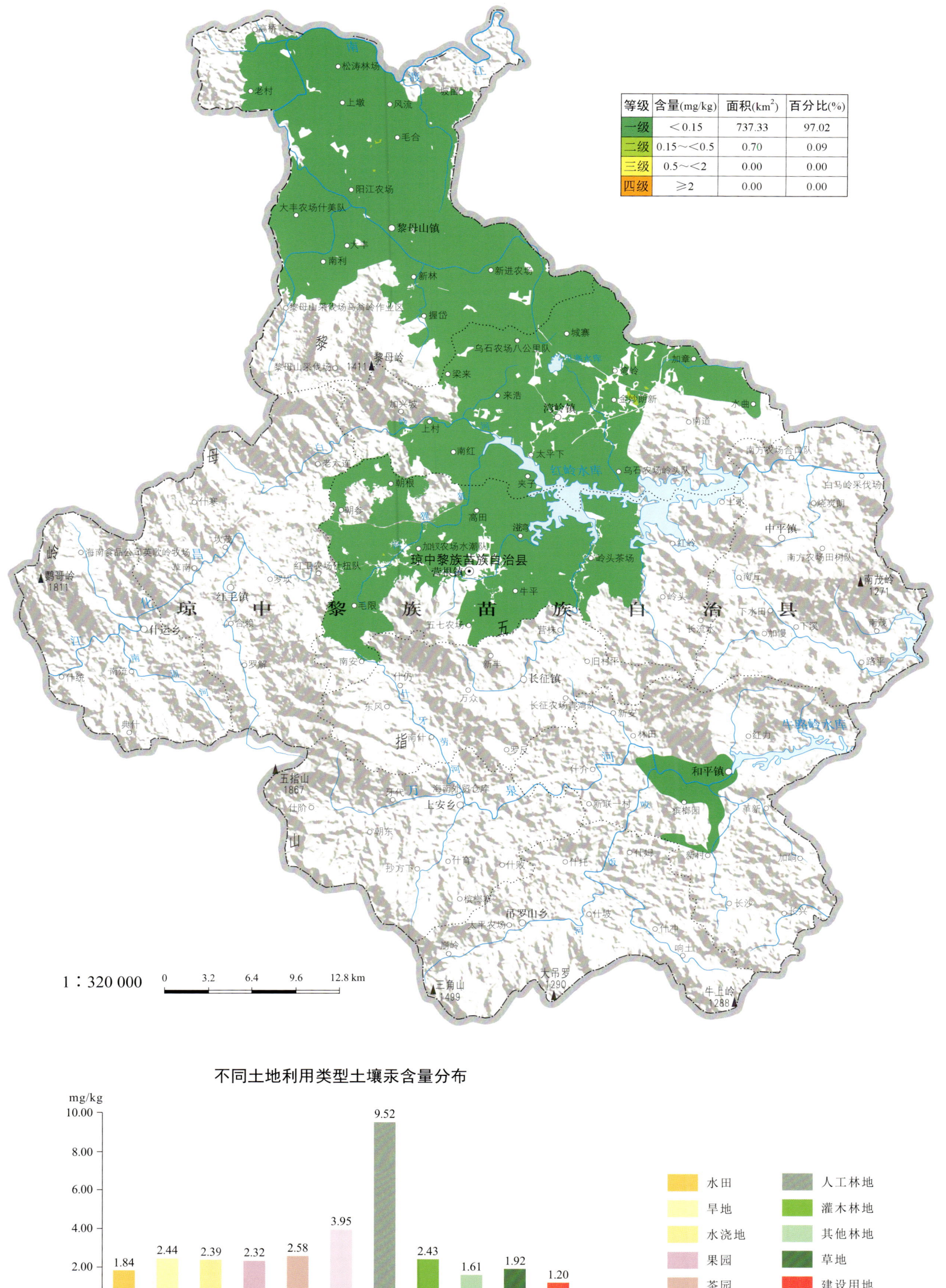

等级	含量(mg/kg)	面积(km²)	百分比(%)
一级	＜0.15	737.33	97.02
二级	0.15～＜0.5	0.70	0.09
三级	0.5～＜2	0.00	0.00
四级	≥2	0.00	0.00

1:320 000

不同土地利用类型土壤汞含量分布

水田	旱地	水浇地	果园	茶园	其他园地	人工林地	灌木林地	其他林地	草地	建设用地
1.84	2.44	2.39	2.32	2.58	3.95	9.52	2.43	1.61	1.92	1.20

成果应用

琼中黎族苗族自治县特色农业区土壤养分地球化学综合等级图

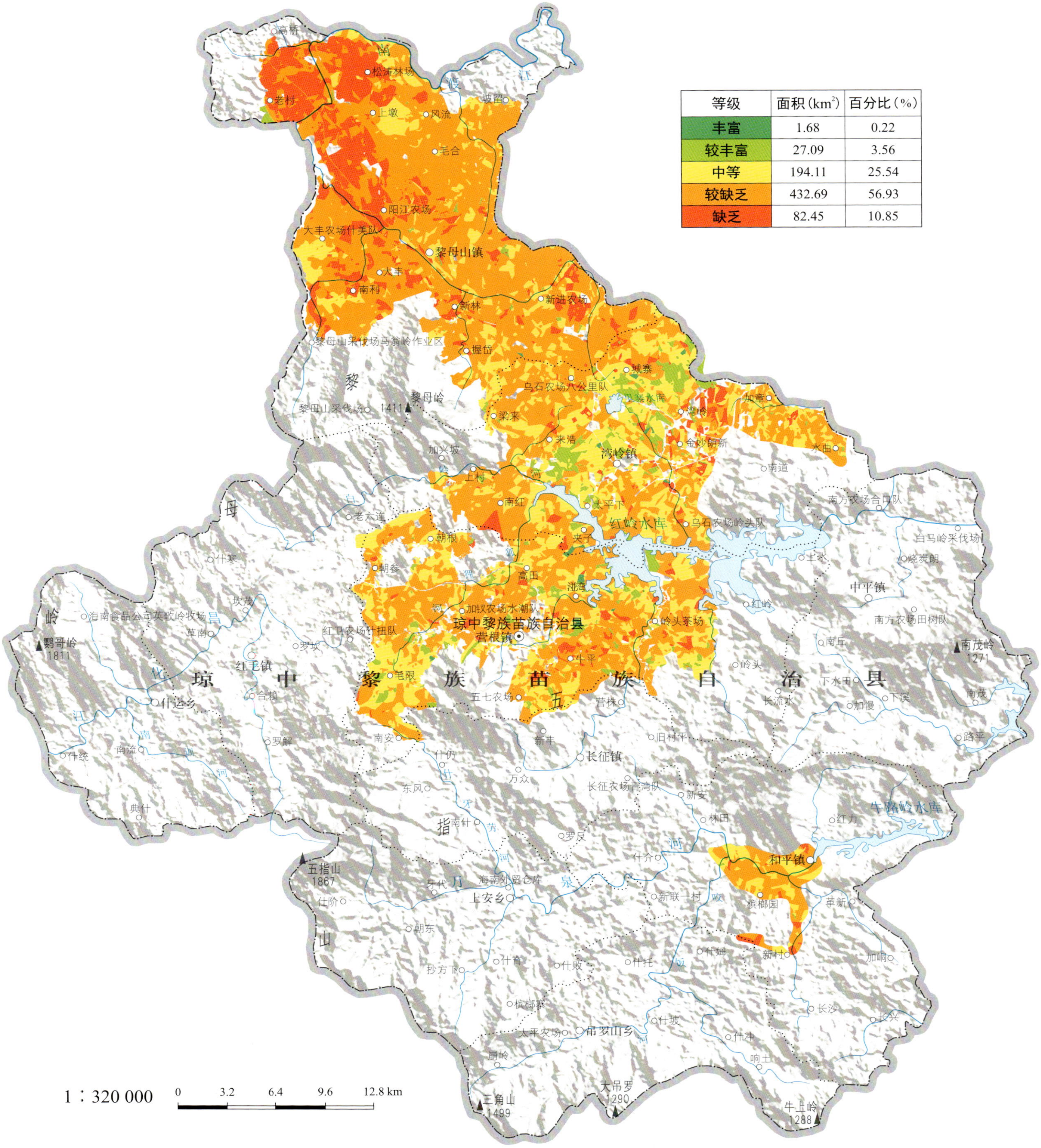

等级	面积（km²）	百分比（%）
丰富	1.68	0.22
较丰富	27.09	3.56
中等	194.11	25.54
较缺乏	432.69	56.93
缺乏	82.45	10.85

1 : 320 000

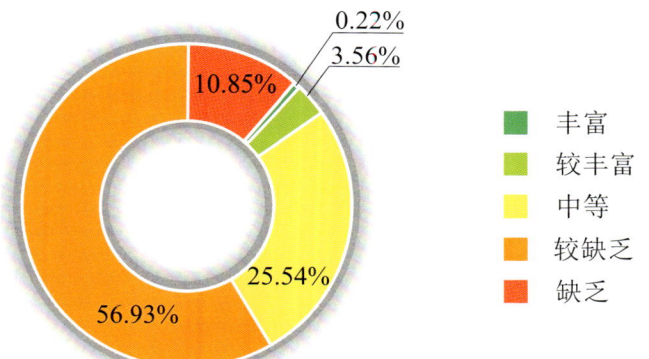

土壤养分地球化学综合等级分布比例

调查区表层土壤植物必需大量元素中钾相对丰富，氮和磷呈缺乏状态，尤其是磷缺乏最为严重，土壤养分地球化学综合等级分级结果显示，四等（较缺乏）、五等（缺乏）等级占调查区面积的近七成。

琼中黎族苗族自治县特色农业区土壤环境地球化学综合等级图

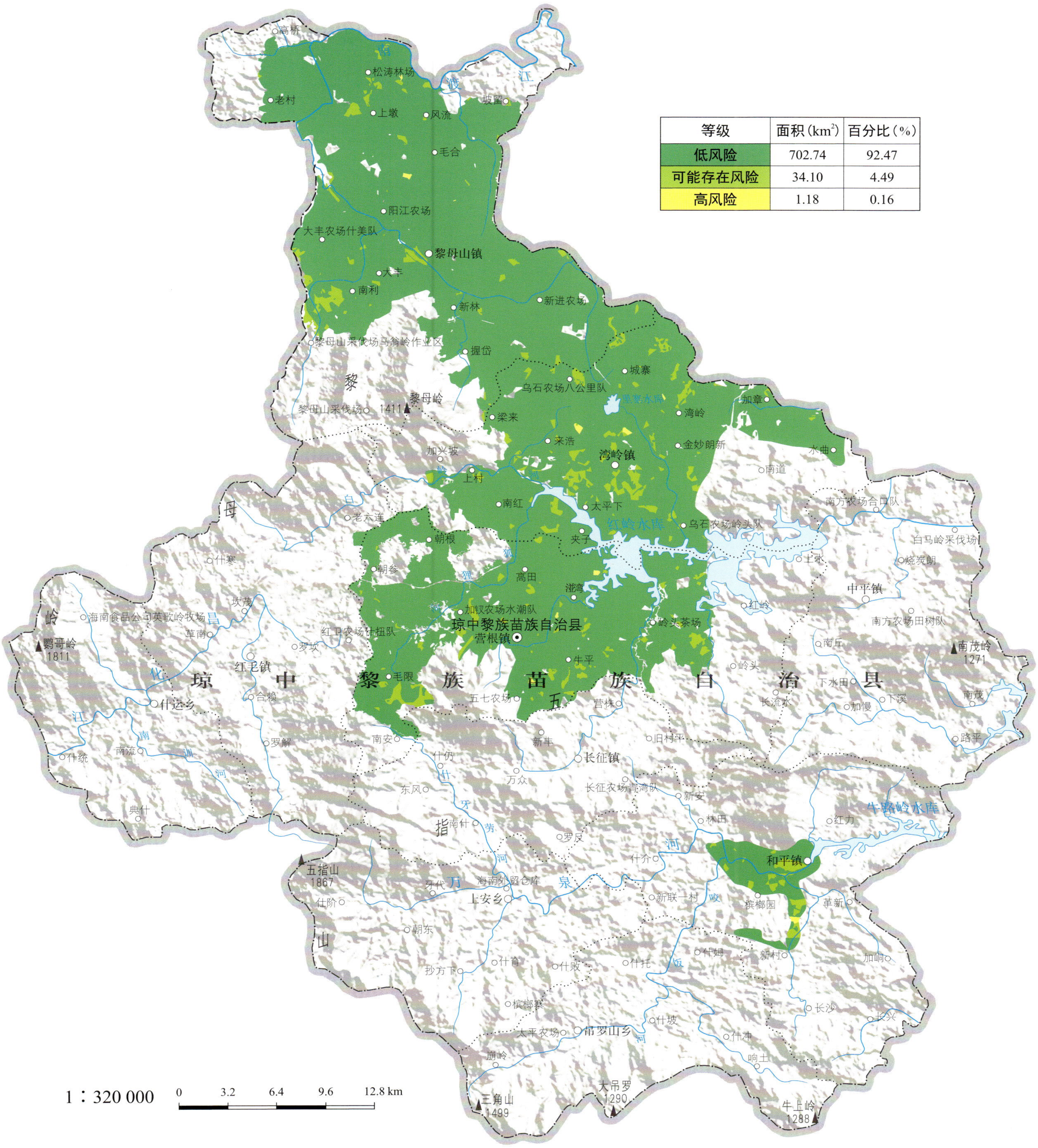

等级	面积(km²)	百分比(%)
低风险	702.74	92.47
可能存在风险	34.10	4.49
高风险	1.18	0.16

1：320 000

土壤环境地球化学综合等级分布比例

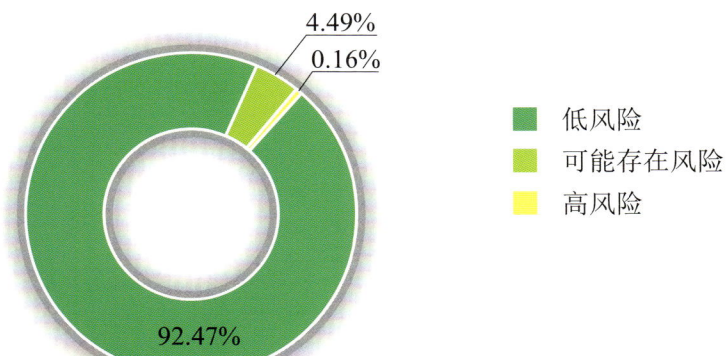

- 低风险
- 可能存在风险
- 高风险

4.49%
0.16%
92.47%

调查区重金属含量普遍较低，根据《土壤环境质量 农用地土壤污染风险管控标准（试行）》（GB 15618－2018）划分土壤环境地球化学综合等级。结果显示，调查区主要为一等（低风险）土壤，占调查面积的92.47%；二等（可能存在风险）土壤，占调查面积的4.49%，主要分布于湾岭镇以南G224国道两侧、乌石与新平村之间；三等（高风险）土壤极少，仅占调查面积的0.16%，且分布分成零散。

HAINAN QIONGZHONG LIZU MIAOZU ZIZHIXIAN

海南

琼中黎族苗族自治县特色农业区生态地质图集

地质体物质组成垂向演化

6

- 琼中黎族苗族自治县中元古界戈枕村组片麻岩建造
- 琼中黎族苗族自治县下志留统陀烈组变质细砂岩、板岩建造
- 琼中黎族苗族自治县下白垩统鹿母湾组陆源碎屑建造
- 琼中黎族苗族自治县中二叠世二长花岗岩建造
- 琼中黎族苗族自治县中二叠世正长花岗岩建造
- 琼中黎族苗族自治县中三叠世二长花岗岩建造
- 琼中黎族苗族自治县中三叠世正长花岗岩建造
- 琼中黎族苗族自治县晚侏罗世闪长岩建造
- 琼中黎族苗族自治县晚侏罗世正长花岗岩建造
- 琼中黎族苗族自治县早白垩世花岗闪长岩建造
- 琼中黎族苗族自治县早白垩世二长花岗岩建造
- 琼中黎族苗族自治县晚白垩世花岗斑岩建造
- 琼中黎族苗族自治县晚白垩世正长花岗岩建造

琼中黎族苗族自治县中元古界戈枕村组片麻岩建造

图 1 琼中中元古界戈枕村组（Pt₂g）片麻岩建造产出位置

注：土壤环境风险管控值参考《土壤环境质量 农用地土壤污染风险管控标准（试行）》（GB 15618－2018）；富硒、富碘土壤标准参考《土地质量地球化学评价规范》（DZ/T 0295－2016）及《富硒土壤硒含量要求》（DB41/T 1871－2019）。

中元古界戈枕村组（Pt₂g）片麻岩建造主要分布于琼中县中部偏南，面积约 120km²（图1），主要由片麻岩组成。上覆土壤类型为砖红壤和赤红壤，土地利用类型包括林地和园地。在该建造上共采集了 5 个贯穿 A、B、C 层的垂向剖面（QZ-M01、QZ-M02、QZ-M03、QZ-M04、QZ-M05）。

土壤剖面化学组成方面，二氧化硅（SiO₂）和三氧化二铝（Al₂O₃）占样品总质量的 80% 以上，两者为负相关关系，共同控制着其他元素的含量变化趋势。SiO₂ 平均含量为 63%～73%（见含量统计表），在 A 层和成壤母岩中含量相对较高，展示出"凹"字形特征，Al₂O₃ 则与 SiO₂ 含量变化趋势相反，呈现"凸"字形特征（图2）。氧化钾（K₂O）在成壤母岩中含量为 4.44%，向上逐渐降低；全碳（TC）、有机碳（Corg）、氮（N）在 A 层中含量最高，向下逐渐降低；磷（P）在成壤母岩及 B 层中含量较高（图2）。重金属元素砷（As）、镉（Cd）、汞（Hg）、铜（Cu）、铅（Pb）、锌（Zn）、铬（Cr）、镍（Ni）等在土壤中含量远低于土壤环境风险管控值（见含量统计表），其中镉（Cd）、铅（Pb）、锌（Zn）在成壤母岩中含量最高，而汞（Hg）与有机碳（Corg）、氮（N）的变化规律相似，在 A 层中含量最高（图2）。人体健康元素硒（Se）、碘（I）垂向变化趋势一致，在 A、B 层中富集，其含量达到富硒、富碘土壤标准（图2）。

琼中中元古界戈枕村组（Pt₂g）片麻岩建造垂向剖面元素平均含量统计表

土壤发生层	A	B	C	成壤母岩	土壤发生层	A	B	C	成壤母岩	土壤发生层	A	B	C	成壤母岩
SiO₂	72.28	63.53	65.82	68.49	B	5.10	5	13.20	5.50	Ti	3629	6059	3283	2767
Al₂O₃	12.65	17.26	17.90	14.25	S	184	135	101	614	Co	3.10	6	6.30	6
TFe₂O₃	3.36	6.21	3.78	3.83	F	294	476	538	448	V	46	107	58	51
MgO	0.26	0.55	0.51	1.11	Cl	71	65	62	103	Tl	0.86	1.13	1.31	1.13
CaO	0.17	0.09	0.13	3	Br	6.10	4.10	0.90	3.40	U	5.80	8	7.50	7.30
Na₂O	0.46	0.35	0.89	1.78	Ag	32	35	26	595	Th	33	26	25	27
K₂O	2.68	2.17	3.44	4.44	Au	0.70	1.50	0.70	3.30	La	44	57	57	45
LOI	7.09	8.27	6.42	2.05	Ba	291	255	360	410	Ce	112	150	117	93
TC	1.23	0.42	0.23	0.22	Be	1.40	2.90	3.10	2.20	Pr	9.30	12.80	12.80	9.50
Corg	1.04	0.41	0.21	0.14	Bi	0.42	0.46	0.45	0.44	Nd	37	53	48	39
N	1061	320	129	60	Li	15	23	32	25	Sm	6.50	9.30	7.70	6.60
P	274	333	243	356	Mn	167	242	199	364	Eu	0.57	1.59	1.20	1.13
As	4.30	2.50	1.30	11.30	Mo	0.70	1.14	0.85	1	Gd	4.40	7.20	5.30	4.80
Cd	32	39	31	1706	W	1	1.30	1.20	0.90	Tb	0.66	1.17	0.82	0.76
Hg	33	27	17	7	Rb	119	135	202	186	Dy	2.60	5.60	3.70	3.50
Cu	7	13.80	12.90	17.50	Sb	0.18	0.12	0.11	1.04	Ho	0.41	0.97	0.66	0.62
Pb	33	44	48	464	Sc	6.60	12.90	8.20	7.80	Er	1	2.60	1.80	1.70
Zn	45	74	72	451	Sn	3.80	4.10	5.80	5.30	Tm	0.16	0.43	0.26	0.27
Cr	26	45	29	28	Sr	82	59	124	319	Yb	1.10	2.70	1.90	1.90
Ni	7.20	12.80	10.50	12.40	Nb	12	18	17	15	Y	12	28	20	19
Se	0.53	0.54	0.30	0.21	Ta	1.18	1.53	2.12	1.17	Lu	0.17	0.42	0.30	0.30
I	6.20	7.10	3.50	0.60	Zr	325	229	185	174	∑REE	231	333	278	227
Ge	1.20	1.50	1.50	1.40	Ga	15	22	22	21	pH	5.30	5.20	5.60	7.30

含量单位：主量元素 SiO₂、Al₂O₃、TFe₂O₃、MgO、CaO、Na₂O、K₂O 及 LOI（烧失量）、TC（全碳）、Corg（有机碳）为 ×10⁻²；微量元素 Hg、Cd、Au、Ag 为 ×10⁻⁹，其他微量元素为 ×10⁻⁶；pH 为无量纲。

地质体物质组成垂向演化

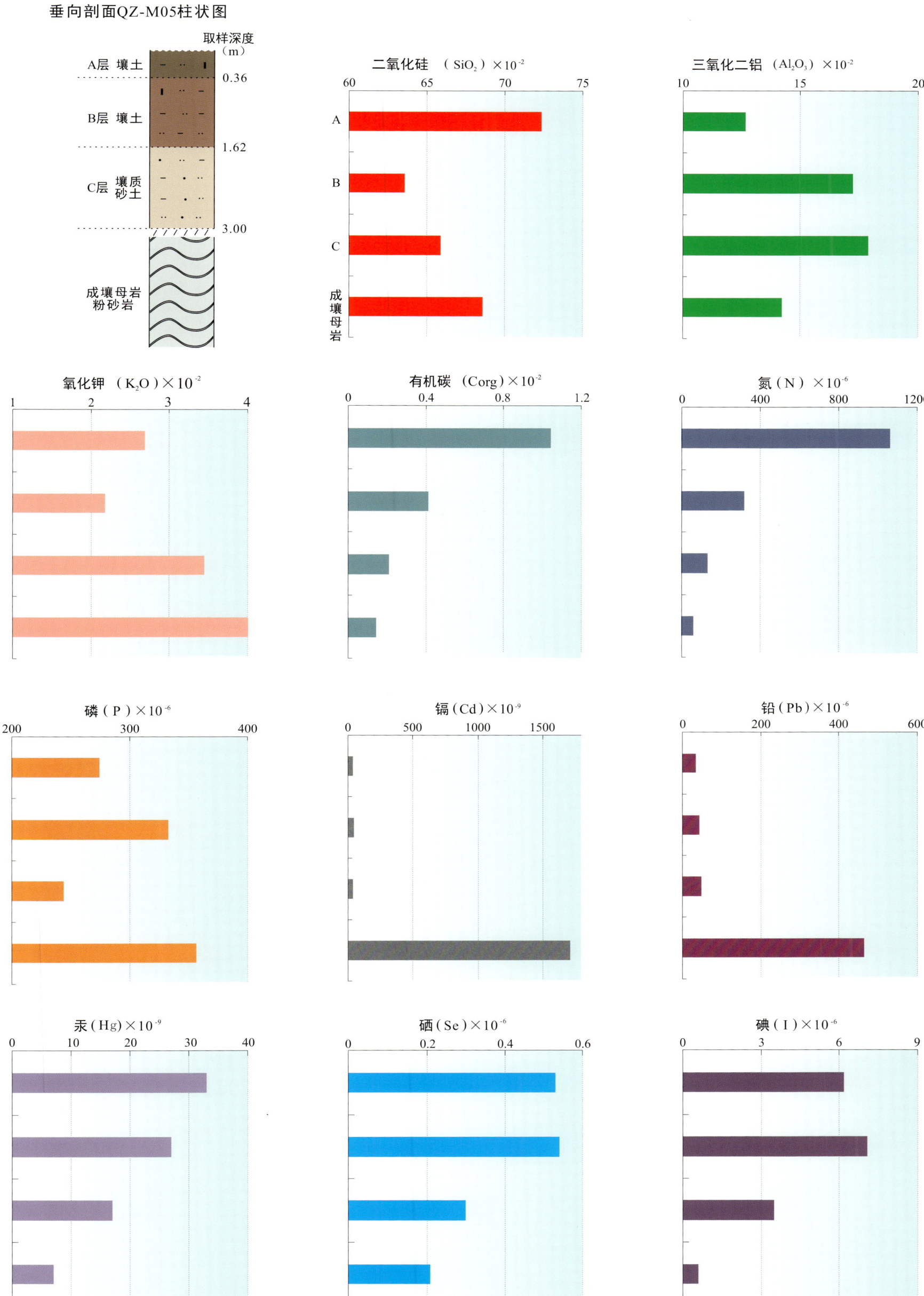

图 2 琼中中元古界戈枕村组（Pt_2g）片麻岩建造元素含量分布图示

琼中黎族苗族自治县下志留统陀烈组变质细砂岩、板岩建造

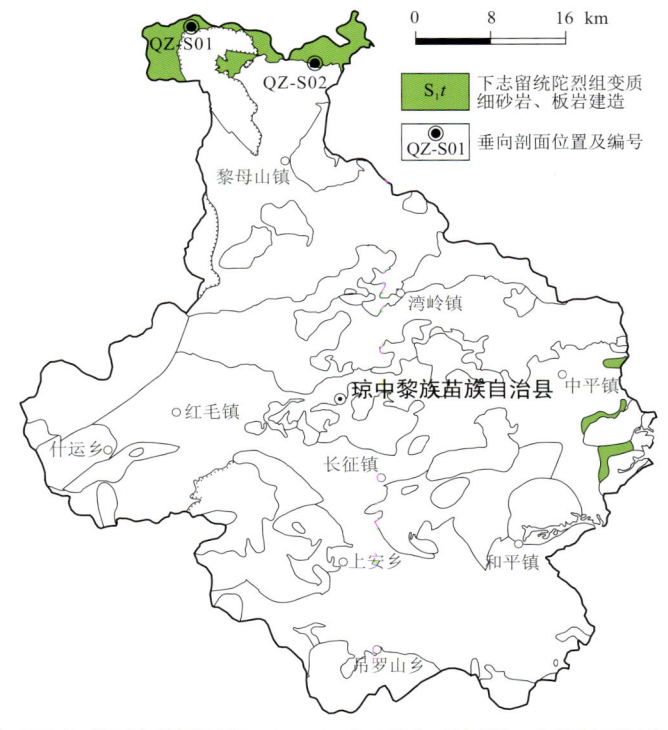

图 1 琼中下志留统陀烈组（S_1t）变质细砂岩、板岩建造产出位置

注：土壤环境风险管控值参考《土壤环境质量 农用地土壤污染风险管控标准（试行）》（GB 15618－2018）；富硒、富碘土壤标准参考《土地质量地球化学评价规范》（DZ/T 0295－2016）及《富硒土壤硒含量要求》（DB41/T 1871－2019）。

下志留统陀烈组（S_1t）变质细砂岩、板岩建造主要分布于琼中县北部，少量分布在东部，面积约 $40 km^2$（图1），主要由变质细砂岩、板岩等组成。上覆土壤类型主体为砖红壤，土地利用类型以林地和园地为主，园地多种植橡胶、槟榔等。在该建造上共采集了2个贯穿A、B、C层的垂向剖面（QZ-S01、QZ-S02）。

土壤剖面化学组成方面，二氧化硅（SiO_2）和三氧化二铝（Al_2O_3）占样品总质量的80%～90%，两者为负相关关系，共同控制着其他元素的含量变化趋势。SiO_2 平均含量为64%～77%（见含量统计表），在A层和成壤母岩中含量相对较高，展示出"凹"字形特征，Al_2O_3 则与 SiO_2 含量变化趋势相反，呈现"凸"字形特征（图2）。氧化钾（K_2O）在成壤母岩中含量为4.90%，向上快速降低；全碳（TC）、有机碳（Corg）、氮（N）在A层中含量最高，向下逐渐降低；磷（P）在土壤中含量相对较高。重金属元素砷（As）、镉（Cd）、汞（Hg）、铜（Cu）、铅（Pb）、锌（Zn）、铬（Cr）、镍（Ni）等含量远低于土壤环境风险管控值（见含量统计表），其中镉（Cd）、铅（Pb）在B、C层中含量较高，而汞（Hg）在A、B层中含量最高（图2）。人体健康元素硒（Se）、碘（I）垂向变化趋势一致，在A、B层中富集，其含量达到富硒、富碘土壤标准（图2）。

琼中下志留统陀烈组（S_1t）变质细砂岩、板岩建造垂向剖面元素平均含量统计表

土壤发生层	A	B	C	成壤母岩	土壤发生层	A	B	C	成壤母岩	土壤发生层	A	B	C	成壤母岩
SiO_2	70.43	64.77	70.32	76.12	B	49.90	55.30	50.90	40.50	Ti	4283	4319	3617	1823
Al_2O_3	14.14	18.27	16.22	11.87	S	236	200	120	162	Co	4.40	10.50	4.30	1.50
TFe_2O_3	4.80	5.95	4.60	2.48	F	310	339	331	355	V	95.10	116	77.90	46
MgO	0.35	0.40	0.48	0.43	Cl	85	61	66	13	Tl	0.48	0.57	0.49	0.99
CaO	0.05	0.05	0.05	0.61	Br	3.80	4.70	6.70	0.90	U	3.70	4.70	4.80	4.20
Na_2O	0.04	0.04	0.05	1.14	Ag	72	66	48	67	Th	15.70	20.30	19.60	17.80
K_2O	1.09	1.14	1.52	4.90	Au	1.02	1.22	1.29	1.82	La	35.50	74.80	137.60	29.30
LOI	7.60	7.49	5.55	2.19	Ba	196	208	247	365	Ce	79	129	88	49
TC	1.21	0.53	0.14	0.15	Be	1.17	1.58	2.04	2.42	Pr	7.90	16.80	29.20	6.60
Corg	1.13	0.50	0.12	0.09	Bi	0.32	0.39	0.52	0.24	Nd	32	67	113	26
N	1137	628	302	377	Li	8.40	10.20	8.30	6.60	Sm	6	12.40	21.40	5
P	301	287	282	196	Mn	105	212	157	44	Eu	1.15	2.37	4.18	0.87
As	18.40	20.10	11.80	16.70	Mo	1.85	2.13	1.38	1.11	Gd	4.72	9.78	18.66	4.46
Cd	48	82	96	39	W	1.12	1.29	1.51	0.90	Tb	0.70	1.38	2.78	0.76
Hg	37.80	38.90	10.70	10.20	Rb	60	63	70	175	Dy	3.80	7.32	14.89	4.77
Cu	22.90	34	25.70	20.60	Sb	1.29	1.54	0.97	1.23	Ho	0.72	1.38	2.78	0.96
Pb	20	38	44	29	Sc	10.30	14.30	11.10	7.10	Er	2.12	4	8.03	3.01
Zn	42	54	36	20	Sn	2.70	3.80	4.20	2.40	Tm	0.30	0.57	1.11	0.44
Cr	78.70	92.10	58.70	35.40	Sr	14	15	12	57	Yb	2.08	3.83	7.24	2.91
Ni	15.80	28.20	20.20	4.90	Nb	14	15	16	10	Y	19	39	84.50	28.60
Se	0.76	0.76	0.24	0.56	Ta	0.87	1.01	1.26	1.05	Lu	0.29	0.54	1.02	0.42
I	12.10	12.80	3.40	1.20	Zr	305	270	247	171	∑REE	195	370	534	163
Ge	1.30	1.60	1.70	1.50	Ga	14	17.40	17.10	15.40	pH	4.50	4.80	5.10	7.40

含量单位：主量元素 SiO_2、Al_2O_3、TFe_2O_3、MgO、CaO、Na_2O、K_2O 及 LOI（烧失量）、TC（全碳）、Corg（有机碳）为 $\times 10^{-2}$；微量元素 Hg、Cd、Au、Ag 为 $\times 10^{-9}$，其他微量元素为 $\times 10^{-6}$；pH 为无量纲。

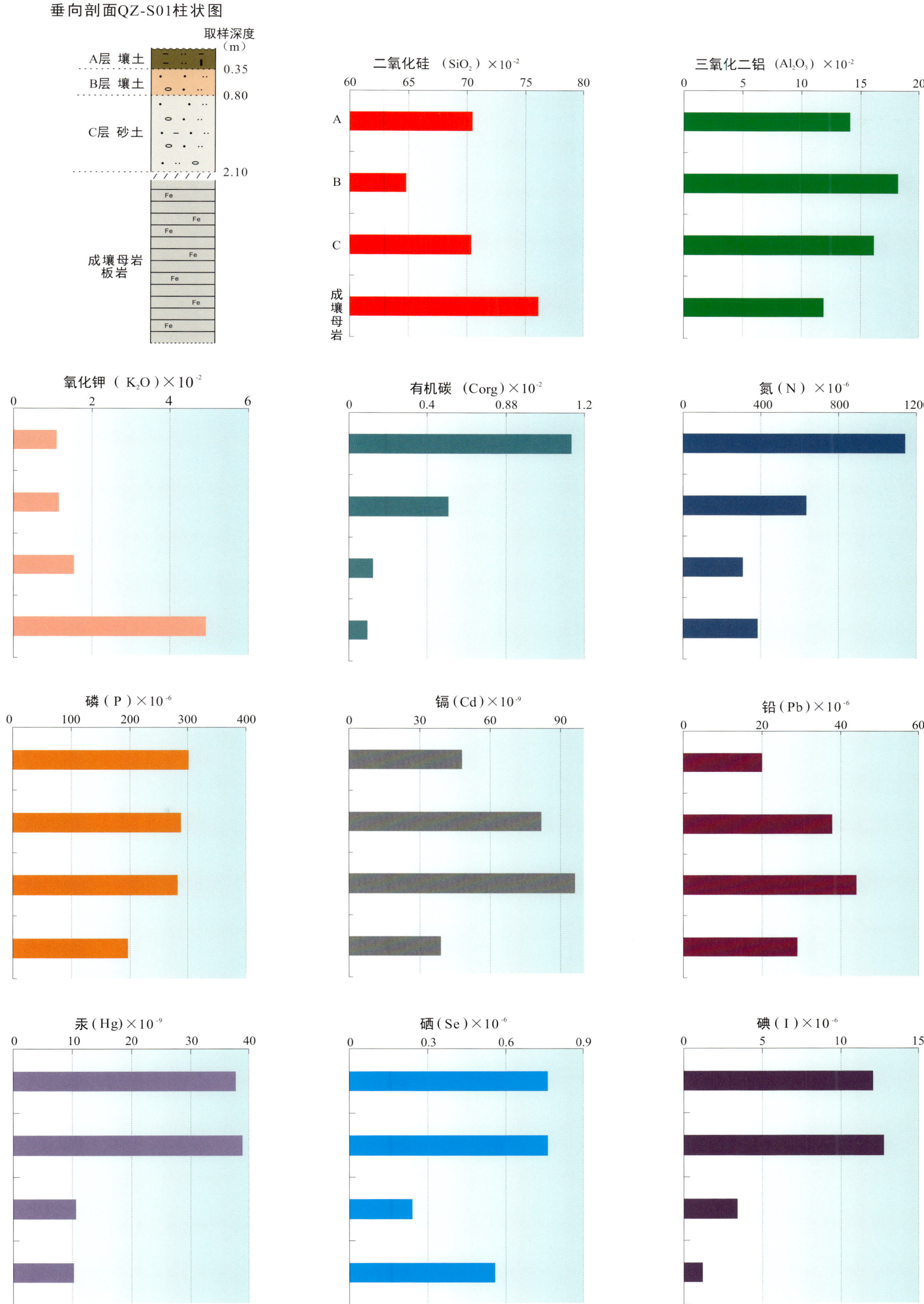

图2 琼中下志留统陀烈组（S_1t）变质细砂岩、板岩建造元素含量分布图示

琼中黎族苗族自治县下白垩统鹿母湾组陆源碎屑建造

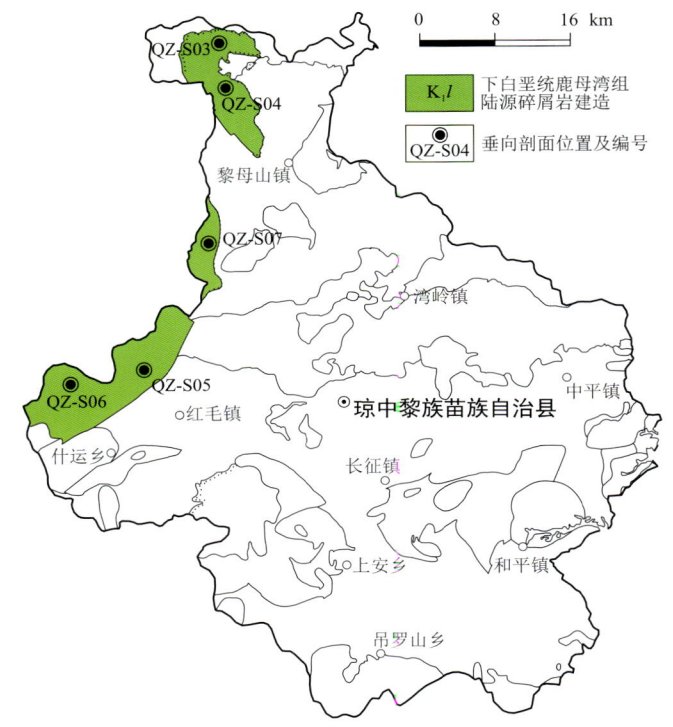

图 1 琼中下白垩统鹿母湾组（K_1l）陆源碎屑建造产出位置

注：土壤环境风险管控值参考《土壤环境质量 农用地土壤污染风险管控标准（试行）》（GB 15618—2018）；富硒、富碘土壤标准参考《土地质量地球化学评价规范》（DZ/T 0295—2016）及《富硒土壤硒含量要求》（DB41/T 1871—2019）。

下白垩统鹿母湾组（K_1l）陆源碎屑建造主要分布于琼中县北部、北西部，面积约80km²（图1），主要由砂砾岩、砂岩、粉砂岩、泥岩及少量中酸性火山岩组成。上覆土壤类型主体为砖红壤，土地利用类型以林地和园地为主，园地多种植橡胶、槟榔等。在该建造上共采集了5个贯穿A、B、C层的垂向剖面（QZ-S03、QZ-S04、QZ-S05、QZ-S06、QZ-S07），剖面上显示，A层为壤质黏土、砂质壤土，厚度为0.1～0.5m，多呈黑色，有机质含量高；B层为壤质砂土、砂质壤土，厚度为0.4～2.6m，多呈灰褐色；C层主要为壤质砂土，厚度为0.3～1.1m，多呈浅灰褐色，有机质含量低。

土壤剖面化学组成方面，二氧化硅（SiO_2）和三氧化二铝（Al_2O_3）占样品总质量的80%～90%，两者为负相关关系，共同控制着其他元素的含量变化趋势。SiO_2平均含量为71%～79%（见含量统计表），在A层和成壤母岩中含量相对较高，展示出"凹"字形特征，Al_2O_3则与SiO_2含量变化趋势相反，呈现"凸"字形特征（图2）。氧化钾（K_2O）在成壤母岩中含量为4.13%，向上逐渐降低；全碳（TC）、有机碳（Corg）、氮（N）在A层中含量最高，向下逐渐降低；磷（P）与SiO_2变化趋势一致，在A层和成壤母岩中含量相对较高。重金属元素砷（As）、镉（Cd）、汞（Hg）、铜（Cu）、铅（Pb）、锌（Zn）、铬（Cr）、镍（Ni）等含量远低于土壤环境风险管控值（见含量统计表），其中镉（Cd）、铅（Pb）、锌（Zn）在成壤母岩中含量最高，而汞（Hg）与有机碳（Corg）、氮（N）的变化规律相似，在A层中含量最高（图2）。人体健康元素硒（Se）、碘（I）垂向变化趋势一致，在A、B层中富集，其含量达到富硒、富碘土壤标准（图2）。

琼中下白垩统鹿母湾组（K_1l）陆源碎屑建造垂向剖面元素平均含量统计表

土壤发生层	A	B	C	成壤母岩	土壤发生层	A	B	C	成壤母岩	土壤发生层	A	B	C	成壤母岩
SiO_2	78.19	71.72	73.52	76.83	B	10	10	10	7.90	Ti	2653	2461	2695	1887
Al_2O_3	9.89	15.70	15.09	11.50	S	171	116	101	114	Co	2.80	3.90	3	3.50
TFe_2O_3	2.79	3.33	2.88	3.53	F	318	400	414	1005	V	46	55	43	33
MgO	0.35	0.49	0.44	0.54	Cl	59	46	47	44	Tl	0.54	0.70	0.70	1.50
CaO	0.11	0.08	0.07	0.48	Br	5.20	3	1.90	1.80	U	2.6	4.10	3.70	4.20
Na_2O	0.09	0.06	0.05	0.89	Ag	57	30	32	160	Th	15	20	23	18
K_2O	1.49	2.01	2.13	4.13	Au	5.70	2.80	2.80	1.60	La	33	39	45	40
LOI	6.20	6.07	5.52	1.60	Ba	264	362	286	480	Ce	56	84	117	110
TC	1.23	0.30	0.14	0.07	Be	1	1.50	1.50	3.20	Pr	6.20	7.50	9.10	8.30
Corg	1.09	0.29	0.11	0.05	Bi	0.24	0.23	0.24	0.67	Nd	22	28	32	30
N	1126	342	140	69	Li	12	13	12	45	Sm	3.50	4.40	5.50	5
P	241	142	152	217	Mn	123	114	60	445	Eu	0.68	0.80	1	0.91
As	2.50	9.60	2.90	6.80	Mo	1.20	1.80	1.30	0.61	Gd	2.80	3.30	4.20	3.80
Cd	43	32	27	98	W	2	1.70	2.20	4.30	Tb	0.47	0.53	0.64	0.58
Hg	37	27	22	9	Rb	82	102	111	229	Dy	2.40	2.70	3.20	2.80
Cu	6.50	6.80	7.30	8.10	Sb	0.32	0.41	0.41	0.34	Ho	0.47	0.52	0.65	0.49
Pb	19	28	28	58	Sc	5.20	7.10	6.60	5.10	Er	1.40	1.60	1.80	1.40
Zn	31	34	31	49	Sn	3	3.10	3.10	4.50	Tm	0.22	0.25	0.27	0.22
Cr	20	21	17	15	Sr	24	22	19	65	Yb	1.40	1.70	1.80	1.50
Ni	5.80	6.90	6.70	3.90	Nb	13	11	14	12	Y	13	15	17	15
Se	0.40	0.49	0.24	0.17	Ta	1	1	1.10	1.10	Lu	0.23	0.27	0.27	0.23
I	5.10	6.40	2.20	1	Zr	254	208	228	160	ΣREE	144	189	241	221
Ge	1.20	1.20	1.20	1.50	Ga	12	16	16	17	pH	5.30	5.40	5.20	7.40

含量单位：主量元素 SiO_2、Al_2O_3、TFe_2O_3、MgO、CaO、Na_2O、K_2O 及 LOI（烧失量）、TC（全碳）、Corg（有机碳）为 $\times 10^{-2}$；微量元素 Hg、Cd、Au、Ag 为 $\times 10^{-9}$，其他微量元素为 $\times 10^{-6}$；pH 为无量纲。

地质体物质组成垂向演化

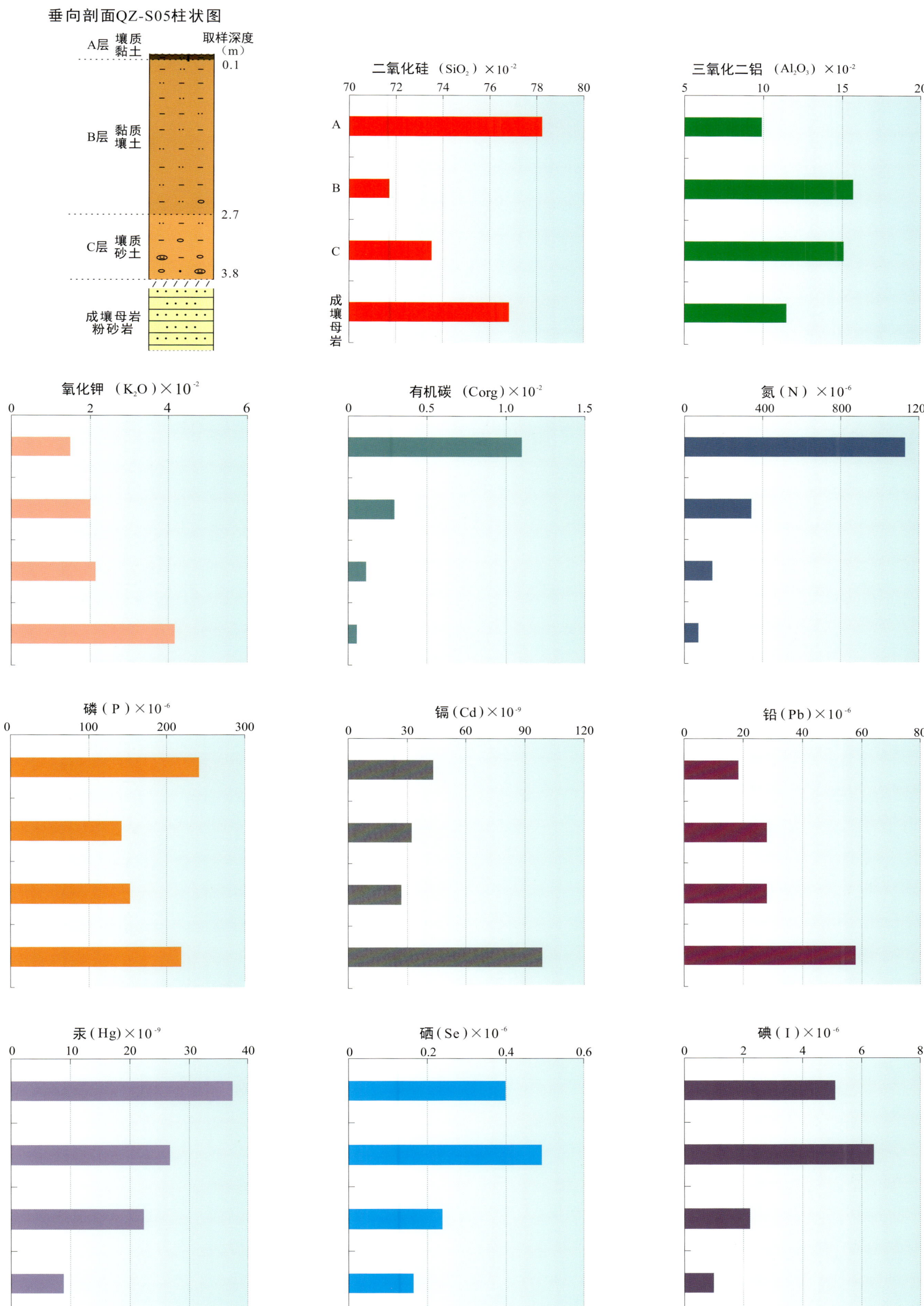

图2 琼中下白垩统鹿母湾组（K_1l）陆源碎屑建造元素含量分布图示

琼中黎族苗族自治县中二叠世二长花岗岩建造

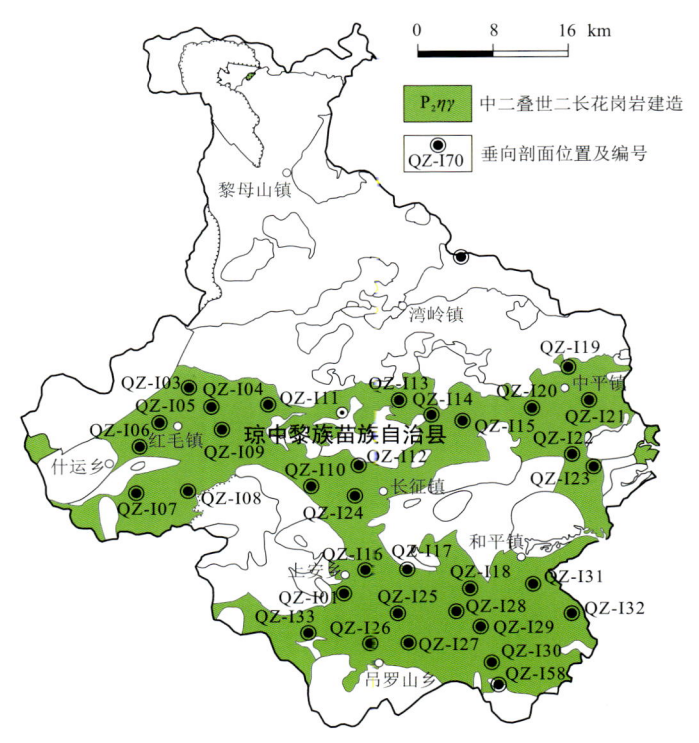

图1 琼中中二叠世二长花岗岩（P₂ηγ）建造产出位置

注：土壤环境风险管控值参考《土壤环境质量 农用地土壤污染风险管控标准（试行）》（GB 15618－2018）；富硒、富碘土壤标准参考《土地质量地球化学评价规范》（DZ/T 0295－2016）及《富硒土壤硒含量要求》（DB41/T 1871－2019）。

中二叠世二长花岗岩（P₂ηγ）建造主要分布于琼中县中南部，面积约840km²（图1），主要由二长花岗岩组成。上覆土壤类型为砖红壤、赤红壤、黄壤及水稻土，土地利用类型包括林地、园地及建设用地，园地多种植橡胶、槟榔等。在该建造上共采集了33个贯穿A、B、C层的垂向剖面（如QZ-I19）。

土壤剖面化学组成方面，二氧化硅（SiO₂）和三氧化二铝（Al₂O₃）占样品总质量的80%以上，两者为负相关关系，共同控制着其他元素的含量变化趋势。SiO₂平均含量为60%～71%，在A层和成壤母岩中含量相对较高，展示出"凹"字形特征，Al₂O₃则与SiO₂含量变化趋势相反，呈现"凸"字形特征（图2）。氧化钾（K₂O）在成壤母岩中含量为4.78%，向上逐渐降低；全碳（TC）、有机碳（Corg）、氮（N）在A层中含量最高，向下逐渐降低；磷（P）与SiO₂变化趋势一致，在A层和成壤母岩中含量相对较高（图2）。重金属元素砷（As）、镉（Cd）、汞（Hg）、铜（Cu）、铅（Pb）、锌（Zn）、铬（Cr）、镍（Ni）等含量远低于土壤环境风险管控值（见含量统计表），其中镉（Cd）、铅（Pb）、锌（Zn）在成壤母岩中含量最高，而汞（Hg）与有机碳（Corg）、氮（N）的变化规律相似，在A层中含量最高。人体健康元素硒（Se）、碘（I）垂向变化趋势一致，在A、B层中富集（图2），其含量达到富硒、富碘土壤标准。

琼中中二叠世二长花岗岩（P₂ηγ）建造垂向剖面元素平均含量统计表

土壤发生层	A	B	C	成壤母岩	土壤发生层	A	B	C	成壤母岩	土壤发生层	A	B	C	成壤母岩
SiO₂	70.85	60.75	60.35	69.02	B	6.10	6.80	8.80	4.50	Ti	4236	5264	4210	3032
Al₂O₃	12.86	18.94	16.59	14.36	S	166	148	148	161	Co	7.50	13.90	10.20	5.60
TFe₂O₃	3.74	5.82	4.76	3.80	F	332	489	500	462	V	55.20	87.10	66.40	33.30
MgO	0.56	0.87	0.85	0.85	Cl	90	87	91	134	Tl	0.77	1.01	0.96	1.04
CaO	0.30	0.30	0.57	1.53	Br	6.60	5.20	3.80	3.20	U	3.80	5.40	4.60	4.60
Na₂O	0.33	0.38	0.71	2.06	Ag	47	35	77	152	Th	28.10	31.80	25.80	22.90
K₂O	3.02	3.03	3.33	4.78	Au	1.23	1.32	1.62	3.10	La	50.20	72.10	68.40	52.20
LOI	7.06	8.52	6.52	2.45	Ba	429	420	464	596	Ce	108	157	120	91
TC	1.12	0.43	0.42	0.10	Be	1.63	2.78	2.57	2.27	Pr	11	15.80	14.50	11.90
Corg	1.01	0.40	0.37	0.07	Bi	0.30	0.41	0.32	0.27	Nd	40	61	56	47
N	968	400	373	72	Li	12.10	21.30	20	21.60	Sm	6.40	10.10	9.30	8.20
P	378	317	361	472	Mn	326	410	388	346	Eu	1.03	1.76	1.68	1.49
As	2.80	3.20	4.30	6	Mo	1.34	1.42	1.15	1.01	Gd	4.55	7.29	6.93	6.13
Cd	52	42	147	304	W	1.18	1.40	1.44	0.81	Tb	0.70	1.12	1.06	0.94
Hg	32.70	31.70	22.20	6.70	Rb	118	141	148	177	Dy	2.93	4.88	4.84	4.17
Cu	9	16.60	12.80	9.50	Sb	0.20	0.17	0.28	0.37	Ho	0.52	0.88	0.87	0.70
Pb	30	37	56	109	Sc	8.10	13.40	9.80	6.50	Er	1.44	2.37	2.36	1.82
Zn	55	81	87	114	Sn	3.60	4.90	4.40	3.80	Tm	0.23	0.37	0.36	0.29
Cr	38.30	55.40	40.70	21	Sr	85	82	116	260	Yb	1.49	2.39	2.37	1.94
Ni	10.10	17.80	12.60	5.80	Nb	14	17	16	15	Y	15.10	25.30	25.30	20.20
Se	0.45	0.47	0.32	0.09	Ta	1.35	1.41	1.28	1.08	Lu	0.24	0.38	0.37	0.30
I	6	7.60	4.20	0.80	Zr	368	272	262	307	ΣREE	243	363	314	248
Ge	1.20	1.50	1.40	1.30	Ga	15.60	22.50	20.10	19.80	pH	5.50	5.50	5.90	7.40

含量单位：主量元素 SiO₂、Al₂O₃、TFe₂O₃、MgO、CaO、Na₂O、K₂O 及 LOI（烧失量）、TC（全碳）、Corg（有机碳）为 $\times 10^{-2}$；微量元素 Hg、Cd、Au、Ag 为 $\times 10^{-9}$，其他微量元素为 $\times 10^{-6}$；pH 为无量纲。

地质体物质组成垂向演化

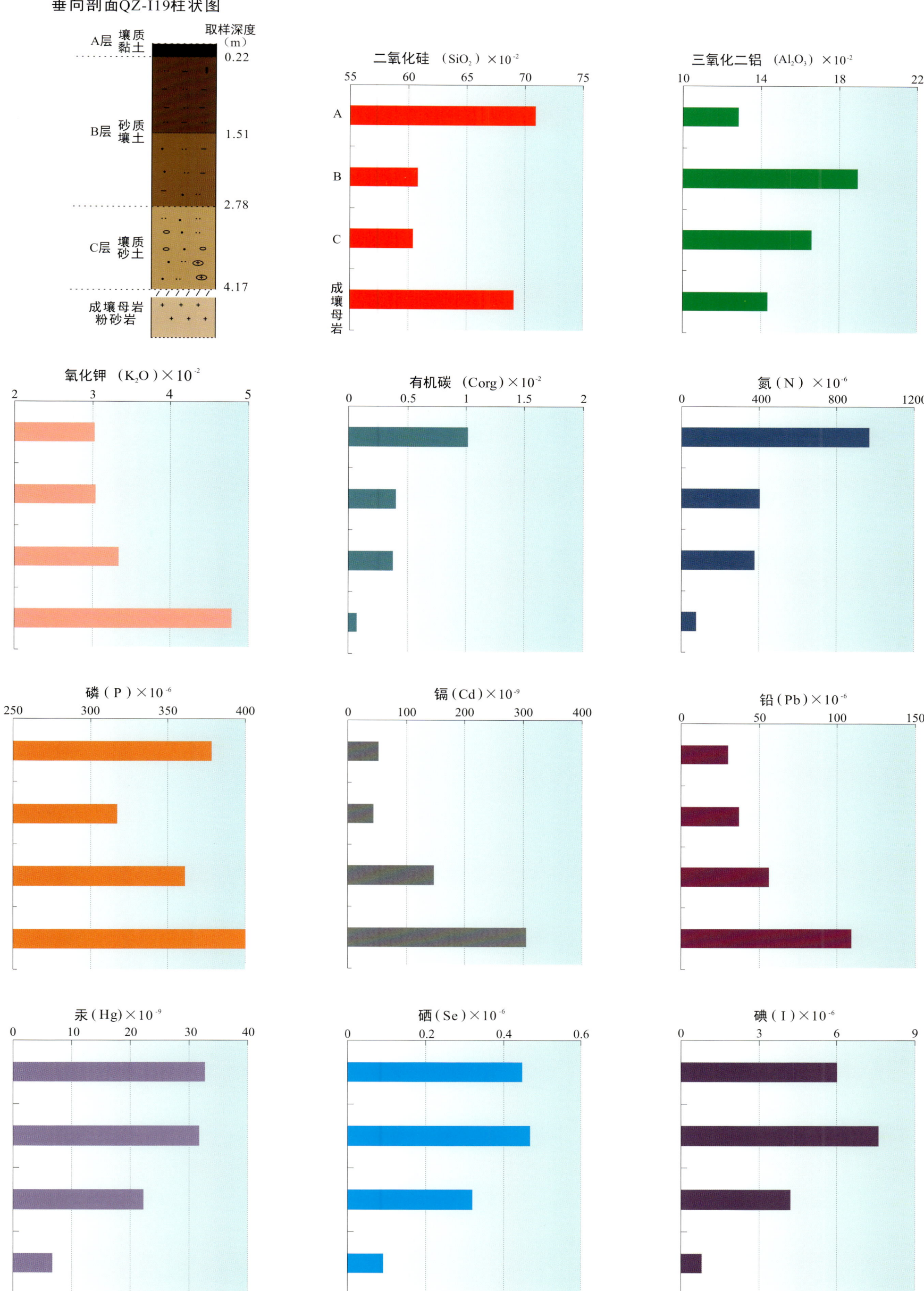

图 2 琼中中二叠世二长花岗岩（$P_2\eta\gamma$）建造元素含量分布图示

琼中黎族苗族自治县中二叠世正长花岗岩建造

图 1 琼中中二叠世正长花岗岩（$P_2\xi\gamma$）建造产出位置

注：土壤环境风险管控值参考《土壤环境质量 农用地土壤污染风险管控标准（试行）》（GB 15618－2018）；富硒、富碘土壤标准参考《土地质量地球化学评价规范》（DZ/T 0295－2016）及《富硒土壤硒含量要求》（DB41/T 1871－2019）。

中二叠世正长花岗岩（$P_2\xi\gamma$）建造主要分布于琼中县中部，面积约40km²（图1），主要由正长花岗岩组成。上覆土壤类型主体为砖红壤及赤红壤，土地利用类型以林地和园地为主，园地多种植橡胶、槟榔等。在该建造上共采集了3个贯穿A、B、C层的垂向剖面（QZ-I34、QZ-I35、QZ-I36）。

土壤剖面化学组成方面，二氧化硅（SiO_2）和三氧化二铝（Al_2O_3）占样品总质量的75%～85%，两者为负相关关系，共同控制着其他元素的含量变化趋势。SiO_2平均含量为53%～74%（见含量统计表），在A层和成壤母岩中含量相对较高，展示出"凹"字形特征，Al_2O_3则与SiO_2含量变化趋势相反，呈现"凸"字形特征（图2）。氧化钾（K_2O）在成壤母岩中含量为5.85%，向上逐渐降低；全碳（TC）、有机碳（Corg）、氮（N）在A层中含量最高，向下逐渐降低；磷（P）与SiO_2变化趋势一致，在A层和成壤母岩中含量相对较高。重金属元素砷（As）、镉（Cd）、汞（Hg）、铜（Cu）、铅（Pb）、锌（Zn）、镍（Ni）等含量远低于土壤环境风险管控值（见含量统计表），其中镉（Cd）、铅（Pb）在成壤母岩中含量最高，铬（Cr）在B、C层高于土壤环境风险管控值，而汞（Hg）与有机碳（Corg）、氮（N）的变化规律相似，在A层中含量最高（图2）。人体健康元素硒（Se）、碘（I）垂向变化趋势一致，在A、B层中富集，其含量达到富硒、富碘土壤标准（图2）。

琼中中二叠世正长花岗岩（$P_2\xi\gamma$）建造垂向剖面元素平均含量统计表

土壤发生层	A	B	C	成壤母岩	土壤发生层	A	B	C	成壤母岩	土壤发生层	A	B	C	成壤母岩
SiO_2	73.85	55.26	53.48	69.48	B	3.90	4	4.20	2.90	Ti	3814	6866	7797	2574
Al_2O_3	11.90	21.08	21.66	14.64	S	154	137	70	126	Co	3.60	34.50	53.90	3.20
TFe_2O_3	3.53	8.09	8.39	3.38	F	279	472	666	434	V	40.70	106	107.10	23.50
MgO	0.36	1.49	1.93	0.45	Cl	91	109	168	170	Tl	0.71	1.06	1.25	1.19
CaO	0.06	0.04	0.05	0.66	Br	8.50	5.10	2.80	3.70	U	4.20	3.40	2.80	5
Na_2O	0.13	0.09	0.09	1.71	Ag	49	33	51	80	Th	37	18.90	15.70	42.50
K_2O	2.30	2.38	2.83	5.85	Au	3.73	1.69	1.12	0.95	La	62.90	81.50	64.80	101.80
LOI	6.87	9.96	9.62	2.60	Ba	285	354	427	639	Ce	130	129	99	161
TC	1.10	0.23	0.07	0.16	Be	1.18	3.58	4.33	1.96	Pr	12.40	20.20	16.20	26.60
Corg	0.91	0.21	0.06	0.13	Bi	0.11	0.07	0.05	0.11	Nd	50	75	65	88
N	839	229	57	96	Li	9.90	25.70	28.30	15.90	Sm	8.20	13.50	12.50	13.80
P	219	289	432	342	Mn	167	504	901	281	Eu	0.98	2.88	2.86	2
As	4.30	1.30	1	3.90	Mo	0.66	0.73	0.58	1.12	Gd	5.54	10.50	9.96	8.88
Cd	34	60	121	116	W	0.95	0.69	0.72	0.80	Tb	0.78	1.65	1.56	1.28
Hg	30.30	26.20	11.60	10.50	Rb	102	130	160	231	Dy	2.82	7.07	6.96	4.72
Cu	7.90	24	24.90	6.80	Sb	0.24	0.12	0.12	0.28	Ho	0.45	1.22	1.20	0.73
Pb	38	30	26	74	Sc	7.30	22	24.10	5	Er	1.14	3.36	3.18	1.83
Zn	50	102	113	69	Sn	2.50	2.20	1.80	3	Tm	0.17	0.49	0.47	0.29
Cr	39.40	170.90	175.30	8.90	Sr	56	49	73	179	Yb	1.16	2.99	2.98	2.01
Ni	10	65.60	63	3.90	Nb	18	18	17	17	Y	12.20	35.40	34.30	20.60
Se	0.46	0.29	0.09	0.14	Ta	1.39	1.11	1.05	1.11	Lu	0.18	0.49	0.48	0.31
I	6.70	4.50	1.60	1.40	Zr	336	225	185	236	∑REE	289	385	322	435
Ge	1.20	1.60	1.70	1.50	Ga	15.20	24.70	24.80	19.90	pH	5.40	5.50	5.40	7.30

含量单位：主量元素SiO_2、Al_2O_3、TFe_2O_3、MgO、CaO、Na_2O、K_2O及LOI（烧失量）、TC（全碳）、Corg（有机碳）为×10^{-2}；微量元素Hg、Cd、Au、Ag为×10^{-9}，其他微量元素为×10^{-6}；pH为无量纲。

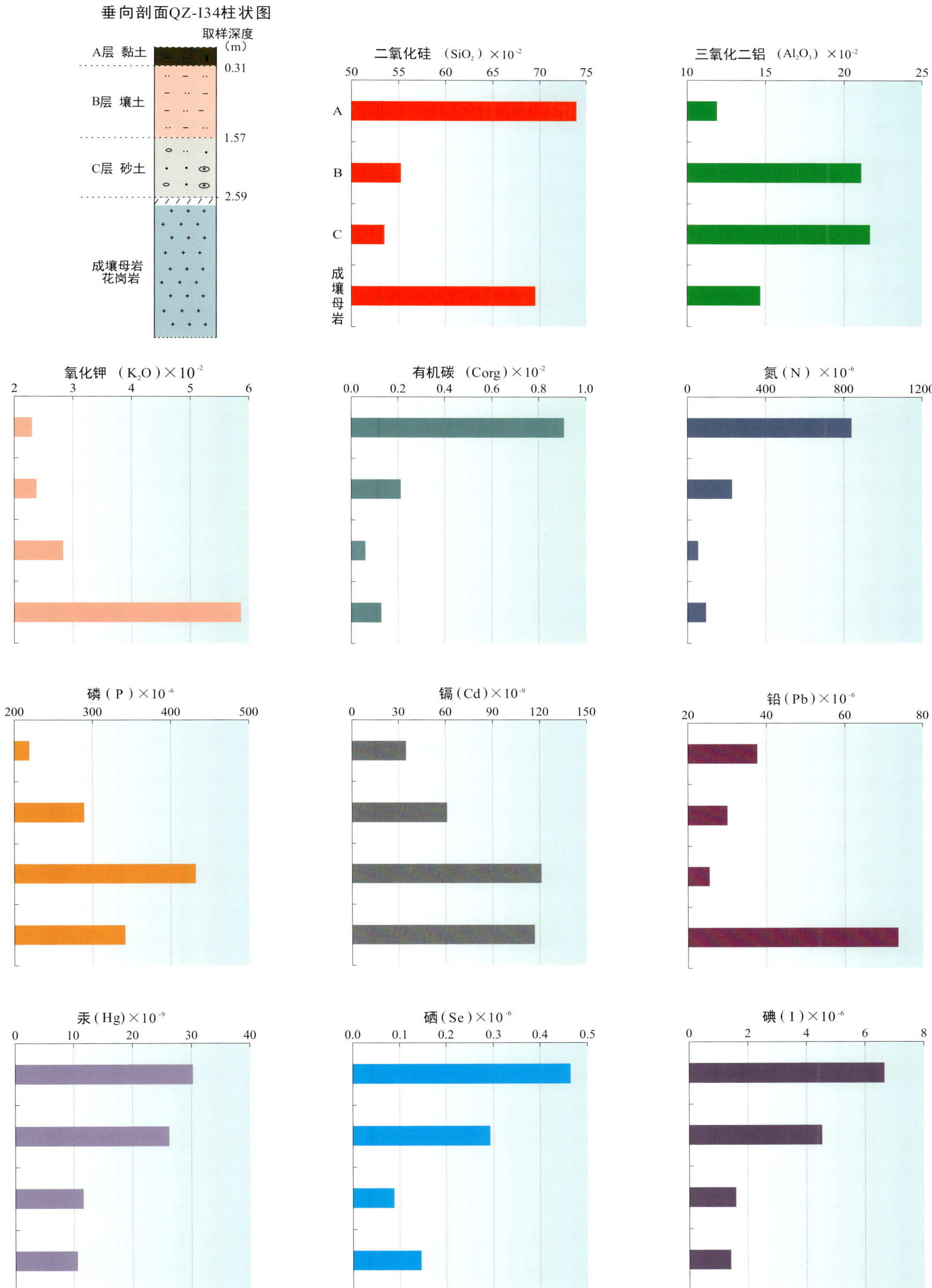

图2 琼中中二叠世正长花岗岩（$P_2\xi\gamma$）建造元素含量分布图示

琼中黎族苗族自治县中三叠世二长花岗岩建造

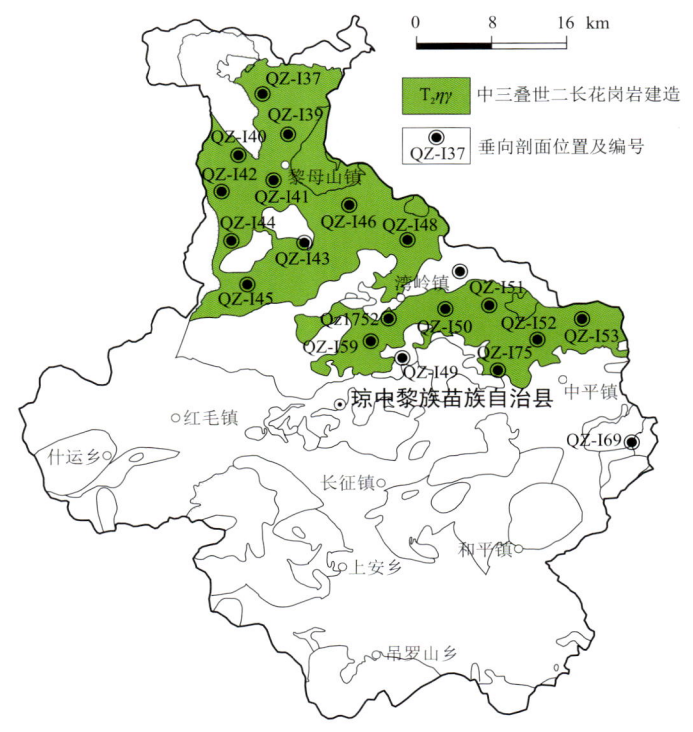

图 1 琼中中三叠世二长花岗岩（$T_2\eta\gamma$）建造产出位置

注：土壤环境风险管控值参考《土壤环境质量 农用地土壤污染风险管控标准（试行）》（GB 15618－2018）；富硒、富碘土壤标准参考《土地质量地球化学评价规范》（DZ/T 0295－2016）及《富硒土壤硒含量要求》（DB41/T 1871－2019）。

中三叠世二长花岗岩（$T_2\eta\gamma$）建造主要分布于琼中县中北部，面积约 145km^2（图 1），主要由二长花岗岩组成。上覆土壤类型为砖红壤及少量赤红壤，土地利用类型包括园地、林地及建设用地。在该建造上共采集了 21 个贯穿 A、B、C 层的垂向剖面（如 QZ-I51）。

土壤剖面化学组成方面，二氧化硅（SiO_2）和三氧化二铝（Al_2O_3）约占样品总质量的 80%，两者为负相关关系，共同控制着其他元素的含量变化趋势。SiO_2 平均含量为 59%～71%（见含量统计表），A 层和成壤母岩中含量相对较高，展示出"凹"字形特征，Al_2O_3 则与 SiO_2 含量变化趋势相反，呈现"凸"字形特征（图 2）。氧化钾（K_2O）在成壤母岩中含量为 4.53%，向上逐渐降低；全碳（TC）、有机碳（Corg）、氮（N）在 A 层中最高，向下逐渐降低；磷（P）在成壤母岩中含量相对较高。重金属元素砷（As）、镉（Cd）、汞（Hg）、铜（Cu）、铅（Pb）、锌（Zn）、铬（Cr）、镍（Ni）等含量远低于土壤环境风险管控值（见含量统计表），其中镉（Cd）、铅（Pb）、锌（Zn）在成壤母岩中含量最高，而汞（Hg）与有机碳（Corg）、氮（N）的变化规律相似，在 A 层中含量最高（图 2）。人体健康元素硒（Se）、碘（I）垂向变化趋势一致，在 A 层中最为富集（图 2），其含量达到富硒、富碘土壤标准。

琼中中三叠世二长花岗岩（$T_2\eta\gamma$）建造垂向剖面元素平均含量统计表

土壤发生层	A	B	C	成壤母岩	土壤发生层	A	B	C	成壤母岩	土壤发生层	A	B	C	成壤母岩
SiO_2	70.75	59.35	62.01	69.90	B	6.80	6.70	7.40	6.10	Ti	4172	5571	4399	2524
Al_2O_3	13.43	19.86	19.91	14.38	S	164	133	92	315	Co	9	14.10	14	4.80
TFe_2O_3	3.82	6.09	4.63	3.37	F	315	482	482	479	V	50.70	84.30	56	29.30
MgO	0.58	1.16	0.88	0.75	Cl	70	77	64	86	Tl	0.80	1.02	1.10	1.01
CaO	0.30	0.44	0.26	1.25	Br	6.40	3.60	1.70	2.60	U	5	7	7.10	5.90
Na_2O	0.23	0.30	0.17	2.08	Ag	37	37	32	304	Th	20.60	24.30	22.10	21.30
K_2O	2.64	2.69	3.44	4.53	Au	0.95	1.07	0.83	2.43	La	44.80	85.30	76.40	44.80
LOI	7.05	8.73	7.60	2.66	Ba	342	466	507	474	Ce	97	164	117	73
TC	1.02	0.26	0.19	0.10	Be	1.54	2.76	2.92	2.28	Pr	10.10	19.50	17.20	7.50
Corg	0.89	0.24	0.17	0.07	Bi	0.30	0.38	0.55	0.32	Nd	37	77	70	40
N	904	250	174	83	Li	14.10	24.10	22.80	34.10	Sm	6.20	13	12.10	7.50
P	313	387	328	467	Mn	358	456	416	359	Eu	1.07	2.48	2.28	1.23
As	2.30	2.60	1.90	2.70	Mo	0.78	0.98	0.76	0.87	Gd	4.46	9.93	9.32	6.05
Cd	48	41	53	1146	W	0.93	1.22	1.64	0.62	Tb	0.65	1.49	1.45	1
Hg	31.30	23.80	14.90	7.10	Rb	119	146	172	168	Dy	3.02	6.92	6.86	4.96
Cu	7.70	12.60	8.90	8.60	Sb	0.26	0.20	0.16	0.57	Ho	0.54	1.24	1.24	0.87
Pb	36	47	53	268	Sc	8.10	14.10	10.10	5.90	Er	1.50	3.40	3.44	2.41
Zn	55	89	87	271	Sn	4.60	5.80	5.40	5.20	Tm	0.23	0.51	0.52	0.39
Cr	44.10	85.50	32.40	12.90	Sr	72	110	98	215	Yb	1.51	3.27	3.37	2.76
Ni	13.80	24.20	15	5.90	Nb	13	18	16	13	Y	15.30	37.40	38.50	26.50
Se	0.45	0.39	0.24	0.12	Ta	1.31	1.49	1.47	1.24	Lu	0.23	0.51	0.52	0.43
I	6.40	6.20	3.10	0.90	Zr	363	249	204	166	ΣREE	224	426	360	223
Ge	1.30	1.70	1.60	1.40	Ga	15.90	23.40	22.40	19.40	pH	5.50	5.50	5.50	7.20

含量单位：主量元素 SiO_2、Al_2O_3、TFe_2O_3、MgO、CaO、Na_2O、K_2O 及 LOI（烧失量）、TC（全碳）、Corg（有机碳）为 $\times 10^{-2}$，微量元素 Hg、Cd、Au、Ag 为 $\times 10^{-9}$，其他微量元素为 $\times 10^{-6}$，pH 为无量纲。

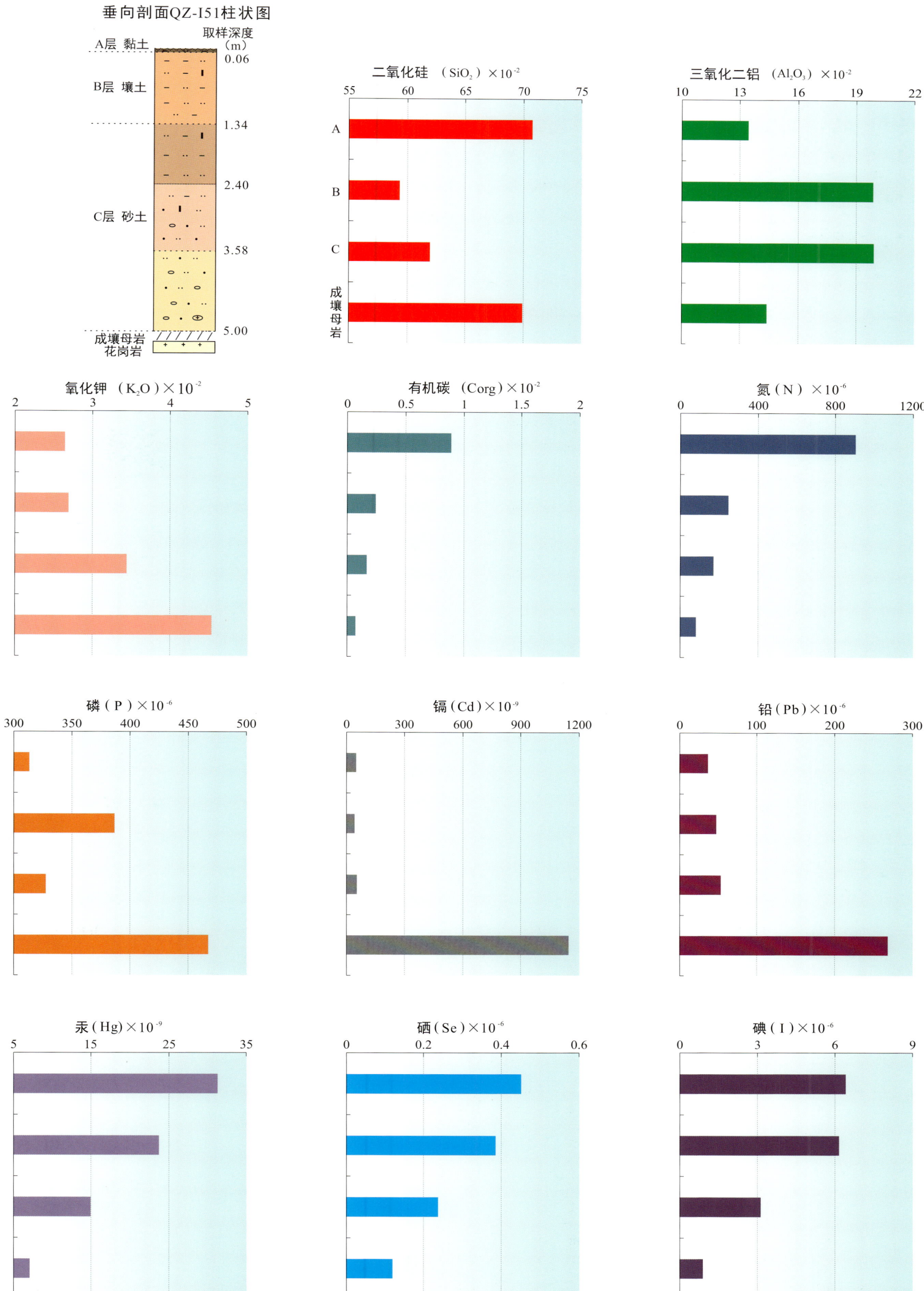

图2 琼中中三叠世二长花岗岩（$T_2\eta\gamma$）建造元素含量分布图示

琼中黎族苗族自治县中三叠世正长花岗岩建造

图 1 琼中中三叠世正长花岗岩（$T_2\xi\gamma$）建造产出位置

注：土壤环境风险管控值参考《土壤环境质量 农用地土壤污染风险管控标准（试行）》（GB 15618－2018）；富硒、富碘土壤标准参考《土地质量地球化学评价规范》（DZ/T 0295－2016）及《富硒土壤硒含量要求》（DB41/T 1871－2019）。

中三叠世正长花岗岩（$T_2\xi\gamma$）建造主要分布于琼中县中北部，面积约 15km²（图1），主要由正长花岗岩组成。上覆土壤类型主体为砖红壤，土地利用类型以林地和园地为主，园地多种植橡胶、槟榔等。在该建造上共采集了1个贯穿A、B、C层的垂向剖面（QZ-I49）。

土壤剖面化学组成方面，二氧化硅（SiO_2）和三氧化二铝（Al_2O_3）占样品总质量的76%～86%，两者为负相关关系，共同控制着其他元素的含量变化趋势。SiO_2 平均含量为58%～74%（见含量统计表），在成壤母岩中含量最高，展示出"凹"字形特征，Al_2O_3 则与 SiO_2 含量变化趋势相反，呈现"凸"字形特征（图2）。氧化钾（K_2O）在成壤母岩中含量为6.98%，向上逐渐降低；全碳（TC）、有机碳（Corg）、氮（N）在A层中含量最高，向下逐渐降低；磷（P）与 SiO_2 变化趋势一致，在A层和成壤母岩中含量相对较高。重金属元素砷（As）、镉（Cd）、汞（Hg）、铜（Cu）、铅（Pb）、锌（Zn）、铬（Cr）、镍（Ni）等含量远低于土壤环境风险管控值（见含量统计表），其中镉（Cd）、铅（Pb）在成壤母岩中含量最高，而汞（Hg）与有机碳（Corg）、氮（N）的变化规律相似，在A层中含量最高（图2）。人体健康元素硒（Se）、碘（I）垂向变化趋势一致，在A、B层中富集（图2）。

琼中中三叠世正长花岗岩（$T_2\xi\gamma$）建造垂向剖面元素平均含量统计表

土壤发生层	A	B	C	成壤母岩	土壤发生层	A	B	C	成壤母岩	土壤发生层	A	B	C	成壤母岩
SiO_2	59.84	58.20	59.89	73.02	B	3.60	3.70	3.70	7	Ti	6889	7684	7214	1275
Al_2O_3	16.54	17.88	16.93	13.26	S	153	94	47	51	Co	13.30	14.90	13.30	1.60
TFe_2O_3	5.32	6.08	5.64	2.52	F	772	1022	1278	192	V	79.90	92.20	86.70	10.80
MgO	1.68	2.04	2.10	0.16	Cl	310	348	358	101	Tl	1.07	1.15	1.14	1.29
CaO	0.84	1.12	2.32	0.49	Br	15.40	11.70	5.10	2.40	U	3	3.30	3.60	8.10
Na_2O	0.99	1.26	2.63	1.92	Ag	51	79	35	100	Th	17.50	22	29.30	55.60
K_2O	4.39	4.12	4.07	6.98	Au	0.66	0.58	0.43	1.58	La	79.50	114	124.50	64.80
LOI	8.72	7.58	4.31	0.72	Ba	1414	1275	1184	220	Ce	150	203	228	132
TC	1.40	0.59	0.08	0.07	Be	3.48	4.30	4.03	2.54	Pr	20.50	25	24.40	14.60
Corg	1.18	0.58	0.07	0.05	Bi	0.15	0.14	0.13	0.13	Nd	71	92	96	56
N	1161	619	74	55	Li	16.80	18	15.80	5.20	Sm	12.10	15.20	15.30	9.10
P	1190	1310	2330	313	Mn	609	605	509	119	Eu	2.32	2.67	2.48	0.82
As	1.30	1	0.80	2.60	Mo	0.47	0.37	0.34	1.11	Gd	8.29	10.80	10.52	6.23
Cd	70	69	68	76	W	0.84	0.81	0.69	0.74	Tb	1.30	1.64	1.64	0.94
Hg	25	14.70	4.80	5.60	Rb	158	154	163	271	Dy	4.89	6.02	6.04	3.71
Cu	16.40	19.60	12.80	20.40	Sb	0.14	0.11	0.10	0.26	Ho	0.79	0.98	0.97	0.60
Pb	32	32	29	62	Sc	8.70	9.80	9.40	2.80	Er	2.24	2.74	2.70	1.50
Zn	92	111	96	36	Sn	5.90	6.50	6.70	2.70	Tm	0.31	0.37	0.37	0.23
Cr	45.50	57.80	43.20	9.80	Sr	446	487	779	157	Yb	1.91	2.33	2.24	1.52
Ni	19.30	25.30	22.40	4.10	Nb	21	22	23	13	Y	23.20	27.50	27.30	18.20
Se	0.30	0.19	0.02	0.08	Ta	1.55	1.57	1.92	0.85	Lu	0.30	0.36	0.36	0.24
I	5.50	3.80	0.50	0.40	Zr	376	316	304	159	ΣREE	379	505	542	310
Ge	1.30	1.30	1.30	1.40	Ga	21.40	23.10	23.30	18.80	pH	5.80	5.80	6.60	7.20

含量单位：主量元素 SiO_2、Al_2O_3、TFe_2O_3、MgO、CaO、Na_2O、K_2O 及 LOI（烧失量）、TC（全碳）、Corg（有机碳）为 $\times10^{-2}$，微量元素 Hg、Cd、Au、Ag 为 $\times10^{-9}$，其他微量元素为 $\times10^{-6}$；pH 为无量纲。

地质体物质组成垂向演化

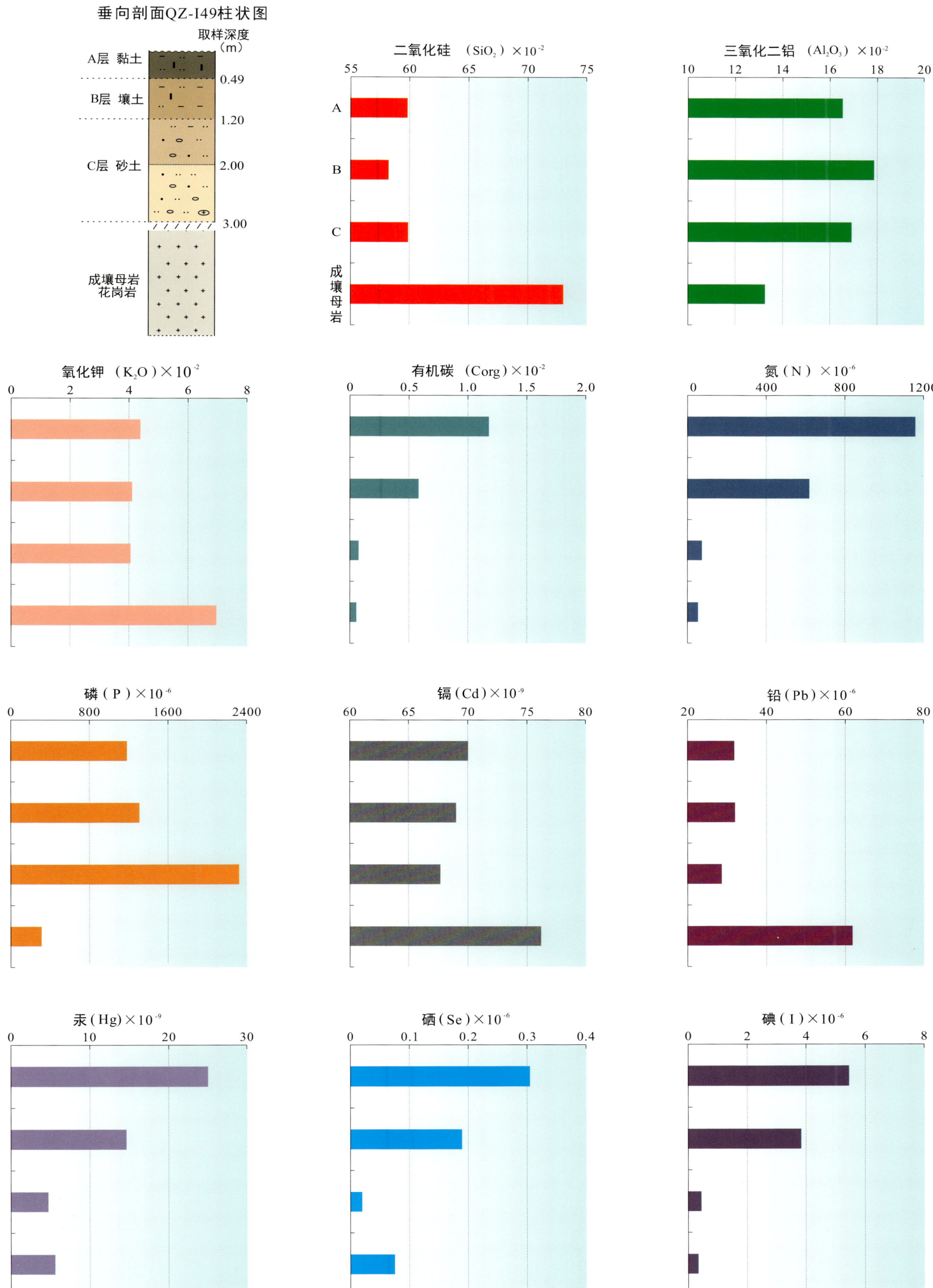

图 2 琼中中三叠世正长花岗岩（$T_2\xi\gamma$）建造元素含量分布图示

琼中黎族苗族自治县晚侏罗世闪长岩建造

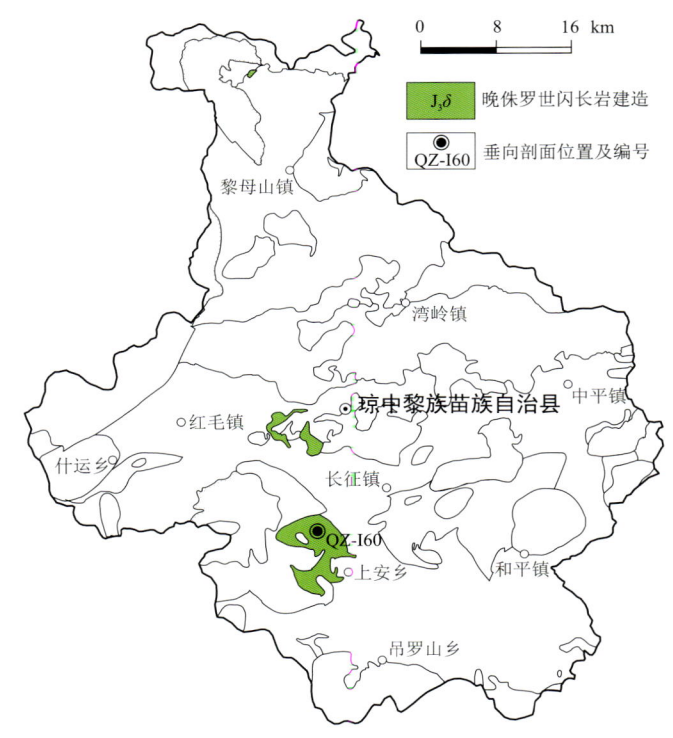

图 1 琼中晚侏罗世闪长岩（$J_3\delta$）建造产出位置

注：土壤环境风险管控值参考《土壤环境质量 农用地土壤污染风险管控标准（试行）》（GB 15618－2018）；富硒、富碘土壤标准参考《土地质量地球化学评价规范》（DZ/T 0295－2016）及《富硒土壤硒含量要求》（DB41/T 1871－2019）。

晚侏罗世闪长岩（$J_3\delta$）建造主要分布于琼中县中部偏西南方向，面积约 30km²（图 1），主要由闪长岩、硅质岩组成。上覆土壤类型主体为砖红壤、赤红壤，土地利用类型以林地和园地为主，园地多种植橡胶、槟榔等。在该建造上共采集了 1 个贯穿 A、B、C 层的垂向剖面（QZ-I60）。

土壤剖面化学组成方面，二氧化硅（SiO_2）和三氧化二铝（Al_2O_3）占样品总质量的 70% 以上，两者为负相关关系，共同控制着其他元素的含量变化趋势。SiO_2 平均含量为 51% ～ 94%（见含量统计表），在 A 层和成壤母岩中含量相对较高，展示出"凹"字形特征，Al_2O_3 则与 SiO_2 含量变化趋势相反，呈现"凸"字形特征（图2）。氧化钾（K_2O）在土壤中含量较高，其中 C 层最高，达 2.86%；全碳（TC）、有机碳（Corg）、氮（N）、磷（P）在 A 层中含量最高，向下逐渐降低。重金属元素砷（As）、镉（Cd）、汞（Hg）、铜（Cu）、铅（Pb）、锌（Zn）、铬（Cr）、镍（Ni）等含量远低于土壤环境风险管控值（见含量统计表），其中镉（Cd）、铅（Pb）、锌（Zn）在成壤母岩中含量最高，而汞（Hg）与有机碳（Corg）、氮（N）的变化规律相似，在 A 层中含量最高（图2）。人体健康元素硒（Se）、碘（I）垂向变化趋势一致，在 B 层中最高，其含量达到富硒、富碘土壤标准（图2）。

琼中晚侏罗世闪长岩（$J_3\delta$）建造垂向剖面元素平均含量统计表

土壤发生层	A	B	C	成壤母岩	土壤发生层	A	B	C	成壤母岩	土壤发生层	A	B	C	成壤母岩
SiO_2	67.96	51.59	52.45	93.56	B	8	12.30	8.20	5.20	Ti	2579	3521	3323	294
Al_2O_3	14.49	26.59	27.65	2.16	S	234	157	133	87	Co	2.40	3.50	3.30	1
TFe_2O_3	3.56	6.63	4.39	2.61	F	325	548	385	147	V	36.20	59	48.20	6.10
MgO	0.23	0.31	0.31	0.05	Cl	72	48	51	43	Tl	0.49	0.85	0.78	0.23
CaO	0.10	0.04	0.03	0.07	Br	7.20	3.80	0.50	1.40	U	1.80	2.90	3.50	0.20
Na_2O	0.08	0.07	0.14	0.07	Ag	58	50	23	300	Th	16.10	27.90	25.90	2
K_2O	1.23	1.76	2.86	0.50	Au	2.03	1.79	0.77	0.70	La	27.60	46.80	70.10	6.40
LOI	11.60	12.20	11.40	0.17	Ba	141	147	311	22	Ce	49	117	169	11
TC	2.42	0.47	0.12	0.06	Be	1.44	2.57	2.48	0.73	Pr	4.20	7.10	12.80	0.90
Corg	2.19	0.44	0.08	0.05	Bi	0.09	0.08	0.06	0.07	Nd	15	24	43	3
N	1937	429	134	40	Li	6.20	7.30	5.60	49.80	Sm	2.20	3.10	5.80	0.40
P	292	242	145	23	Mn	85	86	99	97	Eu	0.43	0.64	1.26	0.11
As	5.30	9.20	4.70	5.80	Mo	1.13	1.81	1.40	0.55	Gd	1.59	2.18	3.72	0.11
Cd	34	24	20	177	W	1.05	1.34	0.74	0.34	Tb	0.26	0.35	0.55	0.05
Hg	56.20	54.10	12.80	4.30	Rb	76	122	130	28	Dy	1.20	1.58	2.36	0.26
Cu	3	3.20	2.50	5.40	Sb	0.28	0.34	0.22	0.58	Ho	0.23	0.31	0.44	0.05
Pb	13	17	20	38	Sc	4.20	7.10	6.50	0.40	Er	0.62	0.85	1.21	0.14
Zn	36	50	46	66	Sn	2.60	2.90	2.90	2.70	Tm	0.11	0.14	0.20	0.06
Cr	28.80	28.50	19.50	9.30	Sr	29	22	68	6	Yb	0.76	0.97	1.38	0.15
Ni	4.80	6.20	5.20	2.10	Nb	18	24	24	2	Y	6.80	9.20	12.50	1.70
Se	0.70	1.04	0.53	0.05	Ta	1.21	1.67	1.65	0.20	Lu	0.12	0.16	0.22	0.05
I	5.40	8.10	5.10	0.40	Zr	431	240	228	31	ΣREE	109	214	324	25
Ge	1.30	2	1.80	8.10	Ga	14.60	26.70	26.50	6.10	pH	5.20	5.10	5.70	7.30

含量单位：主量元素 SiO_2、Al_2O_3、TFe_2O_3、MgO、CaO、Na_2O、K_2O 及 LOI（烧失量）、TC（全碳）、Corg（有机碳）为 ×10⁻²；微量元素 Hg、Cd、Au、Ag 为 ×10⁻⁹，其他微量元素为 ×10⁻⁶；pH 为无量纲。

地质体物质组成垂向演化

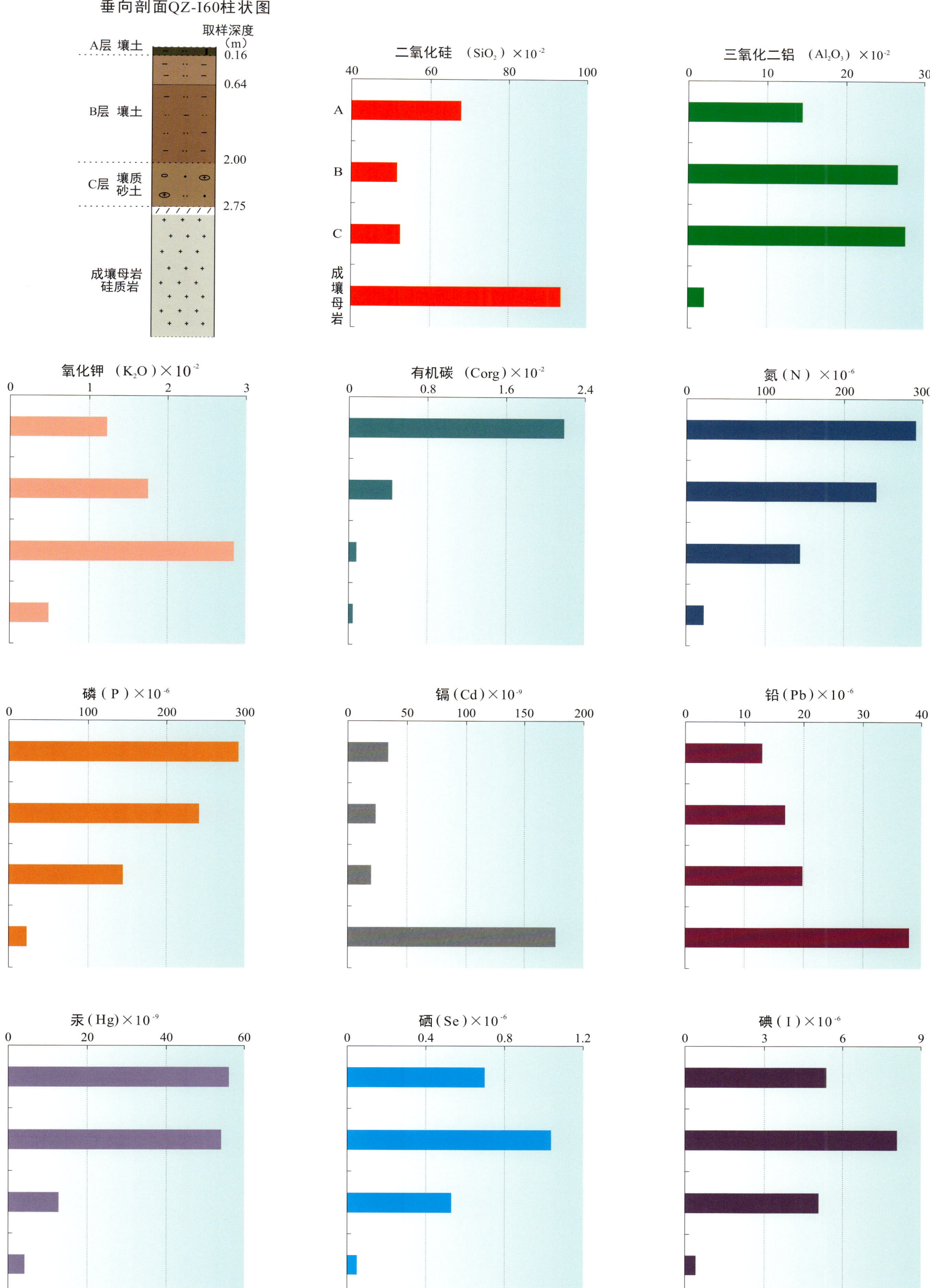

图 2 琼中晚侏罗世闪长岩（$J_3\delta$）建造元素含量分布图示

琼中黎族苗族自治县晚侏罗世正长花岗岩建造

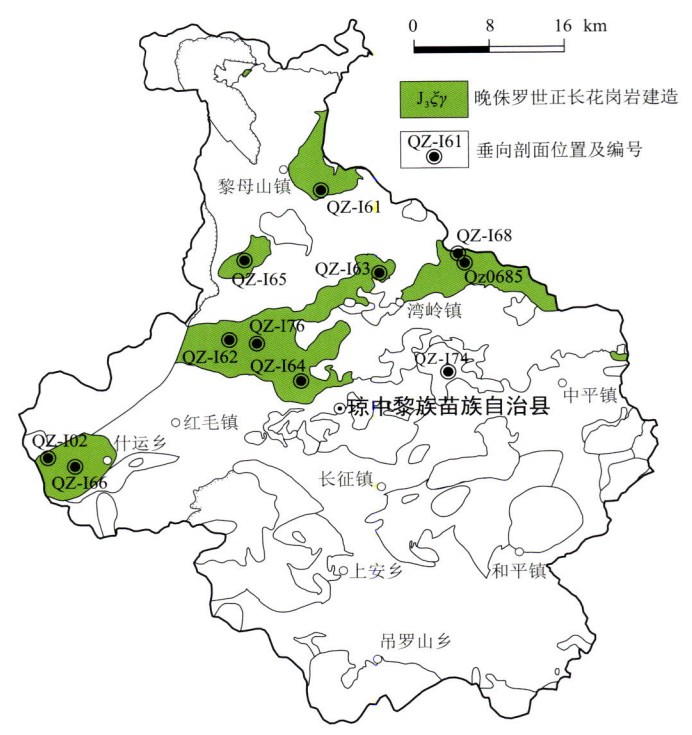

图1 琼中晚侏罗世正长花岗岩（$J_3\xi\gamma$）建造产出位置

注：土壤环境风险管控值参考《土壤环境质量 农用地土壤污染风险管控标准（试行）》（GB 15618－2018）；富硒、富碘土壤标准参考《土地质量地球化学评价规范》（DZ/T 0295－2016）及《富硒土壤硒含量要求》（DB41/T 1871－2019）。

晚侏罗世正长花岗岩（$J_3\xi\gamma$）建造主要分布于琼中县北部、北西部，面积约198km²（图1），主要由正长花岗岩组成。上覆土壤类型主体为砖红壤和赤红壤，土地利用类型以林地和园地为主，园地多种植橡胶、槟榔等。在该建造上共采集了9个贯穿A、B、C层的垂向剖面。

土壤剖面化学组成方面，二氧化硅（SiO_2）和三氧化二铝（Al_2O_3）占样品总质量的73%～87%，共同控制着其他元素的含量变化趋势。SiO_2平均含量为60%～75%（见含量统计表），在A层中含量相对较高，向上逐渐升高，Al_2O_3呈现"凸"字形特征（图2）。全碳（TC）在成壤母岩中含量最高，有机碳（Corg）、氮（N）在A层中含量最高，向下逐渐降低；磷（P）与Al_2O_3变化正好相反，在成壤母岩中含量相对较高。重金属元素砷（As）、镉（Cd）、汞（Hg）、铜（Cu）、铅（Pb）、锌（Zn）、铬（Cr）、镍（Ni）等含量远低于土壤环境风险管控值（见含量统计表），其中镉（Cd）、铅（Pb）、锌（Zn）在成壤母岩中含量最高，而汞（Hg）与硒（Se）的变化规律相似，在A、B层中富集（图2）。人体健康元素硒（Se）、碘（I）垂向变化趋势一致，在A、B层中富集，其含量达到富硒土壤标准（图2）。

琼中晚侏罗世正长花岗岩（$J_3\xi\gamma$）建造垂向剖面元素平均含量统计表

土壤发生层	A	B	C	成壤母岩	土壤发生层	A	B	C	成壤母岩	土壤发生层	A	B	C	成壤母岩
SiO_2	74.90	66.55	62.93	60.53	B	5.70	7.10	6.50	8.50	Ti	2567	3711	3636	2296
Al_2O_3	12.24	17	19.13	12.74	S	130	132	117	190	Co	3.10	5.20	10.50	6.60
TFe_2O_3	2.13	4.13	4.81	3.54	F	262	453	468	493	V	28.90	52	69.90	36.30
MgO	0.23	0.45	0.59	0.76	Cl	69	72	68	61	Tl	0.93	1.18	1.12	0.95
CaO	0.10	0.07	0.10	7.95	Br	4.30	3.80	2.10	2	U	2.80	5.50	5.70	4.40
Na_2O	0.29	0.24	0.67	1.63	Ag	42	40	41	311	Th	13.80	25.60	24.60	19.80
K_2O	3.77	3.86	4.07	3.62	Au	0.86	0.94	0.86	2.23	La	24.40	66.70	93.50	44
LOI	4.73	6.34	6.58	8.45	Ba	427	529	475	336	Ce	43	141	130	61
TC	0.85	0.29	0.14	1.64	Be	1.14	2.28	3.31	2.47	Pr	4.80	13.10	18.80	9
Corg	0.80	0.28	0.12	0.07	Bi	0.41	0.48	0.60	0.32	Nd	17	46	70	34
N	731	295	149	87	Li	13.20	21.70	20.90	13.90	Sm	2.90	7.20	11.70	5.70
P	195	174	218	341	Mn	274	307	336	354	Eu	0.61	1.26	2.21	1.01
As	2.10	2.80	1.80	4.80	Mo	1.30	2.46	1.91	1.49	Gd	2.40	5.66	9.49	4.56
Cd	42	35	36	316	W	1.29	2.68	1.93	0.92	Tb	0.38	0.85	1.45	0.72
Hg	30	29.90	22.30	19.90	Rb	159	186	191	172	Dy	2.14	4.12	7.22	3.88
Cu	4.10	6.90	10.10	7.70	Sb	0.20	0.21	0.16	0.22	Ho	0.41	0.75	1.32	0.72
Pb	26	33	34	98	Sc	3.50	7.50	11	7.30	Er	1.23	2.14	3.73	2.09
Zn	32	54	64	113	Sn	3.10	4	3.60	7.70	Tm	0.19	0.31	0.54	0.32
Cr	13.90	20.10	35.30	21.90	Sr	72	75	68	179	Yb	1.27	2.04	3.57	2.15
Ni	3.80	6.10	10.10	7.60	Nb	16	20	20	14	Y	11.30	21	37.40	21.20
Se	0.39	0.41	0.22	0.15	Ta	1.48	1.70	1.52	1.22	Lu	0.20	0.32	0.54	0.32
I	3.80	5.30	3	0.70	Zr	422	348	238	138	∑REE	113	312	391	191
Ge	1.10	1.40	1.50	1.30	Ga	13.10	21	21.10	18	pH	5.70	5.60	5.40	7.20

含量单位：主量元素 SiO_2、Al_2O_3、TFe_2O_3、MgO、CaO、Na_2O、K_2O及LOI（烧失量）、TC（全碳）、Corg（有机碳）为×10^2；微量元素Hg、Cd、Au、Ag为×10^{-9}，其他微量元素为×10^{-6}；pH为无量纲。

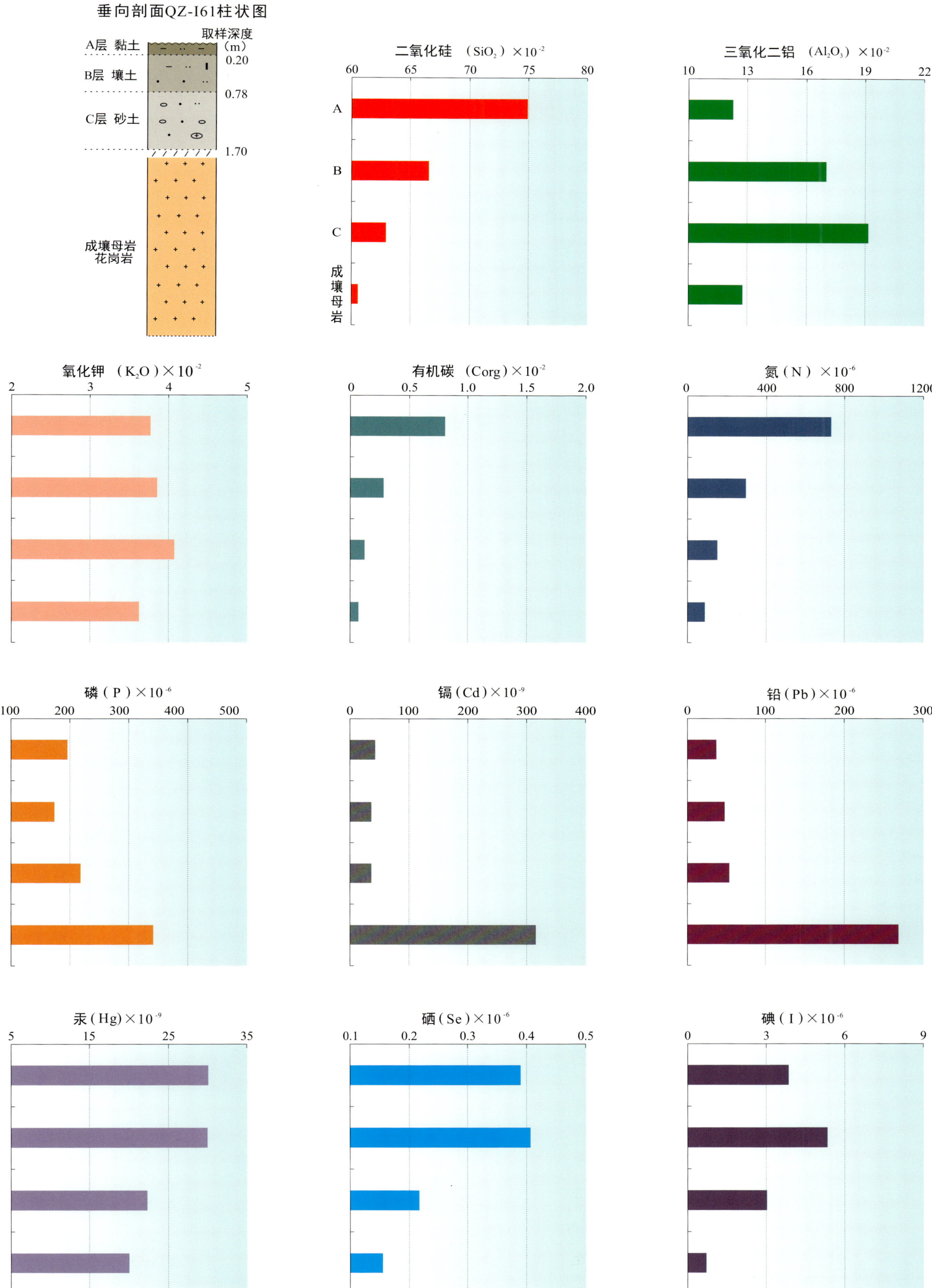

图2 琼中晚侏罗世正长花岗岩（$J_3\xi\gamma$）建造元素含量分布图示

琼中黎族苗族自治县早白垩世花岗闪长岩建造

图1 琼中早白垩世花岗闪长岩（$K_1\gamma\delta$）建造产出位置

注：土壤环境风险管控值参考《土壤环境质量 农用地土壤污染风险管控标准（试行）》（GB 15618—2018）；富硒、富碘土壤标准参考《土地质量地球化学评价规范》（DZ/T 0295—2016）及《富硒土壤硒含量要求》（DB41/T 1871—2019）。

早白垩世花岗闪长岩（$K_1\gamma\delta$）建造主要分布于琼中县中北部，面积约$60km^2$（图1），主要由花岗闪长岩组成。上覆土壤类型主体为砖红壤、赤红壤，土地利用类型以林地和园地为主，园地多种植橡胶、槟榔等。在该建造上共采集了1个贯穿A、B、C层的垂向剖面（QZ-I67）。

土壤剖面化学组成方面，二氧化硅（SiO_2）和三氧化二铝（Al_2O_3）占样品总质量的70%～80%，两者为负相关关系，共同控制着其他元素的含量变化趋势。SiO_2平均含量为55%～64%（见含量统计表），A层和成壤母岩中含量相对较高，展示出"凹"字形特征，Al_2O_3则与SiO_2含量变化趋势相反，呈现"凸"字形特征（图2）。氧化钾（K_2O）在土壤中含量较高，其中C层最高，达3.98%；全碳（TC）、有机碳（Corg）、氮（N）在A层中含量最高，向下逐渐降低；磷（P）在成壤母岩中含量最高。重金属元素砷（As）、镉（Cd）、汞（Hg）、铜（Cu）、铅（Pb）、锌（Zn）、铬（Cr）、镍（Ni）等含量远低于土壤环境风险管控值（见含量统计表），其中汞（Hg）与有机碳（Corg）、氮（N）的变化规律相似，在A层中含量最高（图2）。人体健康元素硒（Se）、碘（I）垂向变化趋势一致，在A层中最为富集，其含量达到富硒、富碘土壤标准（图2）。

琼中早白垩世花岗闪长岩（$K_1\gamma\delta$）建造垂向剖面元素平均含量统计表

土壤发生层	A	B	C	成壤母岩	土壤发生层	A	B	C	成壤母岩	土壤发生层	A	B	C	成壤母岩
SiO_2	63.17	62.24	61.01	55.56	B	3.60	2.80	2.20	11.40	Ti	2814	3321	3190	6011
Al_2O_3	15.35	19.17	19.14	16.33	S	233	77	44	94	Co	6.90	7.40	70	20.90
TFe_2O_3	3.62	4.04	4.05	7.23	F	460	609	626	929	V	40.20	40	38.60	136
MgO	0.96	1.13	1.14	5.23	Cl	100	78	75	123	Tl	0.47	0.55	0.55	0.38
CaO	1.33	0.81	1.14	5.83	Br	9.70	3.90	0.70	6.10	U	2.60	3.90	4	1.60
Na_2O	1.25	1.45	1.94	1.23	Ag	60	30	38	57	Th	12.90	15.20	14.70	9.50
K_2O	3.17	3.73	3.98	2.80	Au	1.15	0.46	0.55	0.68	La	37	44.90	39	50.90
LOI	9.99	6.46	6.50	2.37	Ba	583	677	582	923	Ce	66	83	78	106
TC	2.05	0.26	0.06	0.08	Be	1.99	2.88	3.61	1.73	Pr	7	8.10	7.50	12.30
Corg	1.71	0.25	0.04	0.06	Bi	0.26	0.17	0.13	0.08	Nd	28	37	30	52
N	1642	250	50	71	Li	15.90	15.90	15.30	16.10	Sm	4.60	5.60	4.90	8.20
P	381	193	131	1800	Mn	452	514	541	819	Eu	1.18	1.44	1.26	2.09
As	1.50	0.70	0.70	4.90	Mo	0.35	0.31	0.41	0.48	Gd	3.21	3.90	3.61	6.35
Cd	197	58	99	157	W	0.32	0.32	0.41	0.46	Tb	0.50	0.60	0.57	0.95
Hg	35.50	8	3.50	6.50	Rb	86	98	110	73	Dy	2.20	2.75	2.67	4.23
Cu	5.60	4.80	5	10.60	Sb	0.24	0.06	0.08	0.37	Ho	0.41	0.51	0.50	0.73
Pb	29	24	24	34	Sc	6.30	7	7.30	18.50	Er	1.08	1.40	1.34	1.94
Zn	84	87	91	89	Sn	2.30	2.60	2.40	3.10	Tm	0.17	0.23	0.22	0.30
Cr	23.10	18.50	18.10	186	Sr	175	160	194	742	Yb	1.20	1.55	1.49	1.97
Ni	8.20	4.70	4.30	47.10	Nb	9	12	12	17	Y	12.50	15.70	15.80	20.10
Se	0.44	0.14	0.04	0.05	Ta	0.88	1.23	1.22	0.87	Lu	0.20	0.25	0.24	0.31
I	5.20	2.30	0.70	1.30	Zr	166	153	154	215	∑REE	165	206	186	268
Ge	1.20	1.30	1.40	1.40	Ga	17.30	21.40	21.80	21.50	pH	6.90	5.70	5.80	7.40

含量单位：主量元素SiO_2、Al_2O_3、TFe_2O_3、MgO、CaO、Na_2O、K_2O及LOI（烧失量）、TC（全碳）、Corg（有机碳）为$×10^{-2}$；微量元素Hg、Cd、Au、Ag为$×10^{-9}$，其他微量元素为$×10^{-6}$；pH为无量纲。

地质体物质组成垂向演化

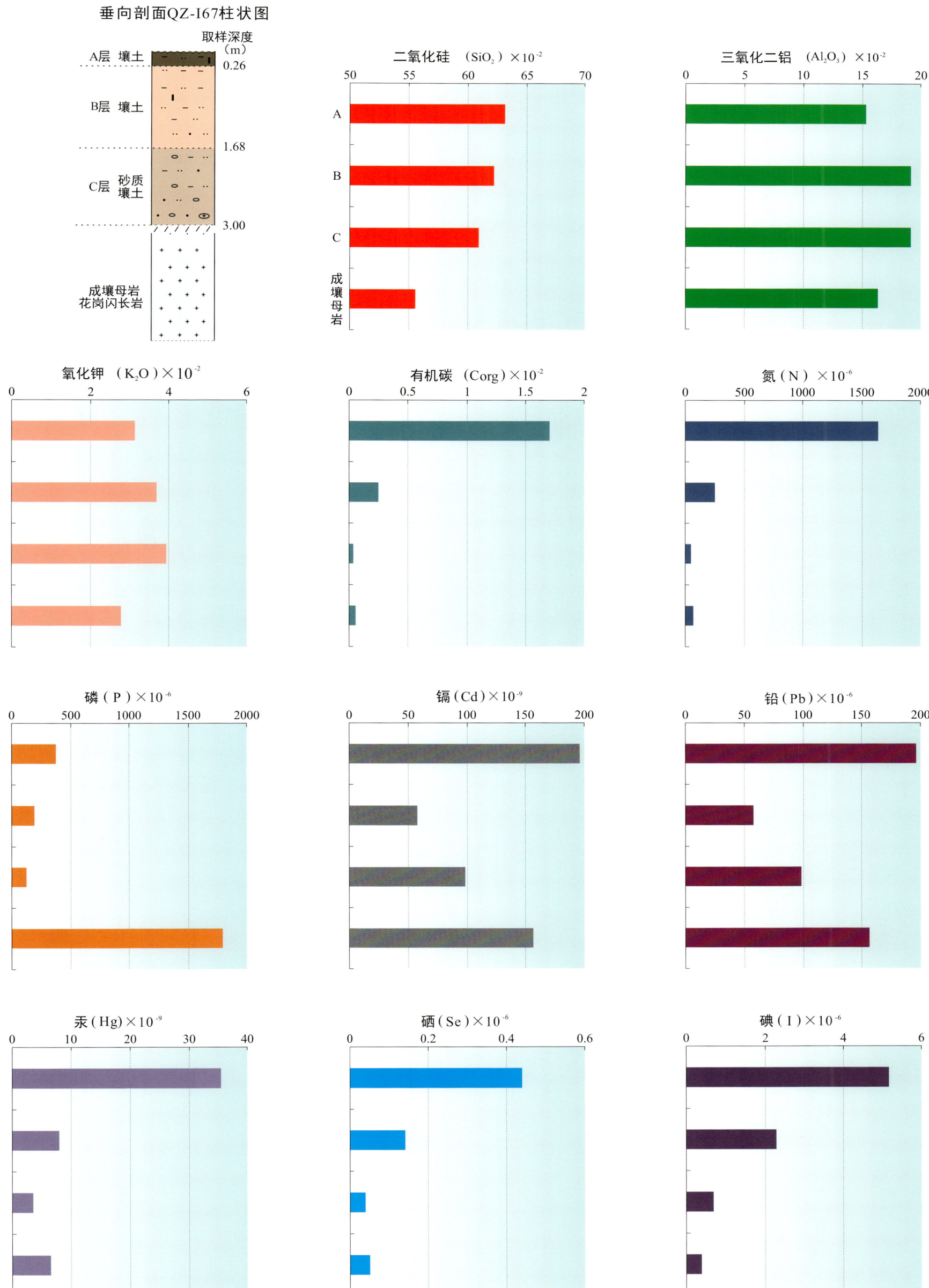

图2 琼中早白垩世花岗闪长岩（$K_1\gamma\delta$）建造元素含量分布图示

琼中黎族苗族自治县早白垩世二长花岗岩建造

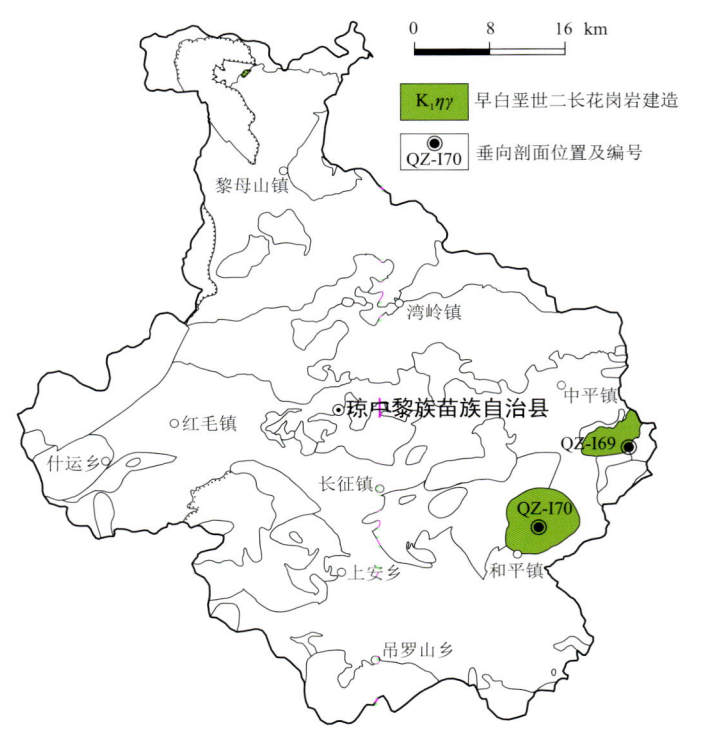

图 1 琼中早白垩世二长花岗岩（$K_1\eta\gamma$）建造产出位置

注：土壤环境风险管控值参考《土壤环境质量 农用地土壤污染风险管控标准（试行）》（GB 15618－2018）；富硒、富碘土壤标准参考《土地质量地球化学评价规范》（DZ/T 0295－2016）及《富硒土壤硒含量要求》（DB41/T 1871－2019）。

早白垩世二长花岗岩（$K_1\eta\gamma$）建造主要分布于琼中县东部，面积约60km²（图1），主要由二长花岗岩组成。上覆土壤类型主体为砖红壤，土地利用类型以园地、林地为主，园地多种植橡胶、槟榔等。在该建造上共采集了 2 个贯穿 A、B、C 层的垂向剖面（QZ-I69、QZ-I70）。

土壤剖面化学组成方面，二氧化硅（SiO_2）和三氧化二铝（Al_2O_3）占样品总质量的 80%～90%，两者为负相关关系，共同控制着其他元素的含量变化趋势。SiO_2 平均含量为 58%～77%（见含量统计表），在 A 层和成壤母岩中含量相对较高，展示出"凹"字形特征，Al_2O_3 则与 SiO_2 含量变化趋势相反，呈现"凸"字形特征（图2）。氧化钾（K_2O）在成壤母岩中含量为 4.78%，向上逐渐降低；全碳（TC）、有机碳（Corg）、氮（N）、磷（P）在 A 层中含量最高，向下逐渐降低。重金属元素砷（As）、镉（Cd）、汞（Hg）、铜（Cu）、铅（Pb）、锌（Zn）、铬（Cr）、镍（Ni）在土壤中含量远低于土壤环境风险管控值（见含量统计表），其中镉（Cd）、铅（Pb）、锌（Zn）在成壤母岩中含量最高，而汞（Hg）与砷（As）在 A、B 层中含量较高（图2）。人体健康元素硒（Se）、碘（I）垂向变化趋势一致，在 A、B 层中富集，其含量达到富硒、富碘土壤标准（图2）。

琼中早白垩世二长花岗岩（$K_1\eta\gamma$）建造垂向剖面元素平均含量统计表

土壤发生层	A	B	C	成壤母岩	土壤发生层	A	B	C	成壤母岩	土壤发生层	A	B	C	成壤母岩
SiO_2	76.13	60.34	58.79	66.14	B	6.90	4.20	2.50	2.30	Ti	2513	3547	3810	3064
Al_2O_3	10.89	21.49	22.70	16.41	S	169	238	116	602	Co	2.10	4.60	5.50	4
TFe_2O_3	2.70	4.10	3.86	3.51	F	246	485	636	568	V	31.90	52.10	47.40	34.80
MgO	0.19	0.45	0.76	0.75	Cl	53	43	47	49	Tl	0.42	0.70	0.89	1.04
CaO	0.06	0.04	0.04	0.58	Br	4.40	4.30	1.20	5.10	U	3	4	3.60	5.90
Na_2O	0.18	0.19	0.24	1.80	Ag	43	28	21	510	Th	17.70	34.20	26.20	20.60
K_2O	1.73	2.35	3.86	4.78	Au	0.86	0.80	0.48	2.69	La	17.60	52.70	66.60	35.70
LOI	7.25	10.25	8.88	4.94	Ba	237	325	516	587	Ce	43	180	188	55
TC	1.16	0.45	0.15	0.18	Be	0.85	1.89	2.49	2.20	Pr	3.60	10.20	14.80	8
Corg	1.03	0.43	0.12	0.13	Bi	0.45	0.43	0.18	0.51	Nd	12	32	54	31
N	1011	446	118	89	Li	13.70	24.80	28.90	32.80	Sm	1.90	4.60	8.40	5.20
P	146	171	134	267	Mn	88	125	206	271	Eu	0.34	0.72	1.61	0.89
As	10.20	2.20	0.80	1.50	Mo	0.77	1	0.69	0.87	Gd	1.21	2.87	5.79	3.49
Cd	26	22	27	1938	W	1.20	1.43	1.34	3.66	Tb	0.20	0.45	0.86	0.56
Hg	48.20	63.40	22.60	12.20	Rb	68	107	167	183	Dy	0.92	1.92	3.75	2.60
Cu	2.40	2.80	2.90	8.40	Sb	0.23	0.16	0.10	0.83	Ho	0.17	0.34	0.67	0.43
Pb	19	43	41	355	Sc	3.50	7	7.40	5.50	Er	0.46	0.88	1.80	1.12
Zn	29	51	59	455	Sn	6	9.40	8.10	8.30	Tm	0.09	0.14	0.29	0.18
Cr	9.80	13.30	8.60	8.60	Sr	43	50	88	228	Yb	0.54	0.97	1.89	1.28
Ni	2.30	4.40	3.10	3.50	Nb	11	13	14	14	Y	4.30	9.30	20.40	11.70
Se	0.77	0.89	0.35	0.24	Ta	1.17	1.34	1.24	1.32	Lu	0	0.16	0.30	0.19
I	8.30	12.60	3.30	3.80	Zr	296	199	185	185	ΣREE	87	297	370	157
Ge	0.90	1.40	1.60	1.30	Ga	13.50	24.30	24.70	23.30	pH	5.10	5	5.40	6.90

含量单位：主量元素 SiO_2、Al_2O_3、TFe_2O_3、MgO、CaO、Na_2O、K_2O 及 LOI（烧失量）、TC（全碳）、Corg（有机碳）为 ×10⁻²；微量元素 Hg、Cd、Au、Ag 为 ×10⁻⁹，其他微量元素为 ×10⁻⁶；pH 为无量纲。

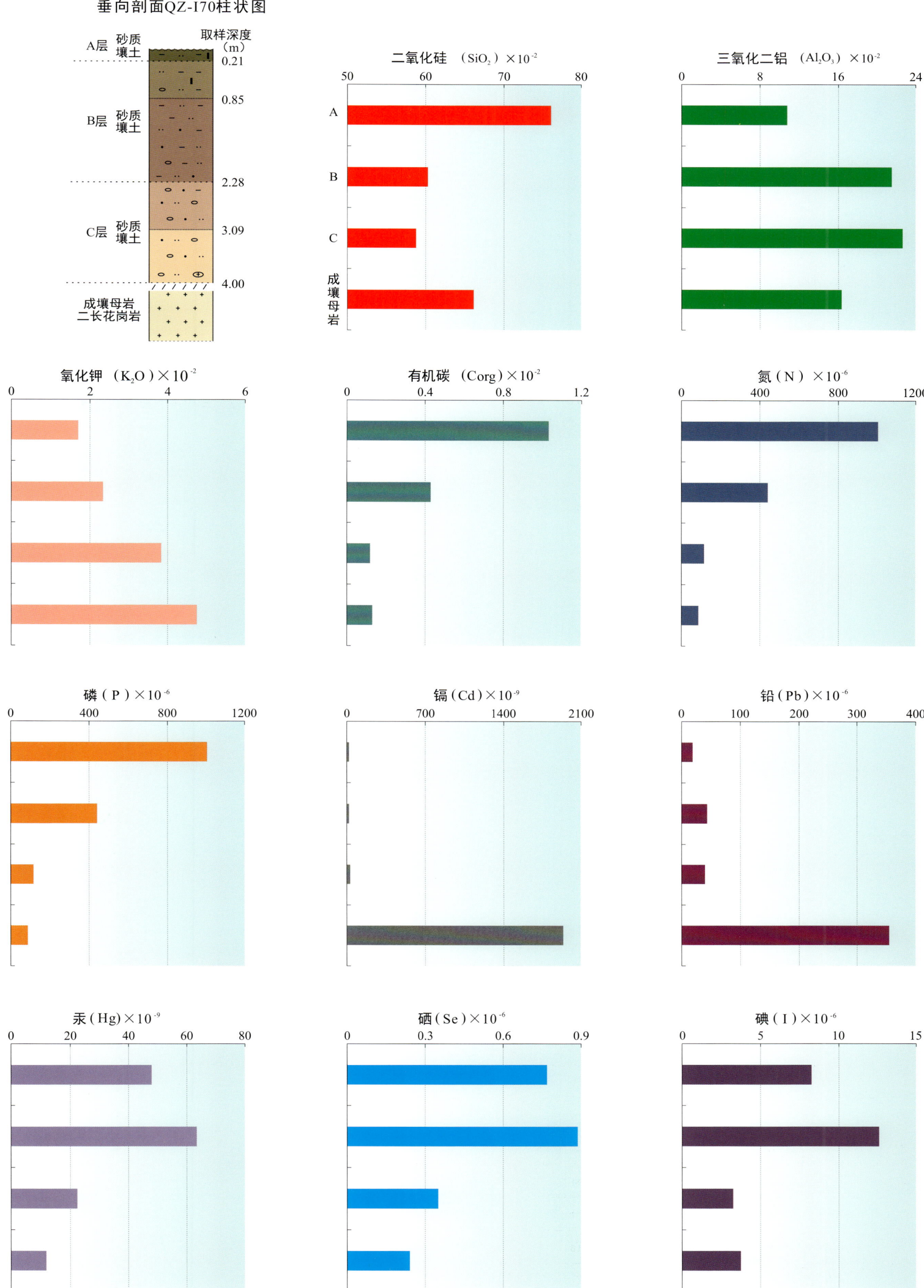

图2 琼中早白垩世二长花岗岩（$K_1\eta\gamma$）建造元素含量分布图示

琼中黎族苗族自治县晚白垩世花岗斑岩建造

图1 琼中晚白垩世花岗斑岩（$K_2\gamma\pi$）建造产出位置

注：土壤环境风险管控值参考《土壤环境质量 农用地土壤污染风险管控标准（试行）》（GB 15618－2018）；富硒、富碘土壤标准参考《土地质量地球化学评价规范》（DZ/T 0295－2016）及《富硒土壤硒含量要求》（DB41/T 1871－2019）。

晚白垩世花岗斑岩（$K_2\gamma\pi$）建造主要分布于琼中县中部偏西，少量分布在西部、东南部，面积约30 km²（图1），主要由花岗斑岩组成。上覆土壤类型主体为砖红壤、赤红壤，土地利用类型以林地和园地为主，园地多种植橡胶、槟榔等。在该建造上共采集了1个贯穿A、B、C层的垂向剖面（QZ-I74）。

土壤剖面化学组成方面，二氧化硅（SiO_2）和三氧化二铝（Al_2O_3）占样品总质量的80%～90%，两者为负相关关系，共同控制着其他元素的含量变化趋势。SiO_2平均含量为67%～76%（见含量统计表），在A层和成壤母岩中含量相对较高，展示出"凹"字形特征，Al_2O_3则与SiO_2含量变化趋势相反，呈现"凸"字形特征（图2）。氧化钾（K_2O）在成壤母岩中含量为4.87%，向上逐渐降低；全碳（TC）、有机碳（Corg）、氮（N）、磷（P）在A层中含量最高，向下逐渐降低。重金属元素砷（As）、镉（Cd）、汞（Hg）、铜（Cu）、铅（Pb）、锌（Zn）、铬（Cr）、镍（Ni）含量远低于土壤环境风险管控值（见含量统计表），其中镉（Cd）、铅（Pb）、锌（Zn）在成壤母岩中含量最高，而汞（Hg）与有机碳（Corg）、氮（N）的变化规律相似，在A层中含量最高（图2）。人体健康元素硒（Se）、碘（I）垂向变化趋势一致，在A层中最为富集，其含量达到富硒、富碘土壤标准（图2）。

琼中晚白垩世花岗斑岩（$K_2\gamma\pi$）建造垂向剖面元素平均含量统计表

土壤发生层	A	C	成壤母岩	土壤发生层	A	C	成壤母岩	土壤发生层	A	C	成壤母岩
SiO_2	72.15	67.70	75.14	B	26.80	28	7.60	Ti	2148	2320	1284
Al_2O_3	13.83	16.95	11.87	S	145	75	147	Co	3.70	6.90	1.90
TFe_2O_3	2.70	2.98	2.78	F	686	747	579	V	30.40	31.40	12.90
MgO	0.41	0.53	0.25	Cl	59	72	97	Tl	1.31	1.63	1.56
CaO	0.05	0.05	0.18	Br	4.20	2	1.50	U	4.10	5.90	5.90
Na_2O	0.17	0.52	2.58	Ag	45	25	210	Th	22	25.50	43.20
K_2O	3.61	5.21	4.87	Au	1.25	4.30	0.65	La	55.30	78.30	9.30
LOI	6.42	5.17	1.33	Ba	362	613	256	Ce	100	138	67
TC	1.07	0.21	0.12	Be	2.60	3.79	2.92	Pr	10.60	15.90	2.50
Corg	0.92	0.19	0.10	Bi	0.46	0.28	0.54	Nd	39	61	11
N	971	225	115	Li	15.80	17.60	11.70	Sm	5.80	8.80	2.10
P	219	212	136	Mn	283	253	191	Eu	1.06	1.53	0.43
As	2.40	3.70	3.70	Mo	0.78	0.57	1.16	Gd	3.90	5.89	2.09
Cd	34	31	325	W	1.39	1.43	1.20	Tb	0.62	0.86	0.50
Hg	44.10	17.40	5.80	Rb	180	244	255	Dy	2.52	3.53	3.23
Cu	3.50	3	5.20	Sb	0.26	0.18	0.47	Ho	0.42	0.58	0.66
Pb	43	51	97	Sc	4.60	5.20	2.30	Er	1.18	1.47	2.03
Zn	46	55	122	Sn	4.30	5.10	10	Tm	0.20	0.28	0.38
Cr	16	15.30	5.30	Sr	53	91	81	Yb	1.26	1.37	2.62
Ni	4.50	5.90	2.20	Nb	15	16	20	Y	12.80	18	20.90
Se	0.53	0.35	0.08	Ta	1.22	1.24	1.60	Lu	0.21	0.22	0.43
I	4.50	3.30	0.40	Zr	192	202	175	ΣREE	235	336	126
Ge	1.40	1.40	1.20	Ga	15.40	20.50	18.20	pH	5.30	5.30	7.50

含量单位：主量元素 SiO_2、Al_2O_3、TFe_2O_3、MgO、CaO、Na_2O、K_2O及LOI（烧失量）、TC（全碳）、Corg（有机碳）为×10⁻²；微量元素 Hg、Cd、Au、Ag 为×10⁻⁹，其他微量元素为×10⁻⁶；pH为无量纲。

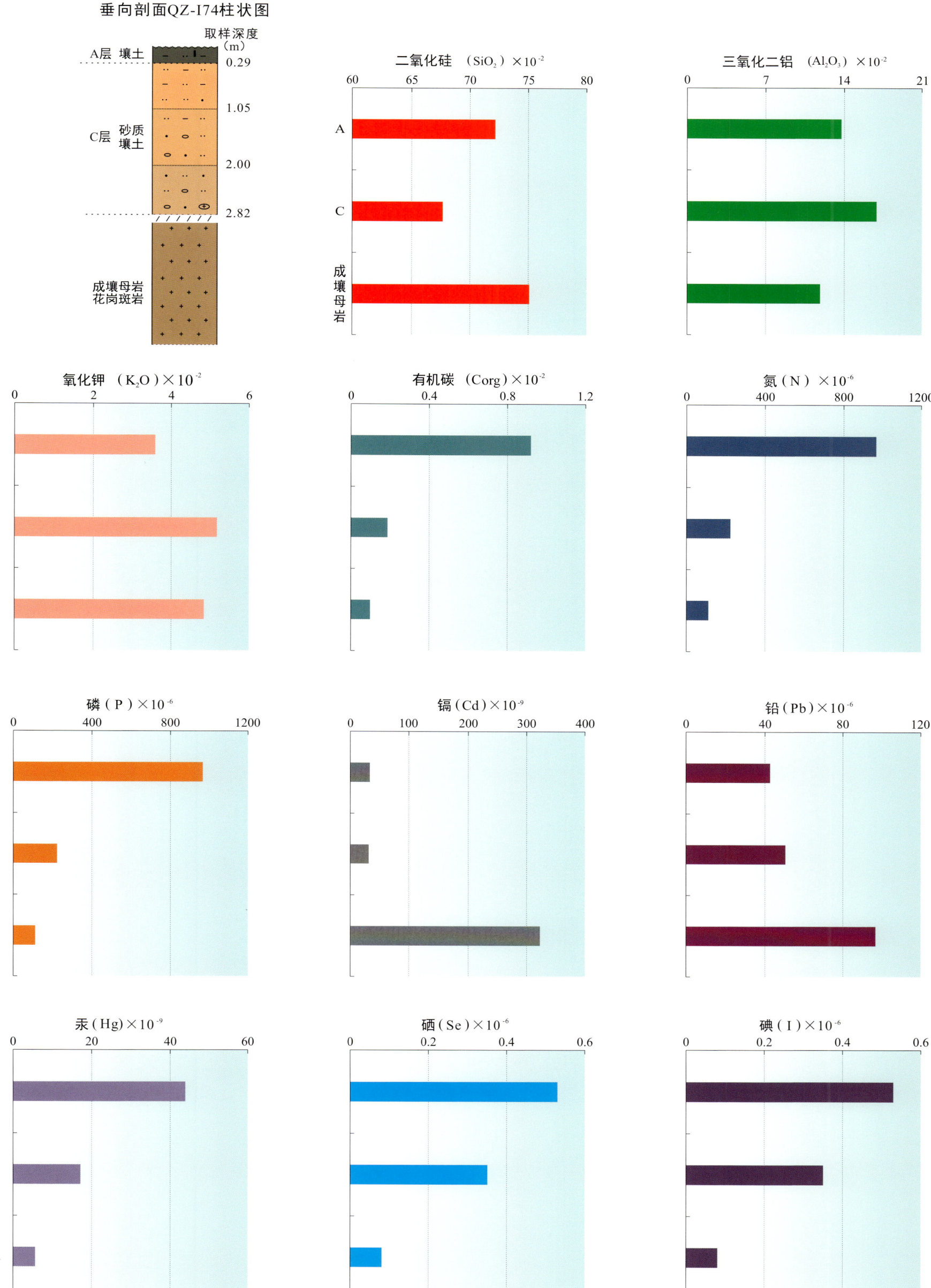

图 2 琼中晚白垩世花岗斑岩（$K_2\gamma\pi$）建造元素含量分布图示

琼中黎族苗族自治县晚白垩世正长花岗岩建造

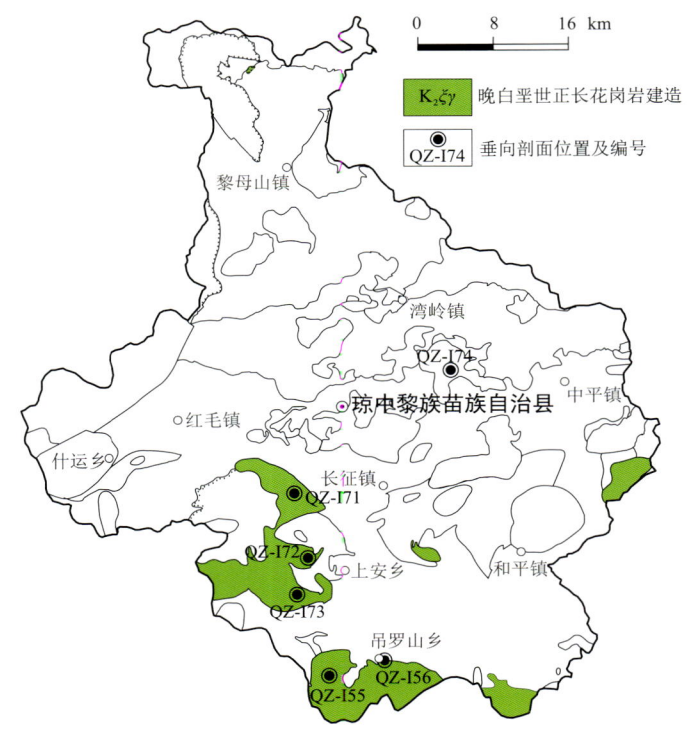

图1 琼中晚白垩世正长花岗岩（K₂ξγ）建造产出位置

注：土壤环境风险管控值参考《土壤环境质量 农用地土壤污染风险管控标准（试行）》（GB 15618－2018）；富硒、富碘土壤标准参考《土地质量地球化学评价规范》（DZ/T 0295－2016）及《富硒土壤硒含量要求》（DB41/T 1871－2019）。

晚白垩世正长花岗岩（$K_2\xi\gamma$）建造主要分布于琼中县南部、中南部，面积约66.8km²（图1），主要由正长花岗岩组成。上覆土壤类型主体为砖红壤，土地利用类型以林地为主。在该建造上共采集了5个贯穿A、B、C层的垂向剖面（QZ-I71、QZ-I72、QZ-I73、QZ-I55、QZ-I56）。

土壤剖面化学组成方面，二氧化硅（SiO_2）和三氧化二铝（Al_2O_3）占样品总质量的80%～85%，两者为负相关关系，共同控制着其他元素的含量变化趋势。SiO_2平均含量为58%～72%（见含量统计表），在A层和成壤母岩中含量相对较高，展示出"凹"字形特征，Al_2O_3则与SiO_2含量变化趋势相反，呈现"凸"字形特征（图2）。氧化钾（K_2O）在成壤母岩中含量为5.05%，向上逐渐降低；全碳（TC）、有机碳（Corg）、氮（N）在A层中含量最高，向下逐渐降低；磷（P）与SiO_2变化趋势一致，在A层和成壤母岩中含量相对较高。重金属元素砷（As）、镉（Cd）、汞（Hg）、铜（Cu）、铅（Pb）、锌（Zn）、铬（Cr）、镍（Ni）等含量远低于土壤环境风险管控值（见含量统计表），其中镉（Cd）、铅（Pb）、锌（Zn）在成壤母岩中含量最高，而汞（Hg）与有机碳（Corg）、氮（N）的变化规律相似，在A层中含量最高（图2）。人体健康元素硒（Se）、碘（I）垂向变化趋势一致，在A、B层中富集，其含量达到富硒、富碘土壤标准（图2）。

琼中晚白垩世正长花岗岩（K₂ξγ）建造垂向剖面元素平均含量统计表

土壤发生层	A	B	C	成壤母岩	土壤发生层	A	B	C	成壤母岩	土壤发生层	A	B	C	成壤母岩
SiO₂	67.49	58.96	58.91	71.15	B	7.30	8	7	5.10	Ti	3456	3419	3001	1406
Al₂O₃	15.81	22.83	22.70	13.69	S	222	209	113	429	Co	3.40	4.40	6.80	3.10
TFe₂O₃	3.14	4.49	4.41	2.78	F	249	317	390	199	V	42.70	54.90	55.50	14.80
MgO	0.22	0.26	0.35	0.35	Cl	71	46	60	78	Tl	0.51	0.66	0.83	0.74
CaO	0.13	0.07	0.07	0.66	Br	8.70	4.70	2	2.30	U	3.30	3.80	4.40	5.20
Na₂O	0.15	0.12	0.25	2.64	Ag	40	28	23	585	Th	20.40	29.20	28.20	27.70
K₂O	2.08	2.18	4.32	5.05	Au	1.38	1.27	0.96	2.29	La	20.70	25.90	43.10	76.90
LOI	8.84	9.60	8.08	2.68	Ba	223	212	380	341	Ce	42	82	125	79
TC	1.62	0.46	0.15	0.09	Be	1.20	1.79	3.04	3.10	Pr	3.70	4.60	7.70	10.60
Corg	1.47	0.43	0.13	0.07	Bi	0.14	0.16	0.10	0.37	Nd	13	15	28	33
N	1380	439	145	62	Li	15.60	15.90	13.40	11.30	Sm	2.10	2.20	4.40	4.50
P	311	250	235	277	Mn	282	219	169	355	Eu	0.41	0.47	1.06	0.87
As	2.20	3	1.90	43.30	Mo	1.11	1.66	1.36	0.83	Gd	1.59	1.68	3.25	3.12
Cd	36	26	24	1424	W	1.03	1	1.03	1.92	Tb	0.26	0.26	0.53	0.51
Hg	63.40	54.80	29.20	7.30	Rb	83	96	172	174	Dy	1.37	1.36	2.58	2.44
Cu	3.90	4.10	3.90	7.10	Sb	0.23	0.21	0.14	2.70	Ho	0.26	0.26	0.48	0.44
Pb	17	23	23	400	Sc	4.10	5.90	6.80	2.40	Er	0.79	0.76	1.37	1.30
Zn	37	50	45	365	Sn	3.40	2.80	2.70	2.70	Tm	0.15	0.14	0.25	0.22
Cr	16.50	20.10	11	6.10	Sr	64	52	67	155	Yb	0.95	0.92	1.64	1.68
Ni	4.60	7	5.40	2.60	Nb	23	24	23	20	Y	7.50	6.80	13.10	13.70
Se	0.68	0.83	0.41	0.18	Ta	2.23	2.16	2.17	2.33	Lu	0.16	0.16	0.27	0.26
I	8.60	10.40	4.50	1.60	Zr	511	245	167	156	ΣREE	95	142	232	228
Ge	1.20	1.40	1.50	1.30	Ga	15.30	20.30	21.90	18.60	pH	5.50	5.20	5.30	7.30

含量单位：主量元素 SiO₂、Al₂O₃、TFe₂O₃、MgO、CaO、Na₂O、K₂O 及 LOI（烧失量）、TC（全碳）、Corg（有机碳）为 $\times 10^{-2}$；微量元素 Hg、Cd、Au、Ag 为 $\times 10^{-9}$，其他微量元素为 $\times 10^{-6}$；pH 为无量纲。

地质体物质组成垂向演化

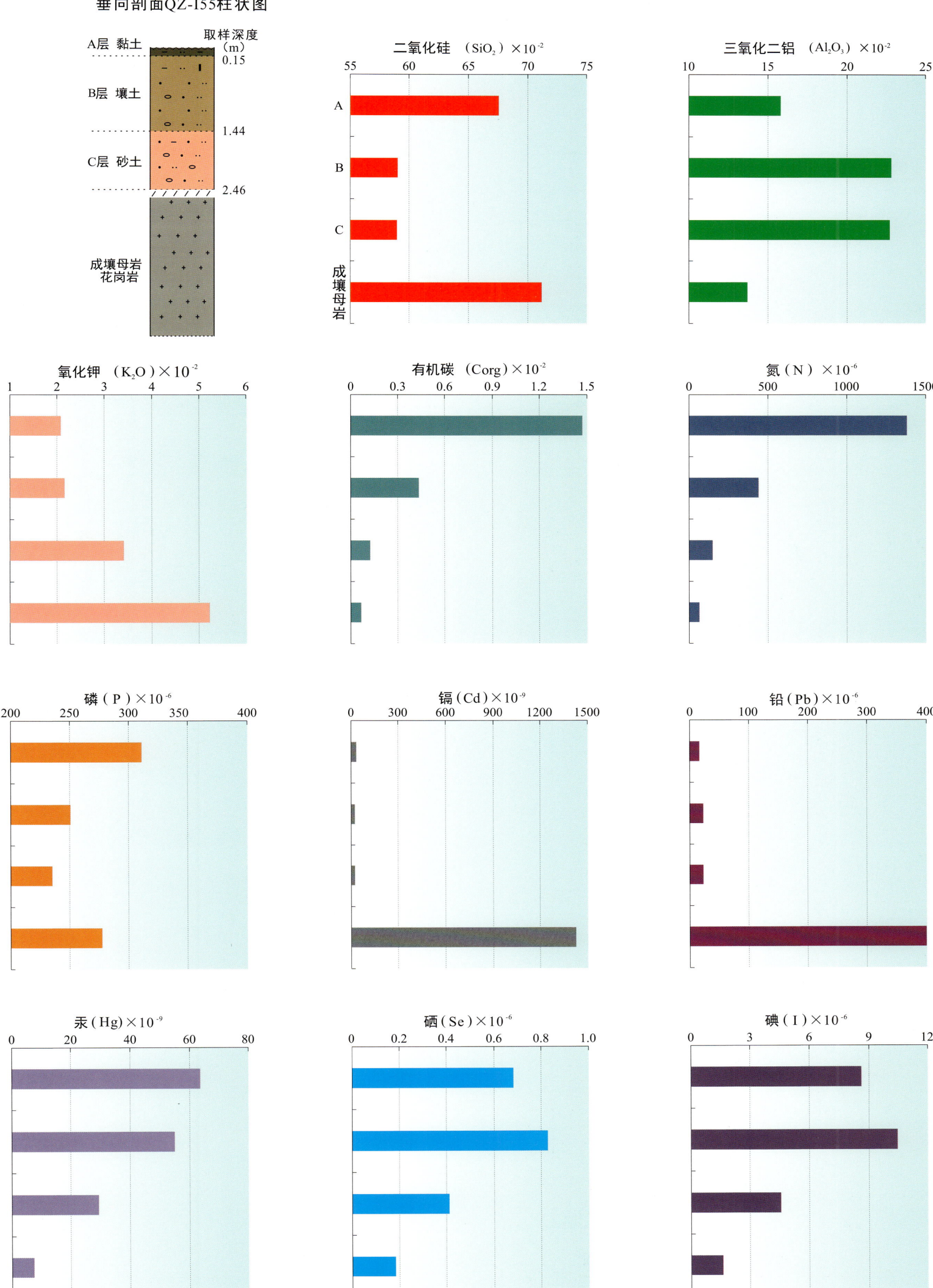

图 2 琼中晚白垩世正长花岗岩（$K_2\zeta\gamma$）建造元素含量分布图示

编制说明

1 工作背景

为服务海南生态文明建设、特色农业规划开发、土地资源安全利用，自然资源部中国地质调查局地球物理地球化学勘查研究所开展"海南省热带特色农业区生态地质调查"项目。本次编图工作以"海南岛多目标区域地球化学调查"项目数据及"海南省热带特色农业区生态地质调查"项目取得的典型地质体垂向剖面数据为基础，系统集成琼中县地质、生态、环境等方面资料，编制《琼中黎族苗族自治县特色农业区生态地质图集》。

2 琼中县概况

2.1 自然地理和社会经济

琼中黎族苗族自治县是海南省生态核心区，地处海南岛中部、五指山北麓，周边与琼海、万宁、白沙、儋州、陵水、保亭、五指山、屯昌、澄迈 9 个市县毗邻，全县面积 2 704.66km^2，辖 10 个乡镇、2 个县属林场和 1 个县属农场。

琼中县地形西南高、东北低，地势自西南向东北倾斜，境内山峦重叠，西南部五指山峰海拔 1867m，是全岛的最高峰。琼中县属热带海洋季风气候，夏长无酷暑，冬短无严寒，年均气温 22.8℃，气候宜人。

琼中县位于海南岛中心位置，交通较为便利，海榆中线横贯全境，公路网成辐射状向四周展开，是海南岛公路南北、东西走向的交通枢纽。

2.2 地质背景

琼中县大地构造位置处于华南褶皱系（一级构造单元）、五指山褶皱带（二级构造单元）的北部，区域上受东西向昌江－琼海深大断裂带及次级北西向和北东向断裂构造的控制。区域内出露地层主要有白垩系鹿母湾组、志留系陀烈组。区内岩浆岩广泛出露，主要为二叠纪、三叠纪、侏罗纪和白垩纪侵入岩，分布于境内中部、北部和南部的山地、丘陵区，岩石类型主要为花岗斑岩、黑云母角闪石二长花岗岩、黑云母角闪石花岗闪长岩、黑云母正长花岗岩、闪长岩、花岗岩、（角闪石）黑云母二长花岗岩、片麻状（二长）花岗岩。

2.3 土壤类型

区内分布的土壤类型主要包括砖红壤、赤红壤、黄壤、紫色土和水稻土共五大类。

2.4 土地利用类型

琼中县的土地利用方式以农用地为主，其中林地面积最大，占 54.96%，除北部地区外，在琼中全境大面积分布；园地主要分布在北部和中部，面积占 35.64%；耕地面积较小，仅占 4.48%，零星分布在北部和中部地区。

3 数据来源

本次编图数据来源于"海南岛多目标区域地球化学调查"项目数据及"海南省热带特色农业区生态地质调查"项目数据。图集中基础图件和综合图件编图单元为 2km×2km 网格，每个网格组合一件分析样，以网格的几何中心坐标为组合样空间坐标。

4 图件编制

4.1 投影参数

采用北京 54 坐标系和 1956 年黄海高程系，中央子午线为东经 111°，高斯－克吕格（6 度带）投影。

4.2 地球化学图

地球化学图：以琼中黎族苗族自治县数据为背景，用累积频率的分级方法作图，含量分段为 <1.5%（深蓝）、1.5%～15%（蓝）、15%～25%（浅蓝）、25%～75%（淡黄）、75%～95%（橘红）、

95%～98.5%（红）和>98.5%（深红），各元素以累积频率相对应的含量赋予网格相应颜色。

土壤地球化学图附全区元素含量直方图。直方图组距一般为0.1lgC（ng/g、%），部分值域较宽的元素组距调整为0.2lgC（ng/g、%）。组端正值百分位为7，负值百分位为3。分组数一般控制在20组左右。常量元素酌情采用等含量间隔分组。直方图标注统计样品数（N）、平均值（X），标准差（S）、变异系数（Cv）、最大值X_{max}和最小值X_{min}。

4.3 成果应用图

4.3.1 土壤化学蚀变指数(CIA)地球化学图

土壤化学蚀变指数(CIA)计算公式为：

$$CIA = [Al_2O_3 / (Al_2O_3 + CaO + Na_2O + K_2O)] \times 100$$

式中，均为氧化物分子摩尔数，其中CaO为硅酸盐矿物中的摩尔含量，不包括碳酸盐和磷酸盐中的CaO含量。由于硅酸盐中CaO与Na_2O通常以1∶1比例存在，所以当CaO摩尔数大于Na_2O摩尔数时，可认为$m_{CaO} = m_{Na_2O}$；而CaO摩尔数小于Na_2O摩尔数时，$m_{CaO} = m_{CaO}$。

参照地球化学图编制方法编制土壤化学蚀变指数图。

4.3.2 土壤养分丰缺图

依据《土地质量地球化学评价规范》（DZ/T 0295－2016）中土壤单指标养分地球化学等级划分要求，参照全国第二次土壤普查养分等级划分标准，编制全氮、全磷、全钾及有机质4种指标的丰缺图。

4.3.3 土壤养分地球化学综合等级图

依据《土地质量地球化学评价规范》（DZ/T 0295－2016）中土壤养分地球化学综合等级划分要求，在氮、磷、钾土壤单指标养分地球化学等级划分的基础上，按照三者所占权重计算综合得分，根据综合得分将土壤养分地球化学综合等级划分为五等。

4.3.4 土壤环境地球化学综合等级图

依据《土地质量地球化学评价规范》（DZ/T 0295－2016）中土壤环境地球化学综合等级划分要求，首先对土壤中的砷、镉、铬、铅、汞、镍、铜、锌进行单项污染指数计算，将单指标土壤环境地球化学等级划分为五等，其中污染物指标参考《土壤环境质量—农用地土壤污染风险管控标准》（GB15618－2018）。在单指标划分的基础上，每个评价单元的土壤环境地球化学综合等级等同于单指标划分出的环境等级最差的等级。

4.3.5 土壤质量地球化学综合等级图

依据《土地质量地球化学评价规范》（DZ/T 0295－2016），土壤质量地球化学综合等级由评价单元的土壤养分地球化学综合等级与土壤环境地球化学综合等级叠加产生，将土壤质量地球化学综合等级划分为五等。

4.3.6 富硒土壤分布图

以《土地质量地球化学评价规范》（DZ/T 0295－2016）中土壤硒分级标准进行划分，土壤中硒含量大于0.4μg/g可视为富硒土壤。

4.3.7 绿色食品产地适宜性评价图

依据《绿色食品产地环境质量》（NY/T 391－2013），根据土壤镉、汞、砷、铅、铬、铜含量，评价土壤种植绿色食品的环境适宜性。